액션 기법으로 청소년과 작업하기

이유 있는 반항 Rebels with a Cause

Mario Cossa 지음

김세준 · 김은희 옮김

창지사

Appendices A, B, and C (marked ✓) may be photocopied for personal use without permission from the publisher.

First published in 2006
by Jessica Kingsley Publishers
116 Pentonville Road
London N1 9JB, UK
and
400 Market Street, Suite 400
Philadelphia, PA 19106, USA

www.jkp.com

Library of Congress Cataloging in Publication Data

Cossa, Mario.
Rebels with a cause :working with adolescents using action techniques/Mario Cossa;foreword by Zerka Moreno.-- 1st American pbk. ed.
p. cm.
Includes bibliographical references and index.
ISBN-13: 978-1-84310-379-0 (pbk. : alk. paper)
ISBN-10: 1-84310-379-6 (pbk. : alk. paper) 1. Drama--Therapeutic use. 2. Group psychotherapy for
teenagers. 3. Group psychotherapy for youth. I. Title.
RJ505.P89C67 2006
616.89'1523--dc22
2005018681

British Library Cataloguing in Publication Data

A CIP catalogue record for this book is available from the British Library

ISBN-13: 978 184310 379 0
ISBN-10: 1 84310 379 6
ISBN pdf eBook: 1 84642 245 0
Printed and Bound in Great Britain by
Athenaeum Press, Gateshead, Tyne and Wear

우리가 인간으로서 우리의 최선을 다할 수 있는
장소가 곧 성스러운 자리이다.
(1992년 5월 워크숍 대화에서, 젤카 모레노)

모든 장소를 성스럽게 만들어 주는
젤카를 위하여

목차

『이유 있는 반항』 한국 번역판을 축하하며

2003년에 내가 고향 미국을 떠나 세계를 돌아다니며 교육 훈련을 시작할 때 갖고 있던 한 가지 가설은 새롭게 등장하는 세대인 십대에 대한 것이었다. 내용은 다음과 같았다. 현세대의 청소년은 부모 세대보다 상호 간 더 많은 공통점을 공유하게 될 것인데 그 이유는 청소년은 인터넷과 글로벌 사회의 일원이기 때문이다.

이후 몇 년 동안 이 책을 저술하면서 나의 연구 결과와 경험이 그 가설을 지지하는 것 같다. 물론 나라마다 지역과 사회경제적 배경에 따른 문화적 차이가 존재하고, 그러한 차이는 청소년에게도 나타난다.

그러나 청소년의 두뇌 발달은 세계 어디에 있든지 상당히 일관성 있게 진행된다. 나라와 문화마다 발달 과제가 약간 다른 순서로 나타나거나 연령 차이가 있기는 하나 한 가지 사실은 분명하다. 즉, 청소년기에 신경 회로가 엄청난 속도로 성장한다는 사실이다. 이 기간 동안 학습과 치유, 자기실현의 기회는 엄청나게 풍부하다.

사이코드라마와 드라마 치료 그리고 관련된 표현예술치료 및 창조적 치료와 체험은 청소년으로 하여금 이 경험을 통해 의미를 찾을 수 있는 견고한 틀을 제공해 준다. 나는 이 책이 한국과 인도네시아에서 번역되어 기쁘다. 우리는 청소년을 도와야 할 의무가 있다.

2015년 2월 나는 서울에서 현대드라마치료연구소와 한국비블리오드라마협회 주최로 청소년을 위한 드라마 치료와 사이코드라마를 활용하는 훈련을 제공할 수 있는 행운을 갖게 되었다. 나의 연구와 작업적 성과를 현대드라마치료연구소와 지속적으로 연계하여 작업할 수 있어 매우 기쁘다.

나는 현재 인도네시아의 발리에서 살고 있다. 새로운 사업으로 동기예술연구소(Motivational Arts Unlimited, 동기예술자문 프로그램)를 운영하면서 인도네시아의 청소년 전문가와 청소년을 위한 훈련과 개인 성장 경험을 제공하고 있다.

아시아에서 전문가와 청소년을 대상으로 작업을 공유할 수 있어 영광이자 특권이라고 생각한다. 나의 꿈이 실현되도록 도움을 준 많은 분과 기관에 진정 감사를 표한다.

발리에서

마리오 코사

감사의 글

이 책뿐 아니라 나의 전반적인 발달에 지대한 공헌을 해 준 수년 동안의 귀한 친구이자 동료인 샐리 엠버에게 누구보다도 가장 먼저 감사를 드린다. 샐리는 영감을 주는 뮤즈이자, 든든한 기반으로 무수한 작업을 함께 했다. 그녀는 최근 편찬한 다른 것들은 물론 이 책의 최전선 편집자이고 교정자이며, 아이디어를 명확히 하고 정보를 조직화하고 작가로서의 나의 능력을 향상시키는 데에도 도움을 주었다. 또한, 콤마를 바르게 사용하도록 끊임없이 나를 가르치기도 하였다(여러분도 그것을 다 맞출 수는 없을 거다). 그녀가 없었다면 이 원고는 절대 출판 단계에 이르지 못했을 것이다.

또한, 나는 수년 동안 함께 작업한 많은 청소년에게 고마움을 전하고 싶다. 그들은 열정과 정열, 분투와 성취로 나의 삶을 풍성하게 만들어 주었다. 그들은 나의 위대한 스승이며 가이드이다. 특별히 1989~2003년까지 내가 개발하고 인도해 온 액팅아웃의 청소년에게 더욱 그러하다.

또한, 나는 사이코드라마티스트로 훈련받을 동안이나 액팅아웃 프로그램을 개발할 때의 스승님과 멘토, 수퍼바이저에게도 감사한다. 그분들은 내게 배우고자 하는 열정을 고취시켜 주셨고 자라도록 격려했으며 더 깊이 탐구하도록 자극제가 되어 주셨다. 이러한 분들이다: 마이클 컨포티, 린제이 프리즈, 조나단 폭스, 케이트 허긴스, 캐롤 쥬, 페니 루이스, 샤론 맨건, 제이킬라 밀즈, 젤카 모레노, 조 스카피로, 가이 테일러, 그리고 프랜시스 워만 등이다.

특별히 나의 '국제적인 가족들(international family)'에게 감사를 하고 싶다. USA의 바바라, 샌드라, 마티, 그리고 스테판, 잉글랜드의 칩과 에니드, 남아프리카의 비반과 제이신다, 뉴질랜드의 말린과 마틴, 셀리나 그리고 오스트레일리아의 페니, 린다, 카야이다. 그들은 내가 전 세계를 여행하게 해 주면서 언제나 따뜻하고 편안하게 맞아 주었다. 특히, 나는 이 책의 대부분을 쓰는 동안 머물렀던 오스트레일리아의 국경에 감사한다.

끝으로 액팅아웃 프로그램의 스탭들에게 감사를 전하고 싶다. 특히, 수년간 나의 동료이자 코워커였던 카말라 버든에게 고마움을 전하며, 프로그램을 도와준 안티옥과 뉴잉글랜드 대학원 졸업인턴들에게도 감사하다. 또한, 액팅아웃을 지원한 대학직원과 모네드낙 가정연구소, 뉴햄프셔 키인(USA)의 지역정신건강센터에도 감사를 전한다. 모두 액팅아웃에 아이디어를 제공해 주고 프로그램이 발전하도록 도움을 주었다. 1부의 여러 부분은 2000~2001년 겨울 프로그램 안식휴가 기간에 완성된 것이다.

집단 프로그램을 조직하는 데 필요한 샘플을 제공하는 부록 A, B, C는 액팅아웃에서 개발된 자료에서 택한 것이다.

젤카 모레노의 추천사

이 책에서 마리오 코사는 주변인으로 사는 청소년과 작업하기 위해 선택적 접근을 수행했다. J. L. 모레노에 기반한 사이코드라마와 집단 사이코테라피의 공인된 트레이너이며 교육자이고 실무자인 마리오는 이 훌륭한 책에서 그의 철학과 이론과 방법을 조합하는 데 성공했다.

서양 문화권에서는 어린이와 젊은 친구들이 작은 성인이라는 관점이 수 세기 동안 존재해 왔다. 그러나 그들이 특별한 관심을 필요로 하고 또 이를 받을 만하다는 것이 분명해진 것은 극히 최근에 이르러서이다. 청소년과 작업하는 사이코치료적 접근도 비교적 최근의 일이며, 이는 성인과의 작업과는 완전히 다른 과정을 요구한다.

보다 최신의 연구는 신경학 분야의 연구자들이 12세에서 25세에 이르는 청소년의 MRI 사진을 연구한 것이다. 이들은 판단을 담당하는 두뇌 영역인 전두엽이 20대 중반에 이르러서야 완전히 발달한다는 것을 발견하고 보고했다.

우리는 청소년이 매일의 삶에서 많은 행동적 어려움과 더불어 판단 문제로 분투하는 것에서 그 증거를 쉽게 발견할 수 있다. 우리는 그동안 호르몬과 격변이 부분적인 이유라고 생각했었다. 그러나 이제는 신체적, 호르몬적, 그리고 신경학적 변화의 조합이 청소년이 점차 복잡해지는 세상에 마주할 때 상황을 보다 복잡하게 만든다는 증거를 가지고 있다.

마리오 코사는 액션 기법을 활용하여 효과적이고 적절하게 청소년과 작업하는 완벽하고 매우 훌륭한 가이드를 만들어 주었다. 그의 책은 새로운 전망을 열어 주었고 그가 오랜 시간 헌신한 이 새로운 분야에 대한 멋진 안내를 제공해 준다. 이것은 전문가들 뿐만 아니라 일반 독자들에게도 진심으로 감사를 받아야 마땅하다. 이 책은 사이코테라피 분야에 주춧돌이 될 뿐 아니라 청소년 세대의 복지에 관심이 있는 모든 사람을 위한 책이다.

모레노 연구소에서
젤카 모레노

저자 서문

나는 오랫동안 여러 곳에서 함께 작업한 많은 청소년에 대한 심오한 존경과 감사로 이 책을 쓰기 시작했다. 『이유 있는 반항(*Rebels with a Cause*)』이라는 제목은 청소년기 경험에 의미와 목적이 있다는 나의 관점을 반영할 뿐 아니라 나의 삶에서 조우한 영화에서 영향을 받은 것이기도 하다.

나는 십대에 「이유 없는 반항(*Rebel without a Cause*)」이라는 영화를 처음 봤다. 나는 제임스 딘, 살 미네오, 나탈리 우드가 연기했던 인물의 좌절과 혼란, 문제에 동일시되었다. 수년 후 나는 새로운 시대의 옷을 입었지만 똑같은 문제를 해결하려고 애쓰는 청소년들과 작업을 하게 되었다. 나 자신의 청소년기 경험에 대한 이해와 인식이 자라면서 그들의 반항에는 실제로 '이유'가 있음을 알게 되었고 그것은 이미 세워진 질서를 밀어내는 것이었다. 반항은 성장하는 데 필수적인 경험이다. 나는 1995년에 미국 연합 집단 사이코테라피와 사이코드라마 컨퍼런스(ASGPP, the American Society for Group Psycholtherapy and Psychodrama)에서 실시한 워크숍에서 이 제목을 처음 정식으로 사용했다.

그 시대의 『정신장애통계편람(*DSM, Diagnostic and Statistical Manual*)』에 실렸던 청소년기를 정신적 질병으로 상정하는 '재미있는' 에세이를 기억한다. 처음에는 이 에세이를 재미있다고만 생각했는데 나중에 보니 많은 성인과 그들이 도우려고 노력하는 청소년 사이의 의미 있는 의사소통을 방해하는 태도를 보여 주는 이야기였다. 이와 반대로 나는 청소년기가 축하받을 만한 시기이자 청소년이 마땅히 축하받아야 한다는 관점을 가지고 있으며, 이를 이 책에서 여러분과 함께 나누기를 바란다.

2005년, 호주 멜버른에서

마리오 코사

역자 서문

우리나라 청소년의 사망원인 1위가 자살이며, 자살률도 OECD 국가 중 1위라는 사실은 우리의 현실입니다. 한 해 수백 명의 청소년이 적절한 도움의 손길 없이 죽어 갔을 것입니다. 그들의 죽음은 살아있는 자들의 노력이 미치지 못한 곳에서 일어났으며, 사회적 안전망의 미비로 일어난 일들입니다. 이 사실은 살아있는 청소년도 많은 고통과 어려움을 당하고 있으며, 고통 속에 살고 있다는 것을 증명합니다. 그래서 청소년을 돕기 위한 기술과 방법론은 더욱 발전해야 할 필요가 있습니다.

마리오 코사는 사이코드라마를 기반으로 한 드라마 치료를 청소년에게 효과적으로 사용하는 길을 보여 줍니다. 한국에도 수차례 방문하여 인간 존중에 대한 실제적인 모습을 보여 주었으며, 방황하는 청소년의 정신세계에 접근하는 방법들을 탁월하게 보여 주었습니다. 특히, 이 책은 우리가 알지 못한 청소년의 모습을 잘 알게 되고 잘 도와준다면 그 반항적 몸짓이 다 이유가 있는 모습이라고 말하고 있습니다. 마리오는 청소년의 뇌신경 발달에 대한 이해와 전통적으로 알아온 청소년에 대한 심리학적 이해, 그리고 사이코드라마 드라마 치료의 관점에서 역할이해를 통합적으로 적용하고자 합니다.

오늘날의 청소년은 이전의 청소년과 다른 환경에서 자라났습니다. 골목에서의 추억과 학교의 즐거움이 존재했던 시대와는 다르게 컴퓨터와 휴대전화로 자기만의 시간을 보내고 입시에 시달리며 학교에서 많은 생활을 하고 있습니다. 이들은 자신이 경험하는 세계 속에서 스스로 해결해야 할 문제에 직면하여 좌절을 느끼고 이를 누구의 도움 없이 견뎌야 합니다. 그래서 이들을 돕고자 하는 노력은 더욱 정교하고 흥미로운 방법이어야 합니다. 단지 청소년을 돕는 자격증과 청소년을 위한 수많은 제도가 존재하는 것으로는 고통 속에 있는 청소년을 살리지 못하는 경우가 많습니다. 부디 이 책이 일상에서 청소년을 걱정하고 도움을 주고자 하는 모든 이에게 좋은 길라잡이가 되기를 기원합니다.

청소년 프로그램을 운영하면서 책의 진가를 증명하여 준 현대드라마치료연구소 스텝 이미숙, 정하영, 김광진, 우신영 등과 창지사 편집부에 감사드립니다.

2016년 12월

옮긴이 김세준, 김은희

들어가기

나는 1970년대 초반에 청소년과 작업하기 시작했는데 그때는 나 자신의 청소년기가 막 지났을 때였다. 고등학교 생태학 동아리의 자문 자격으로 내가 그들을 만나러 걸어가는 동안 여러 선생님이 복도통행증을 보자며 자꾸 나를 붙잡았다. 수년 동안 그런 실수가 이어졌다.

그다음 해 나는 중학교 과학 교사 겸 연극반 교사로 일했다. 내가 지금 하고 있는 일의 씨앗이 심어진 때가 바로 이때다. 1980년대 초반에는 어린이연극공연센터(CPAC, the Children's Performing Arts Center)이라는 기관에서 일했는데, 이곳은 극장을 활용해 십대에 프로그램을 제공해 줄 뿐만 아니라 학교 내 다양한 교과과정을 위한 교육적 프로그램도 운영했다.

1984년, 한 지역 고등학교 학부모들이 CPAC으로 찾아와 약물남용에 대한 프로그램을 개발해 주길 요청했다. 지역의 치료사들과 일단의 고등학생들이 함께 작업하여 우리는 "섹스, 마약 그리고 로큰롤"이라는 쇼를 창안해 냈다. 나는 십대와 이 작업을 함께 하면서 이러한 일이 교육적 연극을 창조해 낼 뿐 아니라 십대 스스로 자신의 문제를 탐구하도록 지지하는 역할을 한다는 점을 알게 되었다.

그리고 바로 그 직후 비영리기구인 청년 서비스 회사(YSI, Youth Services, Inc.)에서 사례 관리자로 일하기 시작했는데 법원 명령을 받은 청소년과 그 가족을 관리하는 일을 하였다. 그러면서 연극치료에 관심이 생겨 안티옥/뉴잉글랜드 대학원 프로그램에 상담심리학 전공으로 등록했다. 사이코드라마에 대해서 들은 적이 있었고 드라마 치료에 대한 막연한 개념을 가지고 있었기에 나는 더 깊이 알고 싶었다.

안티옥에서의 첫 해 동안 나는 YSI에서 가정을 중심으로 한 가족치료사의 역할을 했고 그것은 대학원 인턴십에도 도움이 되었다. 두 번째 해에는 집단 표현 치료의 영역에 집중하는 것과 사이코드라마에서의 독립 훈련을 시작하는 것을 계획하고 있었다. 프로그램의 필수 요건이었기 때문에 나는 완전히 새로운 인턴십이 필요했다.

어느 날 아침 YSI의 직원 회의에서 디렉터는 이런 질문으로 말을 시작했다. "당신의 열정은 어디에 있습니까(Where is your passion?)" 이사회에서는 우리가 청소년이 법정에 가는 것을 막을 수 있는 새로운 프로그램을 개발하기 원한다고 그가 설명했다. 그는 열정이 있어야만 좋은 프로그램을 만들어 낼 수 있다고 믿었다. "좋은 아이디어가 있습니다."라고 내가 말했는데 그것이 흔히들 말하는 '역사'의 시작이 되었다.

1989년 9월에 액팅아웃(AO)프로그램이 첫 회원들을 받았다. 그 프로그램은 문제 중심적이고 청중 상호적인 즉흥극으로, 표현 예술 집단 치료를 공연하는 동시에 사람들을 훈련시키는 것이었다. 내가 프로그램 디렉터로 근무한 14년 동안 AO는 여러 변화가 있었고(후원인이나 '지주' 회사가 바뀌는 등), 지금(2005년)은 뉴햄프셔의 남서부를 지원하는 지역 정신보건 기관인 모네드낙 가정 지원센터(Monadnock Family Services)의 대안과 예방 프로그램 협력단(the Consortium of Alternative and Prevention Programs)의 주 회원이 되었다.

1996년에는 『액팅 아웃: 워크북 - 문제 중심과 관객 참여 즉흥극의 발달과 표현을 위한 가이드(*ACTING OUT: The Workbook - A Guide to the Development and Presentation of Issue-oriented, Audience-interactive, Impro-*

visational Theatre)』(Cossa et al., 1996)를 출판했고 이는 교육적 연극 작업에 초점을 둔 것이었다. 그 당시 친구들은 나에게 우리가 하고 있는 치료 작업에 대해 새로운 책을 더 쓰라고 권유했다.

그러나 그 내용 및 구성을 5년 동안 생각한 후에야 책을 쓰기 위해 AO에서 3개월의 안식월을 얻었다. 이 기간 동안에 마침내 수년간의 연구와 경험을 통합하여 지금 당신이 들고 있는 이 책의 윤곽이 잡혔다. 그리고 2003년 7월에 액팅아웃에서 휴가를 내어 세계 여행을 하면서 이 책을 끝마쳤다. 액팅아웃이라는 프로그램은 끝났고 지금은 역사가 되었지만 그곳에서의 경험은 이 책의 많은 부분에 원천이 되었다.

계속 변화하는 주제에 대해 최종 작업이 될 수 있는 책은 없다. 작업에서 치료적 이론과 실습에 대한 이해는 '지금-여기'의 문제이지만 그것에 너무 매여서는 안 된다. 오히려 청소년과 함께 작업할 때는 손을 내밀어 순간을 함께해야 하고, 각자의 시간과 방법에 따라 발전하는 데 필요한 지원을 하며 함께 성장하는 것으로 충분하다.

다른 출판에 대한 세부적 안내와 앞으로의 워크숍에 대한 더 많은 정보는 http://pws.prserv.net/dramario/를 참고하기 바란다.

PART 01

웜-업: 철학적 & 이론적 기반

1장에서는 청소년기에 적용할 수 있는 독특한 치료적 기회를 살펴보면서 이 책의 기반을 다지고 액션 기법이 특별히 청소년 집단에 적합한 이유를 다룬다. 또한, 핵심용어에 대한 정의도 해 나갈 것이다. 본 장은 모레노와 모레노의 『사이코테라피의 세계(*universalia of psychotheraphy*)』(1975)의 용어를 이용하여 청소년기 경험의 독특성을 연구하면서 어떻게 청소년과의 작업에 (액션 기법을) 적용할 수 있는지 살펴보고자 한다. 위 책에서 말하는 세계(universalia)는 이 책의 철학적 틀을 이루는 핵심이며, 청소년기 경험에 대한 실제적이면서도 존중이 담긴 관점을 제공한다.

2장은 발달적 관점에서 청소년기를 본다. 먼저 개인 발달과 또래 집단 발달 사이의 평행성을 탐색하며 또래 집단 발달의 각 단계에서의 여러 가지 어려움을 기술한다. 또한, 청소년기의 독특한 발달적 욕구를 기술하고 액션 전략이 집단 작업에서 이러한 욕구를 충족시키는 데 특별히 적절한 이유를 말하고 있다.

3장에서는 트라우마 생존자들과 함께 하는 사이코드라마의 활용을 위한 치료적 나선형 모델(Therapeutic Spiral Model™)(Hudgins, 2002)에서 도출한 요소를 청소년 집단의 발달적 목표를 좀 더 효과적으로 달성하기 위한 틀로써 활용하는 방법을 개관한다.

4장은 효과적인 집단 리더십의 원리를 연구한다. 그리고 집단의 요구와 그 구성원 각각의 요구를 표현함에 있어 신뢰할 수 있는 집단 규준을 세우고 지키는 것에 대한 유익도 연구한다.

C·H·A·P·T·E·R 01

액션 작업의 청소년

청소년기에 대한 학술지의 서론에서 드라마 치료사인 르네 에뮤나는 이렇게 썼다(1990): "대부분의 사람은 그들을 피해가려고 한다. 그들은 적대적이고 기분파이며 자기도취적이면서도 움츠렸다가 공격적이기도 하며 반항적이고 예측할 수 없다. … 치료사들도 그들과 마지못해 작업하거나 아니면 너무 깊이 빠지는 것처럼 보일 수 있다."(p.101) 치료자인 나 역시 두 번째 범주에 속한다. 청소년과 함께 하면서 얻는 도전과 놀라움, 보람은 나에게는 일할 수 있는 원동력이 되었고, 내가 다른 집단보다 특별히 청소년과 함께 작업하고자 하는 지속적 열망을 지펴 주었다.

왜 청소년인가? 특별한 치료적 기회

청소년기에는 인생의 다른 시기에는 존재하지 않는 독특한 치료적 개입이 가능한 특별한 기회가 주어진다. 아이들이 그들의 인생에서 이 시기에 들어설 때, 아동기에는 가족에 의해 유지되던 지지와 영향을 또래 집단으로부터 동일하게 받으면서 아동기의 발달적 과제를 되돌아보게 된다. 돌봐 주는 어른이 있고 긍정적인 또래 집단으로부터 적절한 지지를 받으면 이미 겪은 초기의 과제들도 새롭게 인식하여 다시 보게 된다. 게다가 성공적으로 수행되지 않았던 과제라 할지라도 다시 돌아보며 적절한 수정을 가할 수 있다. 선행 경험이 긍정적이든 역기능적이든 초기 과제를 돌아볼 수 있게 되면 아이들은 현재의 발달 단계의 과제를 보다 성공적으로 대면할 수 있는 충분한 힘을 얻는다.

이 시기에 또래들이 기본역할을 하고 집단으로 청소년 작업을 하면 대인 관계를 최적화하여 어른이 혼자서는 아무리 잘 주려 해도 줄 수 없는 지지와 안전감을 얻게 된다. 청소년은 성인세계의 안전감을 시험하면서 또래 관계뿐만 아니라 사려 깊고 돌봐주는 어른의 지지를 원한다. 그러면서 아이에서 어른으로 힘겨운 변화를 이루어 간다. '바르게 행동하도록' 지시받는 것보다는 청소년이 자신의 존재를 존중받고 스스로 탐색하도록 초대하는 긍정적인 집단 경험을 할 때 그들의 삶에 진정한 변화가 일어날 수 있다.

본 장의 뒷부분에서 청소년 집단과 작업할 때 액션 메소드를 사용해야 하는 이유를 제시할 것이다. 그에 앞서 이 책에서 사용하고 있는 용어를 정의하고자 한다.

핵심용어 정의

혼란과 오해를 피하기 위해 그리고 액션 기법의 실무자가 자신이 하고 있는 작업에 대해 특이한 관점을 가지고 있음을 이해하기에 다음의 용어에 대한 나의 이해를 제시하려 한다: *액션 메소드*, *사이코드라마와 소시오드라마*, *드라마 치료와 청소년기*.

■ 액션 메소드(Action methods)

참여자가 단순히 말하고 듣는 것 대신에 신체적으로 활동에 참여하게 하는 교육적이고 치료적인 기법을 액션 메소드라고 한다. 여기서는 이 책의 목적을 위해 주로 사이코드라마(소시오드라마와 소시오메트리 포함)와 드라마 치료를 중점적으로 다룰 것이다. 위의 활동에 대한 나의 이해와 실제에 있어 댄스/동작 테라피(DMT)가 엄청난 기여를 했음도 말하고 싶다. 그러나 그것은 나의 전문영역이 아니고 내게 익숙한 '언어'도 아니기 때문에 청소년에게 DMT를 사용하는 것이 작업의 초점은 아니다.

■ 사이코드라마와 소시오드라마(Psychodrama and sociodrama)

그리스어의 뿌리에서 나온 사이코드라마는 문자적으로 '행동하는 영혼(the soul in action)'을 의미한다. 대문자로 시작하는 사이코드라마는 J. L. 모레노(1964)에 의해 맨 처음 시작되어 수없이 많은 실무자가 더욱 발전시킨 철학적이고 치료적이며 교육적인 행동을 기반으로 한 기법이자 접근법을 의미한다. 이런 관점에서 (소문자의) 사이코드라마와 소시오드라마는 이 영역의 개별 분야가 된다.

내가 사용하는 사이코드라마라는 용어는 각 사람이 구체적이고 개인적이라고 여겨지는 일을 탐색할 때 사용하는 행동기법을 말한다. 예를 들어, 샐리가 *자신의* 엄마와의 관계를 탐색하거나, 마티가 다른 주에서 여기로 이사 온 것에 대해 *자신이* 느끼는 모호성에 대해 탐구하는 것이다.

집단의 문제를 탐색할 때나 집단 구성원들에게 공통적으로 있는 포괄적 문제를 다루는 경우에는 사이코드라마(대문자) 활동의 특별한 유형을 표시하기 위해 소시오드라마라는 용어를 사용한다. 예를 들면, 과거에 폐쇄적이었던 한 집단이 새로운 멤버를 받아들일 때의 느낌이라든지 십대가 종종 겪는 부모와의 갈등, 또는 새로운 학교에 입학할 때에 일어나는 내적 갈등을 탐색하는 것이다.

■ 소시오메트리(Sociometry)

사회측정법(소시오메트리)는 모레노가 개발하고 개척한 학문(1993)으로, 한 집단 내에서 대인 간 관계의 종류나 총량, 그리고 다양한 범주에 따라 집단원들이 만드는 선택의 유형을 탐구하고 측정하는 것이다. 예를 들면, 집단 내에서 누가 누구와 관계를 맺고 있는가, 혹은 '혼자 있는' 사람은 누구인가? 그리고 충고나 지지를 구할 때 집단원들은 누구를 향하는가? 등이 있다.

사회측정 탐구를 통해 실제 눈앞에 존재하는 집단 안의 개인적 관계에 얼마나 많은 관계의 선이 이어지는지 발견할 수 있다. 또한, 긍정성이나 부정성뿐 아니라 얼마나 유대가 강한지도 볼 수 있다. 그리고 꼭 그렇지는 않아도 집단 내에 존재하는 관계성을 파악하거나 새로운 긍정적 관계를 형성하려고 할 때 사용하는 활동도 사회측정이라고 부른다.

■ 드라마 치료(Drama therapy)

드라마 치료 국립 협회에서는 드라마 치료를 아래와 같이 정의한다(2005):

> 증상 완화나 정서 · 신체적 통합, 또는 개인적 성장이라는 치료적 목적을 달성하기 위해 드라마/극의 과정과 결과를 체계적이고 의도적으로 사용하는 것을 드라마 치료라고 한다. 내담자의 능력을 촉진하여 여러 가지 역할 사이의 유연성을 향상시키면서 자신의 이야기를 말하고, 문제를 해결하고, 목표를 설정하고, 적절하게 감정을 표현하고, 카타르시스를 경험하고, 내적 경험의 폭을 깊고 넓게 하고, 대인 관계 기술과 능력을 향상시키고, 삶의 역할을 수행해 내는 능력을 강화하는 것이다.

사이코드라마와 드라마 치료의 차이가 언제나 명확하지는 않다. 나에게는 발레와 현대 무용의 차이점만큼 비슷하다. 위 정의를 보면 드라마 치료가 사이코드라마에서 발달된 치료적 실제임에도 불구하고 누군가는 사이코드라마가 드라마 치료의 한 특정 형태라고 말하기도 한다. 사실, 이 둘은 모두 고대 의식과 샤머니즘적 전례를 오늘날의 것으로 부활시킨 것이다.

두 가지 형태 사이에 있는 분명한 하나의 차이점은 디렉터 또는 치료사의 역할이다. 사이코드라마에서 디렉터는 어떤 장면에서도 전혀 역할을 하지 않는다. 혹여 사이코드라마가 단 한사람의 내담자와 함께 진행 중이라 하더라도 디렉터는 역할에 대해 말할 뿐이고 일반적으로는 참여자(*보조자*)가 되어 행동하지 않는다. 그러나 드라마 치료에서 디렉터는 종종 역할에 참여하여 내담자나 집단과 상호작용을 하며 때로는 즉흥극의 공동 창작자가 되기도 한다.

또한, 드라마 치료는 대본극을 사용하면서 치료 목적을 지원하기 위해 의식적으로 역할을 배분해 주기도 한다. 초기 단계에서의 드라마 치료는 대부분 이런 형식을 취했다. 사이코드라마(대문자)와 드라마 치료가 더욱 구별되지 않는 것은 소시오드라마 영역에서이다. 그러나 역시 디렉터의 역할이 주된 차별점이 된다.

공식적인 훈련은 한참 후에야 생겼지만 나는 "섹스, 마약, 그리고 로큰롤" 프로젝트 이후 쭉 드라마 치료를 하고 있다. 드라마 치료 방법을 쓰고는 있지만 나는 나 자신을 사이코드라마티스트(심리드라마 치료사)라고 생각한다. 훈련 대부분을 사이코드라마에서 하기 때문이다. 재미있는 것은 치료사가 아닌 사람들이 나에게 하는 일을 물으면 주로 십대와 작업하는 드라마 치료사라고 자신을 소개하는 것이다. 이 영역에 대해 전혀 알지 못하는 사람도 드라마 치료사가 어떤 사람인지는 추측할 수 있지만 사이코드라마티스트라는 용어는 종종 알프레드 히치콕 영화의 이미지를 떠올리게 한다는 것을 깨달았기 때문이다. 책을 진행해 가면서 그 차이점이 중요해질 때마다 각각을 구별해 보도록 하겠다.

■ 청소년기(Adolescence)

마지막으로 정의할 용어는 청소년기인데 이것은 나이와 관련이 있다. 나는 청소년기 범주에 십대 초기와 청년을 포함하여 연대기적 나이보다는 사회적 맥락과 성숙도에 더 관심을 두었다.

● 왜 청소년 집단에 액션 메소드를 사용하는가?

여러 실무자와 나는 액션 메소드가 많은 청소년 집단에 이상적이며 적합하다는 것을 발견했다. 극적 연기나 *역할극*은 사회적 기술을 실습할 뿐 아니라 다양한 사회적 행동과 상황에 대해 '안전한' 실험을 하는 무대가 된다. 여러 청소년과 함께 작업한다는 것은 필수적인 또래 관계에 도움이 되며, 또래와 피드백을 나눌 수도 있다. 청소년은 삶의 대부분을 또래 관계에서 보내므로 또래 집단과 극을 함께 한다는 것은 '실제 생활'을 보여 주는 거울의 역할이기도 하다.

최근 수십 년 동안 '결과를 측정할 수' 있는 '과학적 기반의' 프로그램에 대한 관심으로 청년예방교육에 지대한 연구가 이루어졌고 결과적으로 수많은 '예방 교육과정'이 만들어지고 홍보되었다. 다양한 이슈(예: 에이즈 예방이나 약물남용 예방 등)에 초점을 맞추고 있었지만 공통의 목적은 청년의 '고위험 행동'을 감소시키는 것이었다. 이런 교육과정에는 공통적인 것이 많다: 젊은 교육자, 특히 교육받는 대상보다 조금 나이 많은 교육자 활용하기; 강의나 토론만 하기보다는 '액션'을 활용하기; 참여자가 긍정적 기술과 행동을 '실습'하도록 역할극 활동하기. 이런 각각의 요소가 청소년기 집단에서 비슷하다.

집단 경험은 청소년기 경험의 강도를 보여 주며 유노한다. 모레노가 아장아장 걷는 아기를 "정상적 과대망상증"(1959, p.139)이라고 불렀던 시기, 즉 정상적이고 당연히 자기 중심적 개념의 시기에 살고 있다고 묘사한 것처럼 우리는 청소년기를 '정상적 히스테리' 시기로 보아야 한다고 제안한다. 청소년은 삶과 그 복잡성을 탐색하느라 엄청난 열정을 쏟는다. 모든 것이 과장되고 어른에게는 무의미한 문제나 사건들이 무게를 갖는다. 청소년기는 그 자체가 극단의 시기이므로 액션 기법은 안전하고 지지적인 자세로 그러한 극단을 탐색할 수 있는 출구를 제공할 수 있다.

신체뿐 아니라 정서적으로도 엄청난 변화를 겪는 이 시기에 청소년은 사회적 요구의 변화와 모순적인 메시지에 직면하게 된다. 한쪽으로는 "왜 그리 유치하니?"라는 말을 들으면서 다른 한 편으로는 "넌 아직 충분히 크지 않았어. 다 크지 않았고 아직 경험도 부족해."라는 말을 듣는다. 연극을 하는 것은 이런 내외적으로 상충하는 요구 사이에 살면서 느끼는 좌절을 표현하는 데 안전한 배출구를 제공한다는 의미이다.

또한, 청소년은 집단과 어울리면서 자신의 정체성을 찾는 실험을 하기도 한다. 역할극을 통해 다양한 행동과 존재의 모습을 취해 보기도 하고 구직 실습을 해 보기도 하며, 갈등이 있는 친구에게 감정을 표현하는 인간관계 연습도 한다.

대인 관계 기술을 실습할 때에 액션 집단은 인생의 배우자뿐 아니라 친구를 선택하는 데 있어서 필수적인 행동을 연습할 수 있는 풍부한 실험의 장을 제공한다. 이러한 액션 접근은 사회적 상황이나 사람들의 환경이 변하고 발달함에 따라 청년들도 관계의 성질 변화, 그리고 관계의 과정을 더 잘 이해하도록 돕는다. '엄친아'(*사회적 스타*)에서 '루저'(*사회적 왕따*)에 이르기까지 사회에서의 모든 역할을 해 볼 수 있다(Moreno, 1993).

J. L. 모레노와 젤카 모레노의 책에서 인용한 다음의 말은 원래는 보편적 의미에서 치료에 대해 말하는 것이지만 본 장에서 더 자세하게 다룰 개념에 대해서 청소년에게 액션 기법을 사용해야 하는 강력한 이유를 제공해 준다:

> 우리는 시간, 공간, 현실이라는 틀 안에 산다. 그러나 시간 학습, 공간 학습, 그리고 현실 학습은 일어날 수 없고 실험적 세팅에서 테스트 되지 않으면 향상될 수도 없다. 인생 자체를 본 따 만든 심리치료라는 구조 안에서 경험되고 표현되고 실습되고 재통합되어지지 않으면 말이다. … 그래서 삶 속에서 일어나는 현상들을 치료적 현장으로, 다시 삶 속으로 가져오는 것이 필수적이다(Moreno & Moreno, 1975, p. 22).

청소년기는 아동기에 충족되지 않은 발달 욕구를 다시 찾아보고 성인 역할을 제대로 할 수 있는 기반을 강화하는 특별한 기회의 장을 제공한다. 액션 메소드는 보수작업을 하고 청소년기 발달에 필요한 도전에 성공적으로 대처하도록 지원 작업을 하는 데 특히 적합하다. 그러나 청소년 집단에 이 접근법을 활용하기 위해서는 청소년기 관점의 독특한 성향을 이해하는 것이 필요하다. 이런 관점을 알 수 있는 적절한 체계 역시 J. L. 모레노와 젤카 모레노의 저서에서 찾아볼 수 있다.

● 모레노 심리치료에서의 보편적 진리

『사이코드라마 3권(*Psychodrama, Third Volume*)』(1975)에서 모레노와 모레노는 심리치료의 보편적 진리라고 명한 네 가지 원리를 탐구하였는데 세분하면: *시간*, *공간*, *현실*, 그리고 *우주*이다. '보편적 진리'라는 용어가 모든 것을 포용하는 진리를 암시할지라도 다양한 사람이 이러한 진리를 부르는 방식은 다를 수 있다. 나의 경험상 집단으로서의 청소년은 대부분의 어른이 하는 것과는 매우 다른 방식으로 이러한 보편적 진리를 만난다. 이러한 만남의 본질을 이해하는 것은 청소년과 치유 작업을 할 때 필수적이다. 특히, 액션 기법을 활용할 때 이러한 이해가 요구된다.

■ 시간(Time)

J.L. 모레노는 치유 개념으로서의 시간에 관심을 보였다. 개인의 건강과 병리가 과거, 현재, 미래와 뗄 수 없는 관계임을 인정하였던 그는 "중요한 치료 작업에 이 모든 세 가지 범주들을 통합"시키려고 하였다(Moreno & Moreno, 1975, p.11). 모레노는 과거에 대한 프로이트의 강조가 너무 좁았다고 믿었다. 모레노의 관점은 "기능적 치료 관점에서 볼 때 삶 속에 마치 시간의 세 가지 차원이 존재하는 것처럼 사이코드라마 안에서도 이 모두"를 가져오는 것을 포함하고 있다(p.13).

청소년과의 작업에서 우리는 정말 시간의 이 세 가지 차원을 모두 탐색해야 한다. 그리고 어린 청소년은 대부분의 어른이 하는 방법과는 다르게 각 차원을 보고 있음을 알아야 한다. 나는 청소년이 가지고 있는 '과거'에 대한 관점으로 그 차이를 먼저 탐색하고자 한다.

만약 청소년이 자기의 어린 시절을 마치 '고대 역사'인 것처럼 말하는 것을 어른들이 들으면 흥미롭다든지 혹은 이해할 수 없다고 생각할 것이다. 그러나 열다섯 살 아이에게 그의 다섯 살 시절은 그렇게 보인다. 그들은 아직 관점이 부족하지만 의도적으로 어른으로서의 자신을 주장하고 싶은 욕구에서 이러한 차이를 과장할 수도 있다. 특별히 이것은 어린 시절에 학대로 고통받은 아이들에게 더욱 그러하다.

학대의 피해자들은 어쩌면 학대가 일어난 똑같은 역기능적 상황 안에서 여전히 살고 있을 수도 있다. 따라서 최악이거나 이런 트라우마 상황에서 가장 무기력하게 느끼는 시간으로부터 거리를 두는 것이 자기의 생존에 필수적인 대처 방안인 것이다. 자신의 어린 시절을 아주 오래전의 시간으로 보는 것은 이 거리 두기를 달성하는 방법이기도 하다. 만약 학대가 법적인 정의를 넘어서 더 찾기 힘든 형태로 계속되고 있다면, 이러한 방식으로 청소년은 자신의 어리고 힘들었던 시간에 거리를 두고 보게 된다. 심지어 어제나 지난주 조차도 이런저런 이유로 인해 '꽤 오래전 일'로 보게 되고 십대에게는 '건드리지 않는' 영역이 되기도 한다.

사이코드라마는 트라우마 회복 영역에서 매우 효과적인 작업으로 잠재성을 가지고 있다. 그러나 이것은 재트라우마를 가져올 수 있는 막대한 가능성 또한 품고 있다. 나는 다음 장에서 이것의 의미에 대해 좀 더 다룰 것인데 지금은 잠시 다음과 같은 표지판을 내걸고자 한다: "주의: 내용물이 매우 뜨거움". 과거는 청소년과 시작할 지점이 아니다. 만일 과거를 탐색하려 한다면, 시작할 때보다 과거로의 여행에서 더 힘을 받아 돌아올 수 있도록 청소년이 충분한 기술을 익히고 *현재*에서 적절한 경계선을 만든 후에만 가능하다.

과거가 현재로 옮겨질 때, 어른의 경우보다 청소년의 시간이 다르게 움직이는 것을 볼 수 있다. 이것은 15세 청소년의 1년은 35세 어른이 전체 인생에서 갖는 비율보다 더 크다는 사실과 연관되어 있다.

우리 어른들은 청소년이 "저는 남자 친구와 오랫동안 함께 지내왔어요. 이제 석 달이나 되었다고요."라고 말할 때 웃을지도 모른다. 속으로 "네가 내 나이가 되면 석 달이 겨우 한 달 같다는 걸 깨달을 거야."라고 말할지 모른다. 그러나 이러한 청소년이 바로 내가 도와주는 내담자이고, 그러므로 그의 시간 인식이 맞다.

청소년은 좋든 나쁘든 대부분의 어른이 잃어버린 '순간의 강렬함'

속에서 움직인다. 몇 년 전에 작업했던 한 청소년을 기억하는데 그는 이렇게 말했다. "나는 매우 빨리 움직이니까 다른 사람들보다 먼저 미래에 갈 수 있다고 생각해요." 그러나 빠르기와 상관없이 매우 무기력한 때에도, 청소년이 자신을 보여 주는 것은 현재이다. 청소년을 있는 그대로 알고자 시간을 내고, 판단하지 않고 존중하면서 그들을 만나지 않는다면, 더욱 긍정적인 미래를 만드는 것에 있어 우리가 청소년을 지지한다고 기대할 수 없다.

미래에 대해서 말하자면 청소년은 초기 성인기에 접근하면서 더 많은 개인적인 관계를 만들어 가고, 미래를 향해 나아가려고 보다 의식적으로 계획하기 시작한다. 어떤 청소년은 미래에는 현재보다 상황이 더 나아질 거라는 환상을 가지고 있을지 모른다. 그런 미래를 어떻게 이루는지에 대해서는 아무런 생각도 없이 말이다. 그러나 많은 청소년에게 미래는 청소년기 내내 뭔가 불투명한 '어떤 것'으로서 어른에게 속한 영역이고 어른은 자기에게 미래를 준비하도록 강요한다고 본다. 대부분의 청소년에게는 내일이나 다음 주가 기능적으로 미래인 것이다.

우리는 *즉시적인* 미래의 욕구에 맞추어서 청소년을 훈련을 통해 엄청나게 도울 수 있지만, 현재에서 기술을 개발해야 하지 우리만 너무 앞서가지 않아야 한다. 청소년이 미래에 사용하기 위해 확장된 역할 레퍼토리를 갖는 것은 좋은 일이다. 그러나 필수적인 많은 역할 모델이 청소년의 과거 경험에서 발견되지 않을 수도 있다. 따라서 새로운 역할과 '옛 상황에 대한 새로운 반응'을 개발하도록 도울 때 우리의 주 초점은 현재에 있어야 하고 이것이 '자발성'에 대한 모레노의 정의이다(1964, p.50).

"지금-여기에서, 그리고 모든 순간적인 개인적, 사회적, 문화적 힌

트를”(Moreno & Moreno, 1975, p.12)가지고 우리는 청소년이 *기능적인 현재(functional present)*를 만들어 내도록 지지할 수 있다. 그러면 그것이 미래에 대한 새로운 가능성을 열어줄 뿐 아니라 그들이 과거의 역기능을 넘어서서 나아가도록 도울 수 있다.

■ 공간(Space)

공간 개념에 대한 탐색에서 모레노는 심리분석실에서는 치료과정과 공간이 연결되지 않는 반면, “액션 중심인 사이코드라마는 삶의 모든 차원을 통합하려 한다”(Moreno & Moreno, 1975, pp.13-14)라는 것을 깨달았다. 액션에서 장면을 설정하고 문제를 탐색하는 것은 치료과정에서 운동 감각적 개입을 촉진한다. 이러한 것들은 나이와 상관없이 어떤 집단에서도 가치가 있지만, 인지와 운동의 결합은 청소년에게 특히 중요하다. 이러한 치료 집단 작업의 형태는 생각하고 느끼는 것을 분명히 표현하는 데 어려움을 느끼는 사람, 또는 가만히 앉아 있는 데 어려움이 있는 사람이 완전하게 참여할 수 있는 장소를 제공한다.

모레노는 청소년 치료에서 사이코드라마적인 장면을 만들고 그것을 실제 상황(거실을 꾸미고, 그 거실 벽이 색지로 발라져 있고, 창문도 나 있다)에 배치시켰다는 점에서 기본적으로 공간에 대해 말했지만, *내적 공간(inner space)*은 외적 실제만큼 중요하다. 십대가 창조해내는 대다수의 사이코드라마 작업은 본래 *심리 내적(intrapsychic)*인 것인데 상대방과 생각이나 감정이 반대되거나, 혹은 자아의 여러 다른 측면이 모여서 주인공(본인)과의 관계를 재타협할 때 만들어진다. 이러한 내적 풍경은 거실만큼이나 매우 중요하고 실제적이다. 물론 청소년이 외적인 실제와 관계 맺는 방법 또한 중요하다.

청소년은 역설적이지만 공간에 대한 권리를 주장하다가도 즉시 포기해 버린다. 그들은 의자가 누구 것이냐에 대해 싸우면서 선택한 그 지점을 밀고 당기다가 서로 몸을 덮치면서 결국 가까이 앉는다. 영역에 대한 아동기 감각("그건 내 거야!")은 좀 더 공동의 관점으로 성숙해가지만, 그 과정이 항상 매끄럽지만은 않다.

만약 치료과정에 관련된 공간을 창조하려면, 가능한 한 많이 청소년 집단 구성원들이 작업하는 공간에 공동 창조자가 되도록 그들을 초대하는 것이 온당하다. 나는 치료 작업하기에 산만하지 않게 비교적 단조롭고 메마른 환경의 장점을 극찬하는 이론에 대해 들어왔다. 나도 밖에서 들여다볼 수 있는 창문이 없는 공간을 선호하지만, 청소년이 소속감을 느껴서 안전하고 편안하게 느끼는 공간이 갖는 이점은 소위 말하는 건조하거나 중립적인 환경이 제공하는 이점의 부재보다 훨씬 더 크다. 많은 사람에게 바깥세상은 안전한 공간이 아니다. 따라서 우리의 집단 치료가 실행되는, 우리가 창조하는 공간이야말로 매우 귀중한 치료과정의 일부가 된다.

■ 현실(Reality)

모레노는 세 가지 종류의 현실을 서술하고 있다: *감축된(reduced)* 또는 *하위실제(infra-reality)*; *삶(life)* 또는 *실제 현실(actual reality)*; 그리고 *잉여 현실(surplus reality)* 등이다(Moreno & Moreno, 1975, p.15). 다시 한 번 강조하듯이, 청소년의 잠재적 의미와 관련하여 각각을 살펴보는 것이 중요하다.

- 하위실제(INFRA-REALITY)

하위실제란 치료자의 사무실 안에 있는 현실을 말하며, 그 안에서의 관계는 "진짜 대화가 아니라 일종의 인터뷰로, 연구 상황이나 투사 검사 같은 것"이다(Moreno & Moreno, 1975, p.15). 이런 상황에서 제대로 기능하기 위해서는 한 사람이 일반적으로 더 높은 인식의 수준에서 더 안정적이고, 추상적인 생각을 주로 하며, 더 능력이 있고, 많은 청소년과는 다르게 한 곳에 50분 이상 앉아 있어야 한다. 청소년기의 두뇌 생리학적 발달에 관한 최근 몇 년간의 연구에 따르면, 청소년기 동안에는 그 이전보다 훨씬 구체적 사고에서 추상적 사고로 움직이는 발달 과제가 있다는 것 외에도 십대에게 하위 현실은 '어디에 있는 장소'가 아니라는 결론에 이른다.

- 실제 현실(ACTUAL REALITY)

실제 현실은 당연히 사람들이 하루하루 살아가는 방법을 말한다. 모레노와 모레노(1975)는 이 현실이 언제나 만족스럽거나 바랐던 대로 되는 것은 아니라는 것을 지적했다. 하지만 각 개인이 변하고 싶다고 해도 미지의 상황에 놓일 수 있다는 두려움과 더불어 시간에 걸쳐 진화된 경직 패턴이 변화를 막게 된다. 청소년에게 실제 현실은 여러모로 성인보다 더 경직되어 있다. 결정을 내리고 법을 바꾸고 어떤 행동에 대해서 금지하고 벌하는 힘은 모두 어른의 손에 달려 있다. '인생이란 내 앞에서 벌어지는 일이다.'라는 인식에서 '인생은 창조하는 일에 내가 참여하는 것이다.'로 바뀌는 것이 주요 발달 과제이며, 이것은 청소년기 이후에도 많은 이가 이뤄내지 못하는 부분이기도 하다.

치료자 및 청소년 작업자로서 우리는 부모동의를 사용해야 하는 실제적인 현실을 알고 있어야 하며, 의심되거나 실제로 일어난 학대를 보고하는 것에 대한 법 조항에 대해서, 그리고 청소년 사법제도가 때로는 건전한 발달을 지원하는 것보다 행동교정에 집중하고 있다는 것에 대해 알고 있어야 한다. 또한, 우리는 함께 작업하는 많은 청소년이 '법적으로' 학대나 방치는 아니지만, 상당히 파괴적인 환경에서 살고 있다는 것과 이들에게는 더 나은 환경을 찾아 옮겨 갈 기회를 갖기 어렵다는 것을 것을 알고 있어야 한다. 청소년이 자신의 실제 현실을 조정할 수 있는 능력과 기회는 계속 발전하고 있고, 우리의 지원 또한 필요하다. 청소년의 실제 현실을 다루는 능력을 지원할 수 있는 방법 중 하나는 여러 가지 다른 삶의 방식과 그에 대한 대처 방법을 잉여 현실에서 시도해 보도록 기회를 제공하는 것이다.

- 잉여 현실(SURPLUS REALITY)

간단히 말하자면, 잉여 현실은 우리가 살고 있는 실제 현실이 우리의 욕구를 적절하고 충분하게 채우지 못하기 때문에 우리가 창조하는 현실이다. 모레노(1944)는 다음과 같이 말하였다:

> 하나님이 6일 동안 세상을 창조했을 때 그는 하루를 너무 일찍 끝냈다. 그는 인간에게 살 곳을 주었으나 그곳이 인간에게 안전하도록 사람을 묶어 놓았다. 일곱째 날에 하나님은 인간을 위한 두 번째 세상, 즉 또 다른 세상, 처음 세상에서 벗어나 자신을 정화할 수 있는 세상, 그러나 실제가 아니므로 어떤 사람도 묶어 놓지 않은 세상을 창조하셨어야 했다. 인간에게 새로운 존재의 차원을 열어줌으로써 하나님의 세상 창조를 계속하고 있는 자발성 극장(Theatre of spontaneity)이 바로 여기 있다(p.7).

사이코드라마는 바로 이 잉여 현실 영역 안에서 일어난다. 모레노는 다른 사람의 드라마에서 보조자로서 *역할 교대(role reversal)*, *역할 훈련(role training)*, 그리고 *역할 놀이(role playing)*를 포함하여 광범위한 사이코드라마적 기법들을 가리키기 위해 이 용어를 사용했다. 모레노는 다음과 같이 말했다: "완전히 표현되거나 경험되지 않더라도 삶의 현실에서 보이지 않는 특정한 차원들이 존재한다. 치료 장면에서 잉여 작업과 잉여 도구들을 사용해야 하는 이유는 바로 이런 차원들이 나타나게 하기 위함이다"(Moreno & Moreno, 1975, p.16). 위에 언급한 각 기법은 청소년기의 발달 과제를 가진 십대를 돕는 데에 특히 적합하다.

역할 교대(Role reversal):

역할 교대란 주인공이 다른 사람의 역할에 그저 서 있거나, 다른 사람인 척하는 것이 아니라 "그 사람이 되어 상대방의 생각, 감정 그리고 행동 패턴을 그의 방법으로 느끼는" 것이다(Moreno & Moreno, 1975, p.16). 먼저, 주인공이 자기 생각대로 역할을 연기한다. 그리고 보조자가 주인공이 보여 준 대로 역할을 따라 하면, 주인공은 역할의 모습이나 '자신'과 '다른 사람'의 관점을 오가며 살펴볼 수 있게 된다. 이것은 공감이라는 성숙한 감각을 발전시키는 가장 필수적인 단계이다. 역할 교대는 실제 현실보다는 잉여 현실에서 일어나기 때문에, 주인공과 보조자는 이러한 경험을 통해서 감정과 통찰력을 탐색하는 것에 안전감을 느낀다.

역할 훈련(Role training):

역할 훈련에서 주인공은 새로운 역할이나 최근에 만들어진 역할을 해도 되고, 현재 역할을 다양한 방법으로 해 보는 방법을 탐색할 수도 있고, 특정한 역할에서 주로 나타나는 부적응 행동을 없애는 작업을 해도 된다. 역할 훈련의 주요 요소는 역시 잉여 현실의 상황이기 때문에 실제 현실에서 저지른 실수의 결과에 힘겨워하지 않고도 주인공이 자유롭게 실수도 해 보고 이를 통해 배울 수 있다는 것이다. 이는 청소년 두뇌의 기능 발달 과제 중 하나인 결과 예측적 사고를 통합시키는 이상적인 환경을 제공한다.

역할 놀이(Role playing):

역할 놀이에서 참여자는 다른 사람 드라마의 보조자이므로 자신의 욕구와 생각, 인식을 한쪽에 내려놓고, 다른 사람에게 봉사자로 존재한다. 이런 각각의 경험으로 청소년은 아이의 자기 중심적 세계에서 나와 청소년의 타인 중심적 세계를 거쳐 건강하고 성숙한 성인의 자타 관계의 세계로 들어가게 된다.

사이코드라마 기법의 환경에 대한 설명에 덧붙이자면, 잉여 현실은 상상과 판타지 그리고 망상의 세계로 묘사할 수 있다. 이런 관점에서, 청소년은 대부분의 시간을 잉여 현실 속에서 살아가고 있다. 이 말은 비판하려고 하는 것이 아니라 청소년이 인생을 경험하는 현실의 강렬함을 축하하는 의미이다. 사건들은 더 큰 가치를 갖고 감정은 대부분의 성인보다 청소년이 더 강렬하다. 현재 신경생물학적 연구에서 주장하는 대로 이것은 호르몬 분비가 확대되고 뇌의 변연계 안에 있는 편도체가 활성화된 결과일 수 있지만, 이러한 강렬함은 인생에 대해 배우려는 동기와 에너지를 제공한다. 집안의 가보를 잃어버리는 것이 좋아하는 CD를 잃는 것보다 더 큰 상실이라는 것을 인식할 수 있다는 것은 알아차리고 구별하는 발달 능력의 일부인 것이다.

다른 사람들이 공유하는 관점이든 아니든 간에 순간의 경험과 욕구, 그리고 감정이 덧입혀져서 세계를 바라보는 청소년의 관점은 실제 현실의 관점이 된다. 똑같은 사건에 대해서 다른 사람들은 다르면서도 유용한 관점을 가졌다는 것을 배우고 이해하는 것이 중요한 이정표이다. 어른인 우리는 뻔한 거짓말("저는 그 아이를 때리지 않았어요!")이라고 생각할 수 있는 사건들이 때로는 그 현장에서 대안적 현실을 만들어 내고 그것을 굳게 믿어버리는 능력에 대한 더 확실한 증거가 되는 것이다. 청소년과 작업하는 우리에게는 좌절일 수 있지만 이런 식으로 현실을 수정하는 것이 청소년 발전의 정상적이고 건강한 측면이다.

■ 우주(Cosmos)

우주에 대한 모레노의 관점은 그의 철학의 중심이며, 많은 모레노 학자가 언급한 바 있다. 『모레노 이후의 사이코드라마(*Psychodrama Since Moreno*)』(1994)라는 책에서, 조나단 모레노는 우주적이며 실존적 딜레마에 대한 자기 아버지의 반응을 숙고했다. 조나단의 성찰을 다음과 같이 요약하겠다: 만약 우리가 가진 유일한 선택이 모든 것의 궁극적인 무의미함에 찬성하거나 신이 되는 것이라면 신이 되도록 하자. 사람이 보편성을 수용한다면 책임이 뒤따른다.

1909년, 20세의 나이에 J. L. 모레노는 『아버지의 말씀(*The Words of the Father*)』(1941)을 썼다. 전설에 의하면, 자발적 영감의 순간에, 빨간색 잉크로 다락방 벽에 썼다고 한다. 이것은 인간과 신 사이의 관계에 대한 이해를 발전시키는 그의 첫 표현이었다. 그는 히브리인이 말하는 전지전능한; '그 하나님(*He* God)'을 말하는 것도 아니고, 기독교인이 말하는 언제나 사랑하시고 용서하시는 '*당신* 하나님(*Thou* God)'을 말하는 것도 아니었다. 모레노는 실존적인 절망 위의 실존적인 환희를 선택하면서 즉흥성과 창조성을 통해 세상에 표현된 '나 하나님(I God)' 속에서 그의 참여를 주장하였다.

이 철학을 받아들인다면, 다음과 같이 생각하게 된다: 내가 하나님과 만물의 필수 요소인 공동 창조자라면, 나는 창조하고 관계를 맺고 개인과 타인의 책임을 받아들이는 내 편의 방법을 가져야 한다. 문자적으로든 비유적으로든 이 철학이 받아들여진다면 이것은 외부적인 통제와 책임감에서 내적인 것으로 가는 청소년의 여정을 위한 탄탄한 기반을 만드는 데에 도움이 될 것이다.

모레노가 철학의 필수 부분으로 우주적 관계를 요구함은 '과학'이 '종교'를 옆으로 밀어내려던 시기에, 사이코드라마가 청소년과 작업할 수 있는 강력한 도구가 되게 한다. 어린 시절에 그냥 듣고 배운 것을 받아들였던 것에서 벗어나 부모님의 혼란스러운 종교적 신념이나 사회에 대해 의문을 제기하기 시작하면서 많은 청소년은 자신이 믿을 수 있는 자아를 넘어선 어떤 존재, 즉 진정한 *초개인적(transpersonal)* 감각을 찾으려 한다. 어린 시절에 종교나 영적인 훈련이 전혀 없었던 사람은 미지를 소망하게 하는 초월적 자아의 결핍을 경험한다. 제의적 학대의 피해자였던 사람은 자기 밖에서 안전하거나 가치 있는 것을 전혀 알아내지 못한다.

청소년기에는 삶의 의미와 목적을 찾으려는 엄청난 동기가 있다. 우주와 다시 연결되고 탐험하려는 욕구를 충족시키는 방법은 청소년이 성인기에 들어가면서 개인과 가족의 삶, 그리고 사회와 공동체의 삶을 살아가는 방법에 중대한 영향을 끼쳤다.

모레노와 모레노(1975)는 우주라는 말을 종교적이나 영적인 면뿐 아니라 나이와 성, 운명, 신념, 유산을 포함하는 삶의 여러 보편성에 대한 용어로도 정의하고 있다. 이 모든 요소가 청소년이 자신의 정체성을 발견하는 데 역할을 하며, 이 모든 것이 사이코드라마 무대에서 어떤 관점으로든 탐구될 수 있다. 남성과 여성이 상대방의 역할을 할 수도 있다; 젊은 사람이 나이든 사람의 역할을 할 수도 있고 그 반대도 가능하다. 우리는 하나님께 말할 수 있고, 하나님은 대답할 수 있다.

우주적인 것(cosmic)에 대한 토론을 여는 정도는 특정 그룹의 청소년에 따라 적합할 수 있고, 믿음과 영성의 문제가 얼마나 개인 초월적 관점의 일부가 될 수 있는지는 문화에 따라 매우 다양할 수밖에 없으며, 당면한 문화의 특정 공동체 안에서도 다양하다. 하지만 청소년에게 우주 탐사(cosmic exploration)를 위해 지원된 장소가 있다는 것은 여전히 중요하다.

● 요약

치료자이며 상담가인 우리는 청소년 집단과 작업할 때 치유적 경험을 제공하는 특별한 기회를 얻는다. 액션 기법은 효과적이고 효율적으로 아이들과 작업할 수 있게 해 주며, 그들이 누구인지 존중하고 그들의 여정을 위한 지지를 제공해 준다. 청소년과의 작업에 통합성과 목적을 부여하기 위해 이론적 틀뿐 아니라 단단한 철학적 틀을 가지는 것도 매우 중요하다. 이번 장에서 살펴본 모레노의 철학에 대한 나의 이해는 작업하는 데 매우 풍성하며 적절한 틀을 제공해 주었다.

어린 청소년을 품으며 그들의 눈으로 세계를 보게 될 때 우리는 그들이 선택하고 그 선택에서 배우는 힘을 얻도록 돕게 된다. 진짜 중요한 것은 선택하는 능력이다. 때로는 선택이 실수가 될 수도 있지만, 그것 역시 배우는 과정의 일부인 것이다.

2장에서는 집단 차원에서 조명되는 청소년의 발달 과제와 청소년 집단의 발달을 이해하기 위한 이론적 기반을 제시할 것이다.

C·H·A·P·T·E·R 02

발달적 관점에서 청소년 보기

집단 발달은 유아와 초기 아동기에서의 개인 발달과 연관되므로 이번 장에서는 집단 발달의 평행 과정으로 시작하여 발달에 대해 탐구하고자 한다. 이런 평행을 이해한다면 그들이 *출발 단계(beginning stage)*에서 시작하여 *변화 단계(transition stage)*를 지나 *작업 단계(working stage)*를 거쳐 *종결(termination)*에 이르기까지 진행하는 동안 집단의 욕구와 그 집단 구성원의 욕구를 온전히 이해할 수 있다. 집단 발달을 조망하는 수많은 유효한 체계가 있다. 나는 단순한 것을 선택했는데 이는 나의 목표가 청소년과 액션 기법에 초점을 맞추는 것이기 때문이지, 집단 발달을 이해하는 또 하나의 책을 쓰려 함이 아니기 때문이다.

일단 이 기반을 놓으면 청소년기의 구체적인 발달 과업과 집단 과정이 어떻게 그들의 성취를 지지하는지의 방식을 탐구할 것이다. 또한, 청소년기 안에서 나이 들어감에 따라 나타나는 발달 변화의 연속성에 대한 개관도 제시할 것이다.

나는 이번 장의 제목에 대해 생각해 봤다: "집단 역동을 통한 대상항상성 추구 또는 과거를 변화 단계로 수용하기". 이것이 적당한 설명이기는 하지만 약간 다루기 힘들어 보였다. 나는 이론적 기틀로 에릭 에릭슨의 저서(1950)에서 표현된 자아심리학의 개념을 가져왔고 위니콧(1958)과 진 밀러(1986)를 살짝 다루면서 말러 등(1975)이 표현한 대상관계이론을 가져왔다. 밀러를 빼면 이 이론가들은 '구학파'에 속하지만 그들의 개념이 물체를 보는 데 유익한 구조를 제공하므로 채택했다. 밀러(1986)의 작업이 청소년 집단에 대한 이러한 개념을 사용하는 데 가장 깊은 관계가 있을 것이다. 몇 가지의 가정으로 출발한다:

1. 집단이 발전해 가는 단계는 영아기와 초기 아동기의 개인 발달 단계와 평행하다.
2. 그 이전 단계의 과업이 성공적으로 수행되지 않으면 다음 단계의 과제도 온전히 충족되지 않는다는 점에서 발달 단계는 누적된다.
3. 누적되기는 하지만, 단계들이 엄밀하게 직선적인 것은 아니다. 즉, 개인이나 집단이 전진함에 따라 발달 과업들 사이에서도 많은 부분이 겹쳐지기도 하고 앞뒤로 움직인다.
4. 집단의 발달 단계에서 성공적으로 타협하게 되면 개인의 삶에서의 발달 과제를 충분히 달성하지 않은 사람들에게 '수정된 정서 경험'을 제공할 수 있다.
5. 집단이 작업 단계로 나아가기 위해서는 집단에서 동가의 대상 항상성(equivalent of object constancy)을 성취해야 한다.

집단 발달의 단계

리더뿐 아니라 집단원을 위해서도 우리는 위의 가정들과 더불어 집단 과정과 개인 발달 사이에 명백하게 존재하는 평행성을 이용하여 변화하는 욕구와 도전, 각 단계마다 집단 발달 과업을 보다 더 탐구하려 한다.

■ 시작 단계(The beginning stage)

집단을 시작하거나 *형성하는(forming)* 단계는 실제로 그 집단이 출발하기 전에 시작한다. 집단원들은 대체로 일종의 정보를 듣고 지원하고 선택하는 과정을 거친다. 구성원들이 시작 단계의 중요한 문제,

즉 신뢰와 안전을 처음 다루는 곳이 바로 여기이며, 일단 집단이 형성되면 계속 가게 된다. 집단원들은 그 집단의 다른 사람들에 의해 받아들여지지 않을지도 모른다는 두려움을 다루어야만 한다. 그들은 집단 및 다른 집단원들과의 관계에 있어 서로에 대해서뿐 아니라 그들 자신도 알아가야 한다. 나는 잠재적인 집단원들이 다른 집단원들과의 이전 역사 때문에 그 집단에 계속 남아 있을지 없을지를 생각했던 초기 집단 세션들을 지금도 기억한다.

에릭슨(1950)은 개인 발달의 첫 단계를 *신뢰감 대 불신감(Trust vs. Mistrust)*이라고 했는데 이것은 집단의 시작 단계의 핵심 관심과 확실히 평행을 이룬다. 말러 등(1975)은 이 처음 발달 단계를 세 부분으로 분할했다. 그녀는 처음을 *공생 단계(Symbiotic)*라고 불렀는데 이때는 아이와 엄마가 밀접하게 융합되어 있다. 이것은 시작 단계의 첫 부분에서 리더 의존 성향과 평행 된다. 집단원들은 자신을 집단이나 다른 집단원, 또는 집단 리더에게 밀착시키면서 걱정을 회피한다. 집단원들이 안전과 일관성, 구속력을 체크할 때 과업은 본질상 대인 관계적이다. 집단원들이 지킨다고 동의한 분명한 집단 규범의 형성이 이 단계에서 매우 중요하다.

말러 등(1975)은 두 번째 단계를 *구별(Differentiation)*이라고 명명했다. 이 지점에서 아이의 '나'와 '나 아닌' 것에 대한 인식은 보다 완전히 발달한다. 신체 경계가 보다 명확하게 윤곽이 그려지고, 아직은 의존적이라 하더라도 아이는 자신을 양육자와 분리하여 인식한다. 이것 역시 집단의 시작 단계의 두 번째 단계와 평행을 이루어 보인다. 집단원들은 집단적으로, 또는 서로 간이나 리더에게 더 편안하게 느끼게 되고 개인의 문제가 드러나게 된다. 대인 관계가 안전하게 구축되면 개인 내적인 것이 올라오기 시작한다.

일반적으로 초기 집단 세션에서 스며나는 '모든 것이 다 좋아요'라는 분위기는 사라지기 시작한다. 걱정이 더 분명해지고 집단원들이 관심을 기울이지 않거나 딴짓을 하는 등 저항하기도 나타난다. 집단원들 사이에 갈등이 올라오기도 하고 아직은 질서의식이 남아있다 해도 어떤 사람은 심지어 집단을 떠나기도 한다.

이 시점에서 분명히 할 것이 있다. 나의 경험은 주로 본인들이 원해서 작업에 참여했거나 자신에게 맞지 않아서 떠났던 자발적인 집단과의 작업이었다. 강제 집단이라면 과정이 좀 더 다를 것이고 집단원들에게 그 집단이 안전하고 좋은 곳이라는 것을 인지시키기까지 상당한 노력과 시간이 걸릴 것이다.

세 번째 가정을 다시 되풀이해야겠다. 분명한 단계나 시기는 인위적인 범주여서 너무 문자적으로 받아들일 수는 없다. 그것은 겹치기도 하고 꼬이기도 하며, 사람에 따라 각각 다른 속도와 다른 방법으로 진행된다. 그러나 종종 그 형태가 흔들리고 때로는 집단이 앞으로 나아가기 전에 뒤로 몇 발 후퇴하더라도 일반적으로 순서는 집단의 과정을 관찰할 수 있을 만큼 기본적인 틀을 유지한다.

말러 등(1975)의 그다음 하위 단계는 *실습(Practicing)*이라고 하는데 이는 그녀가 분리/개인화 과정이라고 표현한 시작 부분이다. 이것은 아이가 '정서적 재충전'을 위해 돌아오는 기간이 점차 길어지면서도 양육자로부터 멀리 가 보는 행동으로 표시된다. 이것은 집단에서 집단원들 사이에 자기 정체감이 증가된 것과 구조와 리더들을 더욱 분명하게 시험하고 있는 것으로 나타난다. 어찌 되었든 이것은 변화 단계의 예행연습이다.

■ 과도기 단계(The transition stage)

집단 발달에서 이 단계는 집단원들의(때로는 리더의 것까지도) 걱정과 방어가 증가함으로 드러난다. 자신을 개방했을 때 바보같이 보이고 거절당하지 않을까, 또는 통제력을 잃지 않을까에 대한 두려움이 무의식 수준에서 종종 더욱 강하게 행동으로 드러난다. 통제 이슈가 증가하면 방어도 증가한다. 집단원들 사이의 갈등과 리더의 권위에 대한 겨룸이 나타날 수도 있다. 야롬(1995)은 이러한 이슈가 종종 원가족 경험의 반복이기도 하다고 지적한다; 안전한 치료 집단에 있으면 집단원들은 경험을 '수정할' 기회를 얻게 된다.

랭스(1981)는 이런 현상을 *안심틀 불안(Secure Frame Dread)*이라고 말한다. 치료적 상황이 조심스럽게 세워지면 개인의 중요한 일을 노출하기에 실제로 안전한 환경에서 집단원들은 의미 있는 노출의 긴박성을 느끼기 시작한다. 오래된 '양서류 두뇌'가 작동하고 메시지(일반적으로 잠재의식이다.)가 접수된다: "도망가!"

이 지점에서 개인 발달과의 평행선이 가장 빛난다. 에릭슨(1950)은 이 단계를 *자율감 대 수치감과 불신감(Autonomy vs. Shame and Doubt)*이라고 명명하며, 이 시기 아동의 주된 과업은 자기통제(신체와 정신의 모든 면에서)와 의지력을 발달시키는 것이다. 말러 등(1975)은 이 분리와 개인화 과정의 하부 구조를 *친교 단계의 확립(Rapprochement)*이라고 부른다. 아동의 관심은 "싫어요!"라고 말할 수 있는 능력과 더불어 자율성에 대한 감각을 발달시키는 것이다.

단계들의 중복되는 특성과 단계들이 섞이는 방식은 잘못된 방향으로 나아가기도 한다. *친교 단계/변화(Rapprochement/Transition)*는 완전하게 나타나지는 않고 특별한 한순간에 나타난다. 유아가 점차적으로 발달하는 것과 같이 집단의 과도기 단계에서도 불확실성은 점차 걱정으로 변하고, 관심이 두려움이 되며, 의문은 도전이 된다.

발달에 대한 나의 이해는 진 베이커 밀러(1986)와 다른 이들이 지지한 관계치료의 기본 원칙에 크게 영향을 받았다. 전통적인 인간발달의 모형은 주로 남아에게 초점이 맞추어져 있고 실제로 아동의 적절한 발달에 대한 우리 사회의 기대는 성차별적이다. 소년은 분리/개인화의 길을 따르도록 문화에 적응되지만, 소녀는 관계유지 과업을 부여받는다. 그로 인한 결과로 나타나는 잠재적 갈등에 대해서는 많은 유명한 책들이 주제로 삼고 있다.

성차별이 보다 적은 관점에서는 각 발달 단계에서의 과제를 '보다 성숙한 관계'(Miller, 1986)로 나아가는 관점으로 본다. 집단 리더로서 나는 집단 발달의 과도기 단계에서 일어나는 행동에 대해 창의적이고 비판단적으로 작업할 때 이러한 관점이 특별히 깨우침을 준다고 본다.

한 단계를 다른 모든 단계보다 더 중요하다고 꼽는 것은 비합리적이다. 왜냐하면, 각 단계가 상호 의존적이고 대체로는 겹치기 때문이다. 그러나 집단뿐 아니라 개인의 삶에 있어 이것은 분명히 중요한 시기이다. 많은 개인과 집단은 이런 폭풍우 같은 바다와 절대 성공적으로 타협할 수 없다. 한 가지 이유는 이때가 양육자나 집단 리더에게 있어 가장 어려운 단계라는 것이다. 각 단계에서 사랑과 돌봄으로 아이/집단을 보살핀다는 것은 막중한 일이다. 그러나 아이/집단이 예쁘고 의존적이면서 사랑스럽고 반응적이며, 특히 쉽게 통제된다면 조금은 더 쉽다. 사랑스러운 아이나 집단이 "싫어요!"라고 말하면서 반항하고 분리하려 하고, 자신의 개성을 주장할 때는 어른인 우리에게도 깊은 두려움과 불확실성, 불안감이 자극될 수 있다.

이때가 위니콧(1958)의 '충분히 좋은' 부모와 '충분히 좋은' 집단 리더 사이의 평행이 특히나 유익한 시점이다. 충분히 좋은 부모는 여전히 보호와 지지, 안내를 제공하면서도 자율적 행동을 허락한다. 충분히 좋은 집단 리더는 집단의 통제력을 잃을까 두려워서 권위를 내세우면서 무시, 거부, 통제하려 하기보다는 올라오는 '그림자'에 정직하게 대하고 갈등과 도전이 빛으로 나아가도록 허용하고 지지한다. 계획관리를 위임했을지라도 청소년과 작업하는 부모나 치료자 또는 집단 리더는 행동을 관리하려는 욕구를 내려놓고 더 성숙한 관계 형성을 지지하는 데 집중함으로써 최선을 다해 돌본다. 그래서 집단원들과 그 집단이 적절하게 다음 단계로 이동하게 한다.

■ 작업 단계(The working stage)

집단 발달에 있어 작업 단계는 개인 발달에서의 *대상 항상성*과 같다. 대상관계이론에서 대상 항상성은 이전 발달 단계에서 성공적인 타협의 결과이다(Mahler et al., 1975). 아동은 안전과 신뢰감을 발달시켰고, '나'와 '나 아닌 것'을 구별하는 법을 배웠으며, 양육자의 보호적 관리하에 독립적 행동을 실험할 기회를 얻었다. 그리고 양육자에게서 독립하여 가치 있는 행동을 할 수 있는 자아감을 발달시켰다. 아이는 대상을 내면화하고 나서 성장과 탐험, 배움의 새로운 영역으로 나아갈 준비를 한다(Mahler et al., 1975).

집단에서도 집단원들이 자신의 인생 문제의 보편성을 인정하고, 자기들의 문제를 작업하면서 서로에 대한 지지를 주고받을 수 있게 해주는 내면화된 안전과 신뢰감(*집단 유대감*)을 발달시키게 된다. 집단원들은 서로에게 점차 상처받기 쉽게 되기도 하지만 돌봄과 관심으로 서로를 위로하기도 하고, 보다 명확하고 구체적으로 자신의 개인적 목표와 집단의 목표를 말할 수 있게 되며, 개인적 문제를 노출하는 위험에 처할 수도 있다. 소속감과 소망도 가지게 된다.

에릭슨(1950)은 그 수평적 개인 발달 단계를 *주도권 대 죄책감(Initiative vs. Guilt)*이라고 명명하며, 이 단계가 방향과 목적을 포함하고 있음을 명시한다. 아동은 자기통제를 발달시키고, 성공적으로 계획하는 것을 배우며, 환경을 지배하는 문제에 착수할 만큼 충분히 힘이 있음을 느끼고 있다. 집단이 성공적으로 작업 단계를 합의하게 되면 집단원들은 개인 발달 중에 이 단계를 성공적으로 달성하지 못하게 할 수 있는 부정적 경험을 수정할 기회를 가지게 된다. 집단은 이제 세션이 끝을 향함에 따라 적절하고 건강한 종결을 타협하는 과제에 봉착하게 된다.

■ 종결(Termination)

모든 집단은 결국 집단 멤버의 변화하는 삶 안에서 끝나야 한다. 집단 단계에서의 종결은 결말, 오래 지속된 멤버의 변화, 그리고 리더가 떠나는 것과 관련한 모든 이슈를 포함한다. 집단에 있어 종결과 결말에 대한 이슈(바라기)는 개인보다 더 빨리 온다. 장기간 집단에서조차 *종결 두려움(termination anxiety)*에 대한 이슈는 과정 중 일찍 올 수도 있고 집단이 끝을 향하게 되면 보다 명확히 나타난다. (유아와 아동 발달에서의 비교는 이 지점에서는 별로 직접적이지 않지만 많은 아이가 경험하는 *분리 불안(seperation anxiety)*에서 보여질 수 있고, 부모가 집을 떠나거나 아이가 어린이집이나 학교에 갈 때 종종 나타난다.) 종결 이슈는 진정한 대상 항상성의 테스트이다: 안전감과 소속감, 고난을 극복할 수 있는 능력이 더 이상 집단이 모이지 않아도 지속될까? 혹은 집단 멤버의 구성이 변화한 뒤에도 지속될까?

엘리자베스 큐블러-로스(1971)가 죽음과 죽어감에 대한 책에서 논한 것과 똑같은 과정이 집단이 끝나갈 때 작용한다: *분노(anger)*, *부인*

(denial), *타협(bargaining)*, *비애(grief)*, 그리고 *순응(acceptance)*. 다시 한 번 리더는 집단원들이 자신의 감정을 살피고 표현하는 것을 지지하며 이 과정을 통과하도록 돕는다.

집단원들이 리더에게 분노를 느낄 수도 있다: "당신이 정말로 우리를 돌본다면 이 집단을 끝내지 않을 수도 있지요." 부정은 많은 방식으로 분명히 나타날 것이다: "우리는 서로를 돌아볼 것이고 이것은 정말 끝나지 않을 거예요." 또는 "이 집단은 별로 특별하지 않았어." 집단원들은 집단을 연장하기 위해서 타협하거나 협상할지도 모른다.

확실히 내가 **액팅아웃(ACTINGOUT)**을 떠났을 때(이 프로그램의 배경설명을 한 도입부를 보라.) 우리는 마지막 해를 수년간 함께 관계해 온 오랜 사람들과 종결을 하며 유익하게 보냈다. 그들 중 많은 사람들에게 나는 그들 평생에 있지 않았던 '좋은 아버지'가 되어 주었다. 이것은 우리가 집단에서 공공연하게 나누었던 이슈였고 내가 일부를 위해 '공적으로' 받아들인 역할이었으며, 이 역할이 의미하는 명확한 계약이 있었다. 나의 떠남이 임박해지자 버림받은 느낌이 가동되어 몇몇은 이것을 분노로 드러냈고 어떤 이들은 부인으로, 다른 이들은 퇴행으로 드러냈다. 내가 각자를 위해서 맡았던 역할을 우리가 구별해내기 위해서 그리고 그들이 그 역할을 자신의 역할 레퍼토리로 가져가기 위해서 집단이 이 과정을 보다 더 인지해야만 하는 것이 필수적이었다. 이 과정의 세부사항은 8장에서 보도록 하자.

과도기 단계와 종결 동안에 집단이 직면한 이슈들은 여러 면에서 청소년기의 발달 과업과 연관이 있고 거기에는 충족되어야 하는 과제와 극복해야 할 장애, 그리고 성취해야 할 승리들이 있다.

청소년의 발달 과제

긍정적인 집단 경험은 십대 시기에 발달과 관련된 과제들을 타협할 때 청소년에게 이루 측정할 수 없는 도움을 제공한다. 이 연구의 목적에서 먼저 나는 이러한 과제들의 개관을 제공할 것이고 그런 다음 이 장의 뒷부분에서 청소년 시기 동안에 발달연속선상을 따라 좀 더 구체적인 하위 단계들을 논의할 것이다. 이 개관 부분에서 나는 발달 과업과 과제를 *개인적(personal)*, *대인 관계적(interpersonal)*, *개인 초월적(transpersonal)*의 일반적 범주로 나누고 이러한 각각의 영역에서 시간이 지남에 따라 만나게 되는 이슈들의 범위를 탐색하고자 한다.

■ 개인적 범주(The personal)

청소년기에 아이들은 일반적으로 신체적 크기나 형태, 그리고 기능에서 급격한 변화를 경험한다. 내분비계는 시간을 초과해서 일하기 시작하고 호르몬은 몸속에서 급증한다. 뇌 속에서 새로운 길들이 놀라운 속도로 생겨나고 새로운 종류의 사고 과정이 발전하게 된다. 청소년이 20대에 도달하는 시기에 그들은 일반적으로 성인의 몸으로 접어든다. 가장 최적의 환경에서 가장 건강한 아이들은 청소년기와 관련한 단순한 신체적 변화만으로도 그들만의 도전 과제를 갖게 된다. 지지그룹의 경험은 성장 경험이 정상화되도록 도와주고 토론과 정보 모으기의 장을 열어 준다.

청소년이 복잡한 감정을 느끼고 이전에 경험한 흑백 감정 속에서 섬세한 차이점을 경험할 때 감정 세계는 더 복잡해진다. 집단은 감정 표현하기를 배우는 장소가 된다. 그리고 자기비판 능력이 발달함에 따라 다른 사람들의 시각을 통해서 자신을 볼 수 있는 기회를 제공하면서 집단은 현실점검을 하게 한다. 청소년은 판단하지 않고 감정의 외부에서 관찰할 수 있는 능력을 발달시키기 시작한다.

피아제(1963)는 청소년기의 지적 발달 단계를 *형식적 조작기(Formal Operations)*라고 이름 붙였다. 신경 발달의 결과로 추상적 사고를 하는 능력이 생겨나고 현실에 대한 자신의 인식이 여러 가능한 관점 중 하나라는 사실을 이해하게 된다. 결과 예측력 또한 발전한다: "만일 내가 이러이러한 것을 한다면, 그다음에 가능한 결과는 ~ 이다." 그러나 이러한 변화들이 개인적으로 일어난다 해도 청소년이 이러한 개인적 변화를 발견하고 통합시키는 것은 바로 사회적 교류를 통해서이다.

■ 대인 관계적 범주(The interpersonal)

이러한 발달 단계 지점에서 또래 집단이 가족이나 공동체보다 더 중요해진다고 주장하는 사람들이 있다. 나는 역할 기능의 차이라는 측면에서 생각하는 것이 좀 더 유용하다고 말하고 싶다. 지지와 경험의 공통성이라는 인식에서 또래 그룹의 역할은 생존에 필수적이다. 그러나 가족의 역할이 변하면서 의사소통이 가능한 인지 구조 만들기를 도와줄 긍정적인 다른 어른의 존재가 있다는 것은 청소년이 자신의 성인자아를 발견하는 능력을 고양시킨다. 연구를 통해 회복력 있는 청소년의 발달에서 긍정적이고 돌봄을 주는 어른의 중요성이 밝혀졌다(Resnick et al., 1997). 어른은 청소년에게 관계적 돌봄을 제공할 뿐만 아니라 또래가 주지 못하는 인지발달의 본보기를 제공해 줄 수 있는데 이것은 또래 관계만큼이나 필수적인 요소이다. 어른은 경험에서 오는 의미를 발견하고 분명하게 표현하는 법을 배우도록 청소년을 도와준다.

또한, 청소년기는 친구나 종업원, 동료나 연인의 입장에서 신뢰와 배신을 겪고, 권위에 도전하기도 하며, 덧없는 많은 관계를 경험하는 성인 관계를 위한 리허설의 시기이다. 집단원들이 과도기를 지나고 종결 문제와 관련한 감정을 작업하면서 분투할 때 그들은 좀 더 건강한 어른이자 더 성숙한 관계를 맺을 수 있는 사람이 되는 기술과 역할을 발달시키고 있는 것이다.

■ 개인 초월적 범주(The transpersonal)

유소년이 자신보다 더 큰 존재를 이해하려고 애쓸 때, '의미를 만드는' 작업에서 청소년에게 주요한 부분은 개인 초월적인 영역에 해당한다. 철학적이나 영적으로 접근하든지, 문화적이나 사회적으로 접근하든지, 혹은 숭고함이나 우스꽝스러운 것으로부터 접근하든지 간에 청소년은 '삶의 의미'를 발견하기를 추구한다. 모레노는 이런 탐구의 차원을 우주라고 언급했다(1장 참조). 다시 말하자면, 공통 경험을 인지한 또래의 지지와 성인 리더가 제공한 인식의 틀이 있으면 이 탐구를 진행할 수 있는 안전한 공간이 제공된다.

대체로 아이들은 의심하지 않고, 때로는 이해되지 않아도 부모의 문화적, 종교적, 영적인 신념을 수용한다. 유소년이 질문하기 시작하고 배운 바를 도전하기 시작하는 것은 바로 청소년 시기에 일어난다. 종교교육이 치료 집단의 적합한 목표는 아니지만 집단원들은 삶의 영적 차원을 피해갈 수는 없다.

나는 개인적, 대인 관계적, 그리고 개인 초월적인 청소년기 발달의 도전 과제들을 살필 것이고, 3장에서 준거 틀로 제시되는 치료적 나선형 모델(Hudgins, 2002)을 사용하여 이들이 보다 완전하게 충족되기 위해 필요한 기술들을 살펴볼 것이다. 그리고 청소년기 발달의 도전 과제들의 심화 범주인 *관찰(observation)*과 *보유(containment)*의 개념을 소개하려 한다. 7장에서는 이러한 개인적, 대인 관계적, 개인 초월적, 그리고 관찰적, 보유적 발달 과제들을 지지하는 다양한 활동을 제공할 것이다.

그러나 지금 이 시점에서는 청소년 시기가 다양한 경험과 발달 과제들을 가지고 있다는 것을 아는 것이 중요하다. 그러므로 청소년기 발달의 연속선상에 대한 좀 더 세밀한 관점을 제공하고자 한다.

청소년기의 발달 라인

집단 리더에게 청소년이 성인보다 매우 다른 도전을 보여 주는 것처럼 청소년기 연령을 따라 나타나는 도전들도 매우 다양하다. 이러한 탐구의 목적을 위해서 나는 11~13세 정도를 '초기' 청소년기; 14~16세 청소년을 '중기' 청소년기; 17~19세 청소년을 '후기' 청소년기; 그리고 20~25세를 '초기 성년기'로 간주하려 한다. 그 안에서도 많은 청소년이 각각 다르게 발달하지만 편의상 공동행위 집단을 표현하기 위해 언어와 숫자를 사용했다.

형식과 연속성을 위해서 나는 이 탐색을 *신체적(physical)*, *정신적(mental)*, *정서적(emotional)*, *개인적(personal)*, *사회적 발달(social development)* 범주로 나누고자 한다. 또한, 언어의 선형적 한계점들은 이 범주들의 논의를 구분 지을 수 있으나, 실제로 그 효과는 상호적이다.

■ 신체적 발달

사춘기가 시작하고 무수히 많은 내외적 변화가 일어나기 때문에 초기에서 후기 청소년기에 이르는 신체 발달의 변화는 극적이다. 또한, 청소년기에는 뇌의 발달이 활발하다. 관계와 감정을 담당하는 중뇌가 호르몬 변화에 의해 급격히 성장한다. 전두피질은 고수준 기능 용적을 발달시키기 때문에 새로운 뉴런을 방출하고 중요하지 않다고 판명되는 뉴런은 폐기시킨다.

- 초기 청소년기

초기 청소년기에 있는 사춘기의 신체적 변화로 인해(아직은 간절히 기다리는 중이지만) 잠시 동안 비교적 안정적으로 남아있던 자아감은 약화되거나 위협받는다. 사춘기는 많은 청소년이 빠르든 혹은 느리든 자신의 발달 속도에 대해서 괴로움을 겪는 시기이다. 또래들 중 처음으로 생리를 하거나 가슴이 커지는 소녀는 부러움과 멸시를 동시에 받을 수 있다. 소년도 생식기의 성장이나 변성기, 혹은 수염으로 인해 똑같은 일을 겪을 수 있다.

- 중기 청소년기

청소년은 이 시기에도 여전히 성장하고 매우 변화한다. 그들은 또래나 미디어에 나타난 표준에 자신을 비교하고 판단하면서 주로 몸이나 외모에 더 관심을 가진다. 많은 아이에게 얼굴색도 문제가 된다. 몸무게나 키에 대한 문제는 많은 문화권에서 중요하다. 대부분의 여성과 일부 남성은 이 시기에 완전히 자란다.

- 후기 청소년기

이 시점에 이르면 대부분의 남성과 모든 여성은 성인의 몸으로 자라는 마지막 단계로 접어든다. 그들은 어른처럼 보이고, 미국에서는 18세에 '법적으로' 어른이 된다(투표할 수 있고, 징집 대상이 되며, 계약을 맺고, 모든 법정에서 법적 어른으로 대우받는다). 뇌신경의 성장은 대부분 감소하지만 아직 완전히 끝나지 않는다. 신체적 외형은 파트너를 찾아야 한다는 압력이 증가하므로 훨씬 더 중요해진다.

- 초기 성년기

이 시점에는 신경 발달과 더불어 신체적 성장이 완성된다. 청소년은 키, 체형, 피부색 등 장기적인 외형적 문제를 받아들이는 법을 배워야 한다. 미국에서는 21세에 모든 면에서 법적으로 '완전히 성인'이 된다.

신체 발달 이슈를 다룰 때 성장과정에 관련된 책을 보거나 집단원들이 다른 출처로부터는 얻지 못하는 정보를 습득하는 것이 집단 리더에게 도움이 된다. 위에서 언급된 신체적 이슈에 관한 모든 사항은 집단의 관심사가 될 수 있다. 집단원들의 나이가 증가할수록 '내가 어떻게 변할지'에 대한 두려움은 자기수용의 문제로 전환된다.

비교적 동년배들로 이뤄진 그룹에서는 리더가 중요한 지지원이 될 수 있다. 나이가 섞여진 그룹에서는 나이 많은 집단원들이 어린 집단원들을 지지할 수도 있다. 물론 나이든 집단원들이 어린 집단원들을 괴롭히지 않고 돕게 하는 데에는 건설적인 지원이 필요하다.

청소년의 발달은 단순히 신체적 문제만은 아니다. 정신적 능력이 몸과 뇌와 더불어 발달하게 된다.

■ 정신적 발달

청소년기의 정신적 발달은 중요하다. 이것은 전두피질에서의 신경 발달 결과이기도 하고 사회적 기대와 압력, 특히 학업 성취에 따른 결과이기도 하다. 추상적 사고나 동시에 다양한 일을 처리할 수 있는 능력 같은 특정한 능력도 발달한다. 부모와 교사는 청소년의 특정 과제와 책임감에 대한 비현실적인 기대를 하기도 한다. 중뇌의 활동이 향상되면 대뇌피질의 기능을 간섭할 수 있다(아래의 정서 발달 참조).

- 초기 청소년기

청소년은 점점 더 분명히 말하고, 논리적이고, 비판적이며, 관심이 커지기 때문에 이 시기에는 구체적 사고와 추상적 사고 사이에 다리가 놓인다. '흑백논리' 사고에서 '회색지대의 그림자'를 감상하도록 움직이는 데는 시간이 걸린다. 중뇌와 전두피질에서 동시에 엄청난 활동을 하면 종종 혼란이 생길 수 있다. 상상력이 아이의 것에서 성인의 것으로 변하고 이 시점에서는 다소 억눌린 것처럼 보일지 모른다.

- 중기 청소년기

이 시점이 되면 청소년은 (일반적으로) 완전히 추상적인 사고를 하고, 이 시기가 실험적인 만큼 스스로 미래를 그려 보고 계획할 수 있다. 다양한 업무를 하는 능력도 자라난다. 신체적 성숙 때문에 어른들이 청소년에게 성숙한 행동을 기대하기도 한다; 그러나 미세한 정신 능력은 여전히 자라나는 중이어서 이러한 발달은 성인의 모델링뿐만 아니라 지지도 요구한다. 상상력은 이 시점에서 완전히 창조성과 연결되고 독창적 영감이 걷잡을 수 없이 자라게 된다.

- 후기 청소년기

청소년은 이쯤 되면 대개 자기 자신을 완전히 '자랐다'고 생각할 것이다. 그러나 사실은 대뇌피질 발달에서 미세한 조정이 여전히 진행 중이다. 하지만 이 나이에는 정신적 기술이 매우 충분히 발달되어 깜짝 놀랄 만큼 창조적인 결과가 나타나기도 하며 예술가, 시인, 음악가, 댄서, 발명가가 대개 이때 나오기 시작한다.

- 초기 성년기

대뇌피질 기능이 완전히 제자리를 잡아서 모든 능력이 가능해진다. 조기에 중요한 지지를 받는 경험이 생기면, 창의력뿐 아니라 이성과 논리가 완전히 제 기능을 하게 된다. 부족한 것이 있다면 경험이 짧다는 것뿐이다.

의미 있는 정신적 발달을 하는 이 시기 동안 성인은 경험에서 의미를 만들어 내는 능력과 더불어 더 높은 수준의 대뇌피질 기능의 중요한 모범을 제공해 줄 수 있다. 집단 리더는 적절한 경계와 견제뿐 아니라 합당한 기대를 제공하기 위해서 정신 발달의 세부사항들을 이해하고 인식하면서 작업하는 것이 중요하다.

정신적 발달에서의 불균형 때문에 초기에 있는 청소년과 후기에 있는 청소년을 한 집단으로 구성하여 운영하기란 어렵다. 나이가 많은 집단원들은 종종 어린 친구들을 짜증스럽게 여긴다. 내가 추천하는 바는 동년배끼리 그룹을 묶어 주는 것이다. 현재 나이의 폭이 넓게 섞여 있다면 후배와 선배가 짝을 이뤄 특별한 멘토링 활동을 하거나 '또래'를 고려해서 특정한 경험에 참여할 수 있도록 하위 집단을 제공하는 전략이 도움이 될 수 있다.

몸과 정신이 발달하는 것처럼 정서에 의한 영향과 능력도 동일하게 발달한다.

■ 정서적 발달

영양 보충과 적절한 신체적 자극, 그리고 유전자 암호의 전개만이 필요한 신체적 성장과는 달리 정서적 성장은 경험에 의존한다. 또래 그룹과의 상호작용은 매우 중요한 역할을 한다. 그러나 청소년이 자라나는 사회 구조나 구속은 물론 가족의 상호작용도 큰 부분을 차지

한다. 청소년기에는 중뇌가 중요한 활동을 한다. 호르몬 변화로 자극된 편도체가 부풀어 더욱 활성화된다. 편도체는 경험에 정서적 의미를 부여하는 중추이며, 청소년기의 정서적 강렬함을 대부분 떠맡고 있다. 공격적 행동 성향을 포함하는 이러한 강렬함이 신경생리학적으로 기초임을 이해하는 것은 무비판적 치료 환경을 창조하는 데 매우 중요하다.

성적 발달은 본 연구에서 사용하는 어느 범주에도 쉽게 포함될 수 있지만 나는 여기에 포함하려 한다. 왜냐하면, 그것은 분명 청소년의 뇌리를 사로잡을 수 있는 감정뿐만 아니라 정서적인 강렬함과도 관련되기 때문이다.

- 초기 청소년기

이 시기의 청소년은 감정이나 신체적 친밀, 관심이나 접촉을 갈망할 수도 있고 거부하거나 당황스러워하기도 한다. 강렬하게 느끼거나 반감을 느끼든 빠르게 변화하는 (성적인) 감정을 느낀다. 성이나 성 정체성과 관련된 질문들이 이 시기에 생기고 심지어 더 이를 수도 있지만 자주 이야기되지는 않는다. 로맨스에 빠지고 싶은 사회적 압력은 실제적인 감정과 일치하지 않을 수도 있지만 청소년은 자기 자신의 신체적 충동보다 군중을 따르는 경향이 있다. 이것을 위에서 언급한 정신적 혼란과 연결해 보라. 그러면 이 시기는 분명히 '가장 어려운 청소년기 부분'이라는 제목을 붙일 수 있을 것이다.

좀 더 자란 많은 청소년은 이 시기를 회고하면서 이때가 가장 어려웠다고 회상할 것이다. 그러고 나서 그들은 그 후 남은 기간이 더 쉬워지지는 않더라도 조금은 덜 어려워진다고 바로 덧붙일 것이다.

- 중기 청소년기

이 시점에서 대부분의 청소년은 반감이 별로 없어서 더욱 자기 성찰적이 되어 가고 반응하는 데 덜 재빠르다. 이제는 감정이 매우 혼란스럽거나 이해할 수 없는 것은 아니지만 여전히 강렬하다. 성적 감정이 아주 만연하고 행동으로 옮길 수도 있다. 다시 말하면, 준비되었다고 느끼기도 전에 파트너 찾기에 대한 사회적 압력 때문에 성적 행동이 촉발될 수도 있다. 성과 성 정체성, 그리고 성 활동의 쟁점이 두드러지고 좀 더 진지하게 생각하게 된다.

이 나잇대 청소년은 또래들과 잘 어울려서 무리에 수용되려는 욕구와 자신의 정체성을 발달시키려는 욕구 사이에서 종종 상처를 입는다. '중간에' 끼어 있는 존재이기 때문에 더 이상 아이도 아니고 아직은 어른도 아닌 상태여서 강렬한 고독감을 키울 수도 없다.

- 후기 청소년기

이 시기의 청소년은 여전히 경제적으로는 다른 사람들에게 대체로 의존하지만 정서적으로는 주로 매우 독립적이다. 그들이 자립을 생각할 때 이것은 확실히 근심과 좌절감을 주기도 한다. 잘 어울리려는 욕구는 일반적으로 이 시점에서 어느 정도 줄어들지만 어린 시절을 끝내는 것에 대한 양가감정은 좀 더 의식적으로 올라온다. 만약 개인적으로 어린 시절에 적절한 돌봄을 받았다면, 감정을 수용하는 능력은 늘어났을 것이다.

청소년은 이 시기에 성적으로 활동적이다. 게이, 레즈비언, 양성애자, 트랜스젠더 혹은 성전환자인 사람은 자신을 부인하느라 더 힘든 시기를 보내게 되고 그것이 초기 감정들을 처리한 방법이었을 것이다. 자신의 성적 성향 혹은 성적 소수자 상태에 대해 미리 인지하였지만 돌봄을 받지 못했거나 더 일찍 자신을 찾는 데 충분히 안전감을 느끼지 못한 사람이라면, 이 기간을 지나면서 돌봄을 얻을 기회를 찾게 될 것이다.

- 초기 성년기

청소년이 고등교육을 받을지 아니면 원하는 삶을 살지를 찾아 스스로 나아갈 때 자존감과 능력에 대한 사안들이 전면에 나타난다. 그들은 미래에 대해 희망적일 수도 있고 절망을 느낄 수도 있다; 이러한 감정은 두려움이나 상상보다는 삶의 상황에 기반해 있을 것이다. 말하자면, 성생활은 자아와 삶의 통합된 측면이다.

만약 청소년이 청소년기 동안 돌봄을 잘 받았다면 대개 이 지점에서 정서적 성숙도를 이룬다. 그러나 그렇지 않다면 정서적 어려움으로 중대한 문제, 즉 직장 결근, 약물남용이나 중독, 반사회적 행동, 가정 폭력, 그로 인한 구금과 같은 문제를 일으킬 잠재성이 있다. 정신질환을 가진 사람은 이 시점이 되면 일반적으로 그것을 충분히 경험하게 되고, 운이 좋다면 진단을 받아 치료를 받을 것이다.

정서 발달의 영역 내에서 집단 경험은 엄청난 의미가 있다. 자신이 감정적으로 혼자가 아니라는 것을 아는 것은 나이를 불문하고 청소년에게 중요하다. 집단은 자신의 느낌을 완전히 경험하고, 그 감정을 다른 방식으로 표현하는 것을 탐색할 안전한 장소를 제공하게 된다. 역할 놀이 같은 액션 기법은 결과를 직면할 필요 없이 감정을 표현하게 하고 '건강하지 못한' 행동도 해 보는 실험을 가능하게 한다.

청소년은 끊임없이 자라기 때문에, 감정적 성숙도의 차이로 인해 연령 집단 분류에 대한 비슷한 우려가 생긴다. 동일 연령 집단으로 나누는 것이 참가자들에게는 더 만족스러울 것이다. 여러 다른 연령이 섞인 집단을 지휘하는 리더는 집단 세션마다 특정집단 구성원의 정서적 분위기를 반영하고 연결하기 위해 웜-업 시간을 가져야 한다.

청소년은 신체적, 정신적, 그리고 정서적으로 발달할 때 성인 인격이 나타나기 시작한다.

■ 개인적 발달

논의한 다른 요소들에서 '개인적' 발달을 분리하는 것은 어렵다. 그러나 이 탐색의 목적을 위해서 이 어구를 기본적으로 개인의 정체성과 성격의 발달에 연결할 것이다. 7장에 논의하는 바와 같이, 모레노는 우리가 수행하는 역할에서 자아가 나타난다고 주장했다(Moreno, 1964). 이 관점에서 보면, 청소년의 자아인지에 대한 발달뿐만 아니라 청소년 자아의 발달도 이 기간의 역할 경험과 역할 요구 증가와 관련이 있다. 아이에서 성인으로 변화하는 동안 내부와 외부의 힘이 모두 청소년에게 역할 목록을 바꾸고 더해가기를 요구한다.

- 초기 청소년기

청소년기를 시작하면서, 청소년은 독립에 대한 욕구와 성인의 지지와 관련한 욕구 사이에서 균형을 잡으려고 한다. '근심 없이 노는 아이'나 '과잉보호 받는 아이'와 같은 어린 시절의 역할은 '노력하는 학생'이나 '독립적인 탐험가'와 같은 역할로 바뀌기 시작한다. 청소년은 가족 안에서는 더 자율적인 방식으로, 또래들과는 더 관련 맺는 방식으로 자아를 정의하기 시작한다.

- 중기 청소년기

조금 더 자라면, 청소년은 대의명분과 다른 사람에게 필요하면서도 중요한 존재로서의 자아감을 찾기 시작한다. 그들은 더 많은 책임감과 자립성을 추구한다. '신뢰할 수 있는 친구'와 '독립적인 사상가'의 역할은 더 중요해지는 반면, '순종적인 아이'나 '사랑받는 아들/딸'의 역할은 일반적으로 덜 중요해진다.

- 후기 청소년기

성인이 되어감에 따라, 일반적으로 청소년은 항상 지키지는 않더라도 확립된 도덕적 규범을 갖는다. 현재와 미래에 관한 이슈들이 결합되고 청소년은 개인적인 역사의식을 갖기 시작한다. '어린 시절을 뒤로하고 떠나는 자'와 '미래로 걸어가는 사람'의 역할이 확립된 것처럼, '이유 있는 반항아'의 역할은 이 시점에서 잘 확립된다. '신뢰할 수 있는 직원'이나 '절망적인 고용 불능인'의 역할 또한 나타난다.

- 초기 성년기

이 시점에 도달할 때, 청소년은 일반적으로 어느 역할을 가지고 어른의 삶으로 들어가고 어떤 것을 아동기나 청소년기에 남겨 두고 갈지를 평가한다. 직업, 경력, 그리고 파트너 관계와 관련된 사회적 역할이 가장 전면으로 이동한다.

이러한 개인 발달의 시기 동안 리더도 엄청난 지원을 제공할 수 있다. 리더는 그 연령 무리에 따라 다른 욕구를 고려해야 한다. 예를 들어, 초기 청소년은 아동기에서 청소년기로 이행할 때 공정성, 일관성, 견고성, 구조, 명료함, 그리고 직접성이 필요하다. 중기 청소년 범위로 들어가면, 십대는 점점 토론이 필요하고, 집단의 구조와 규범의 설계에 대해 발언할 기회를 원한다. 후기 청소년은 미래와 미래에 대한 관심사에 대해 이야기해야 한다. 초기 성년은 현재에 대해 더 관심을 가지며, 어른으로의 삶을 살려 한다. 다시 말하면, 동질 연령 분류가 일반적으로 더 효과적이다.

실험실에서 격리되어 길러질 수 있는 실험동물과는 달리, 인간은 다른 사람들과의 관계 안에서 살고 있다. 그러므로 사회적 발달이라는 주제는 이미 제시된 모든 것과 밀접하게 관련이 있다.

■ 사회적 발달

청소년은 성인으로서 행동할 사회적 역할을 모색하기 시작하기 때문에 대부분의 문화에서 청소년기는 발달에서 가장 사회적인 단계이다. 학교에서 보낸 시간은 하루와 일주일에서 가장 중요한 부분을 차지한다. 어떤 청소년은 다른 사람들로부터 자신을 자발적으로 고립시키기도 하지만, 청소년기의 경향성은 다른 사람들과 함께 있으려는 것이다.

또래집단에서의 정체성은 초기 청소년기에 매우 강해지며, 개성 형성을 위한 새로운 토대는 더 성숙한 수준에서 제공된다. 청소년기 동안의 사회적 경험은 성인 관계를 위한 토대가 된다.

- 초기 청소년기

사회적으로 청소년기 여정을 시작하는 청소년은 또래 수용과 우정에 관심이 있지만 쉽게 수용하거나 수용되지 않는다. '군중 심리'가 지배적이고, 인식된 규범의 일부가 될 필요성이 중대하다. 더 성숙한 공감 능력은 청소년이 진정으로 서로에게 관심을 갖는 것을 배울 때 형성된다.

- 중기 청소년기

이 시기의 청소년은 한결같은 친구들을 원하고 필요로 한다. 그들은 충성심과 배제를 발달시키고, 오랫동안 지속되는 관계에 들어선다. '가장 좋은 친구'는 몇 주 이상 더 오래 지속되는 경향이 있고 어떤 사람은 평생 친구 혹은 반려자로 진전한다. 청소년이 또래를 이용하여 결심과 선택을 생각할 때 관계에 대한 개념은 넓어지기 시작한다. 이러한 관계 안에서 청소년은 진실과 정직, 신뢰를 탐색한다.

- 후기 청소년기

이 시기가 되면 청소년은 일반적으로 자주 남녀 양성의 친구들이 있으며, 더 쉽게 피드백 주고받기를 배운다. 또한, 직업과 진학 계획이 중요하다; 청소년이 학교나 직업, 또는 살 곳을 결정할 때 이런 계획은 종종 관계를 시험하게 된다. 책임감에 대한 성인 기술은 학교와 직장 관계에서 더 중요해진다.

- 초기 성년기

청소년이 사춘기를 벗어날 때, 그들은 가족이나 소규모의 친구 발달에 관심을 집중하면서 종종 더 좁은 사회 영역으로 들어간다. 이전에 학교에서 보낸 시간 대신 직장에서 시간을 보낸다; 그러나 직장 동료나 직원들과의 관계적 의미는 급우들과의 관계와는 다르다. 더 오래 지속되는 연결고리는 점점 적어지고, 다른 사회 집단 속에서 움직일 기회도 일반적으로 더 적어진다. 관계는 점점 덜 일시적이 되고 '더 성숙해'진다.

집단은 사회적 상호작용의 시험장일 뿐만 아니라 훌륭한 훈련장이다. 타인에 대한 자기 행동의 영향에 대해 제한된 통찰을 가진 구성원들은 중대한 피드백을 받을 수 있다. 동정하고 공감하기, 건설적인 비평을 주고받기, 말을 가로채지 않고 듣기, 충돌을 막고 해결하기와 같은 사회적 기술을 개발할 기회가 많다. 여전히 동년배 집단 형성이 가장 이치에 맞지만, 보다 넓은 범위의 나이로 이루어진 집단에서는 인내심을 배우고 다양한 의식 수준의 사람들을 대할 기회가 많다. 이러한 기술은 직업을 추구하는 성인이 되는 동안에 그들에게 아주 유용하다.

● 요약

발달을 이해하는 것은 청소년에게 의미 있고 유용한 집단 경험을 제공하는 데 핵심이다. 리더는 집단 과정을 적절한 방법으로 지지하는 데 필요한 리더십과 다양한 활동을 제공하기 위해 반드시 집단이 통과하는 단계를 인지할 수 있어야 하고 이에 발맞추어야 한다.

또한, 집단원이 청소년기를 지나는 동안 직면해야 하는 발달 과제를 이해하는 것도 필수적이다. 여기에는 아동기 도전 과제가 반복되는 것도 있고 청소년기의 필수 부분으로 생겨난 과제도 포함된다. 그래서 청소년기를 지나는 동안 그 시간의 흐름 속에서 일어나는 발달을 이해하는 것이 중요하고, 13세로 이루어진 집단의 욕구가 18세 집단의 욕구와는 다름을 인지하는 것도 중요하다.

시간에 따른 일련의 과정이지만 다차원적이기도 하고 언제나 순서대로 되는 것이 아니라는 것을 설명하기가 때로는 너무 힘들기도 하다. 이러한 것들을 가수, 댄서, 배우가 공연하는 대중매체 예술로 보여 주면서 청중이 자유롭게 연기자와 상호작용할 수 있다면 청소년기 경험의 발달적 관점을 훨씬 잘 보여줄 수 있을 것 같다.

청소년과 함께 하는 집단 작업의 이러한 발달적 관점을 치료적 나선형(Hudgins, 2002)이라는 또 다른 이론적 틀로 바라보는 것은 매우 의미 있다. 이것이 3장의 핵심이다.

C·H·A·P·T·E·R 03

청소년 작업을 위한 구조로서의 치료적 나선형

청소년 집단과 작업을 진행할 때의 중점 사항은 건강한 성인으로서 기능할 수 있는 역량을 길러주는 것이어야 한다. 몇 년 전 처음으로 내가 치료적 나선형 모델(이하 TSM) (Hudgins, 2002)을 접했을 때, 그것이 인간발달의 획기적인 사건을 접할 때마다 우리가 개발하는 역할에 대한 나의 개념과 너무 잘 맞아서 감동적이었다. 독자가 이것의 깊이 있는 원리를 보기 원한다면 TSM 참고문헌을 참조하라. 나는 그 중 일부를 여기에서 강조하고자 한다.

TSM은 성격을 조직화하는 데 수행하는 기능에 따라 내적인 역할을 구분하고 있다. TSM의 역할 기능 유형 중에서 규범적 역할이라고 알려진 것이 가장 광범위하게 청소년 작업에서 적용된다. 이것이 제대로 세워져서 건강하게 기능 역할을 해야 비로소 트라우마 경험을 안전하게 말할 수 있다. 내가 볼 때, 트라우마 경험과 관계없이도 청소년에게 이러한 역할은 건강한 발달 과업의 예제가 된다.

규범적 역할은 청소년기에 처음으로 발달되는 역할이기도 하지만 청소년이 건강한 발달을 위해 재방문하는 기회가 되기도 하는 일련의 아동기 역할이기도 하다. 이 둘의 차이에 대해서는 (역할마다 발달하는 시기와 관련해서) 차후에 다룰 것이다.

이 역할군이 발달하도록 지지하며 돕는 것이 모든 청소년 집단의 주요 임무이다. 특히, 병리 기반 모델이 아니라 강점 기반 모델에 따라 작업을 하는 경우라면(무엇이 잘못되었는지 진단하는 것에 초점을 두기보다는 각 개인에게 효과적인 것이 무엇인지에 기반을 두는), 이러한 역할 형성을 위한 뼈대는 그 과정이 의미 있게 놓이는 데 도움이 된다(표 3.1).

〈표 3.1〉 TSM 규범적인 역할

회복	관찰	보유
대인 관계적 강점	고객	방어 관리자
개인적 강점	관찰자아	보유하는 더블
초개인적 강점	–	신체 더블

규범적 역할에는 세 가지 하위 유형이 있는데 이들의 공통 기능에 따라 이름을 붙였다. 이들 각각은 행동을 탐색할 기회를 많이 줄 뿐 아니라 여러 청소년 발달 과제를 만드는 장을 제공한다. 하위 유형으로는 *회복(restoration)*, *관찰(observation)*, *보유(containment)* 등이며, 각 하위 유형에는 보다 구체적인 역할 기능이 많이 있다. 이 중 첫 번째 하위 유형은 단순한 시작점이 아니라 청소년 집단 작업에서의 중점 사항이기도 하다.

● 회복 역할: 강점을 연결시키기

회복의 정의는 개인적, 대인 관계적, 초개인적 강점을 알아내고 활용하는 능력이다. 2장에서 나는 발달 과제를 이러한 범주의 관점에서 구조화했다. TSM에서는 정체성 발달의 중심부에 있는 이런 도전 과제를 충족시키는 데 필요한 강점이나 기술에 초점을 맞춘다: "나는 누구인가?", "타인과의 관계에서 나는 누구인가?", "우주와의 관계에서 나는 누구인가?" 같은 기본적인 질문이 있다. 청소년기에는 중간의 질문이 처음으로 등장한다.

■ 대인 관계적 강점(Interpersonal strengths)

자아감이 생기기도 전에 아기가 상호 의존적 관계에서 삶을 시작하는 것처럼, 청소년도 타인을 매개로 자신을 이해하기 시작한다. 초기 청소년은 개인으로서보다 '군중 심리'에 의해 자주 움직인다. 대인 관계는 집단 기능뿐만 아니라 개인 기능의 토대가 된다. 그것은 청소년에게 신뢰감 대 불신감(Erikson, 1950; 2장 p.51를 보라.)이라는 초기 과제를 재방문하는 기회를 제공한다.

이러한 새로운 과제를 가족 대신 또래 집단에서 직면하는 기회를 통해 새로운 신뢰감, 안전감, 역량이 발달한다. 아이였을 때 트라우마를 경험한 청소년－혹은 지속적으로 학대 상황에서 자란 청소년－은 많은 시간을 할애하여 대인 관계적 신뢰를 되찾아야 개인의 자아감이 생길 수 있다. 따라서 이것이 초기 치료 계획이 된다.

대인 관계적 강점이란 개인이 타인과 만나도록 돕는 역할이며 기술이다. 또한, 살아있든 죽었든 가족이나 공동체, 혹은 사회 집단에서 만나는 특정인들이 포함되는데 그들로부터 힘과 지지를 받게 된다. 리더(들)와 집단은 집단원들이 '주의 깊은 청자', '사려 깊은 피드백 전달자', '혹은 '공감 능력이 좋은 친구' 같은 대인 관계적 강점을 개발하도록 의도적으로 문화를 만든다. 이와 동시에 집단원들은 서로에게 대인 관계적 강점이 되기도 한다.

집단원들이 집단 회기마다 대인 관계 연결고리를 명확히 하고 발달시키는 기회를 갖는 것은 매우 중요하며, 이러한 연결고리를 지지해 줄 기술을 지속적으로 발달시키는 것이 필요하다. 반대로 이러한 연결고리는 집단원들이 자신의 개인적 강점을 탐구하고 표현할 수 있는 안전한 보유체가 만들어지도록 돕는다.

■ 개인적 강점(Personal strengths)

일단 집단 리더(들)와 집단원들이 안전하고 지지적인 대인 관계 연결고리를 만드는 데 성공하면 집단원들은 더 쉽게 자신의 개성을 발휘할 수 있다. 개인적 강점이란 우리의 일부가 되어 대부분의 상황과 만남에서 사용 가능한 기술이다. 이러한 강점은 청소년 정체성의 중요한 일부가 되며, 자아존중감과 소속감에 연결된다.

많은 청소년이 개인적 강점이 무엇인지 물어보면 답하기 힘들어한다. 이것은 낮은 자존감 때문일 수 있고 자만에 대한 사회적 금지 때문일 수도 있다. 정말로, 청소년에게 물려주는 가장 큰 오류 중 하나는 자신의 존재에 대해 좋게 느끼거나 그것을 크게 말하는 것이 옳지 않다는 생각이다. 무슨 이유이든 간에 많은 십대는 타인의 강점 찾기를 더 쉬워 한다. 따라서 그들은 집단원들과 리더를 보면서 그들의 장점을 온전히 자기 자신의 것으로 주장할 필요도 있다. 예를 들어, 린다는 자신의 용기는 인지하지 못하면서 봅에게서 이런 강점을 알아볼 수 있다. 반대로 봅은 린다에게서 본 용기를 반영해줌으로써 린다를 지지할 수도 있다.

청소년이 강점을 찾고 그것을 인지하여 자신과 연결하도록 돕는 것이 청소년 집단의 중요한 구성 요소이다. 많은 청소년(지지적인 가족이나 공동체, 혹은 교육 경험이나 직업 경험이 없더라도)에게 집단은 이런 기회를 제공하는 유일한 장소가 될 수 있다.

그러나 청소년기 동안에 강점을 연결하는 것이 대인 관계나 개인적 측면에만 있는 것은 아니다. 청소년은 초개인적 요소 같은 자아보다 더 큰 요소들을 탐색하고 자기 안에 받아들일 기회도 필요하다.

■ 초개인적 강점(Transpersonal strengths)

초개인적 강점은 '자아보다 더 크다'고 여겨지는 어떤 것과 관계를 맺고 유지하도록 돕는 기술로 정의된다. '종교'나 '영성', '문화적 유산' 같은 단어가 초개인성이 개인을 위해 드러난 예라 할 수 있다. 각 개인이 삶에서 의미를 추구하고, 새롭게 변화하며 보다 성숙한 초개인성의 감각을 탐색하고 설명하려고 애쓰는 것은 바로 청소년기 동안 이루어진다. 서양 문화권에서는 통과의례 의식이 의미를 덜 가지기 때문에 청소년이 채워야 할 초개인적 공허함이 있을 수 있다.

특정한 신앙 안에서 양육된 사람은 그것을 거부할 수도 있고 새로운 성숙의 수준으로 받아들일 수도 있다. 청소년이 합리적인 우주론을 발전시키고자 할 때 불가지론이나 무신론을 시도할 수 있다. 어떤 청소년은 다양한 형태의 토속신앙을 탐색하기도 한다. 또 다른 청소년은 자신의 문화유산에 더 깊이 빠져들기도 하고 지역사회 내 토속 전통문화를 탐구하려고 결심할 수도 있다.

특정 종교나 영적 단체에서 제공되는 것이 아닌 이상, 훌륭한 치료는 무종파적이어야 한다. 그렇다고 해서 초개인성을 무시해야 한다는 뜻은 아니다. 청소년이 초개인적 탐색을 위한 출구가 없다면, 그들은 공허함을 채우기 위해 약물이나 기타 고위험 행동에 의존하게 될 것이다. 이러한 렌즈를 통해 보면 갱단 입단이나 도전을 받아들이는 것, 또는 조숙한 성행위도 다른 의미를 갖게 된다.

많은 청소년, 특히 이제 막 성숙해지는 청소년의 경우, 집단 작업에서는 많은 부분을 개인적, 대인 관계적, 초개인적 강점을 개발하는 데 써야 한다. 단기 집단이나 개방 집단일 경우에는 이러한 장점을 개발하고 지지하는 것에 중점을 둔 기법들로 단기간에 달성 가능한 액션 구조를 사용할 수 있고 장기 집단이나 폐쇄 집단에서 발달된 연속성에 의존할 필요는 없다.

일단 이런 기술개발에 대해 언급했거나 최소한 진행 중이라면 TSM은 집단이 노력해야 하는 다음 단계로 관찰 역할을 제안한다.

● 관찰 역할: 적절하게 들어가고 빠지기

TSM이 관찰이라고 부르는 하위 유형에는 *내담자(client)*와 *관찰자아(observing ego)* 역할이 있다. 두 가지 모두 세상을 만나고 정보를 수집하는 방법을 수반한다. 이 중 첫 번째 역할 기능은 청소년기 동안 더욱 성숙한 방식으로 이를 표현하고자 하는 아동기 역할의 연속이다. 두 번째 역할 기능은 청소년기에 처음으로 만나게 되는 발달 과제와 관련된다.

■ 내담자(The Client)

내담자 역할은 액션에 참여하여 충분히 경험하면서 관찰하고 학습하는 자아의 일부이다: 신체적, 감정적, 정신적으로. 집단 참여를 선택하는 것이 바로 그 역할이며, 일단 집단에 참여하면 개인적인 성장과 치유를 위해 액션에 몰입하고 집단을 활용하는 것도 그 역할이다. 건강한 아동은 온전히 참여하는 경향이 있다. 건강한 청소년은 참여도를 가족과 친구, 그리고 공동체에 따라 재타협하는 경향이 있다. 청소년에게 명백한 자기중심성의 아이러니는 자기중심인 듯 보이는 것이 종종 불확실성에서 발생하며, '흑백' 사고로부터 기인한다는 것이다: 나는 전부이거나 아무것도 아니다.

의식적으로 행동에 참여하면서, 청소년은 더 성숙한 현실의 일부가 되는 회색의 음영을 보기 시작한다. 청소년은 자기 자신을 앞세우고 자신의 권리에 관심주기를 주장하면서, 동시에 타인도 유사한 권리를 가지고 있음을 인정하게 된다. 청소년은 관심을 주고받으면서, 타인을 지지하는 긍정적 교류의 역할을 배우고 동시에 자기 자신을 위한 긍정적인 행위를 배운다. 청소년은 다음을 깨닫게 된다: '당신은 내 관심을 받을 만한 가치가 있고, 나 또한 당신의 관심을 받을만한 가치가 있습니다. 우리는 서로를 지지하면서 행동을 시작하고, 삶을 통제할 수 있습니다.' 행동으로 뛰어들거나 행동을 거부하는 것은 청소년의 이차적인 본성이다. 내담자는 행위에 의도성을 불어넣는다.

참여에 뛰어들거나 거부하는 것에서만 배울 것이 생기는 것은 아니다. 청소년기 동안, 청소년은 보다 더 성찰적인 관찰 방식으로 한발 물러나서 순간의 사건에 머물러 있기를 배우기도 한다.

■ 관찰자아(The Observing Ego)

관찰자아(OE)는 판단하거나 부끄러워하거나 비난하지 않고, 행위의 밖에서 증인이 되어 관찰하고 배우는 자아의 일부이다. 청소년의 주된 과제는 한 발 뒤로 물러서서 지금 일어나는 일을 '보다 객관적으로' 바라볼 수 있는 자아를 발달시키는 것이다. 이 기술은 시간이 흐르면서 발달한다. 이것은 청소년이 '해야 하는 것'이나 '좋고 나쁨' 또는 '옳고 그름'의 목록에 걸려 있지 않으면서, 이런 딱지를 붙여준 내면화된 가치들이 가족 체계인지 혹은 또래 집단에 속한 것인지에 상관없이 이 잠재적 선택의 긍정적, 부정적 측면을 평가하게 한다.

관찰자아가 수치나 비난 없이 증인의 역할로 들어설 수 있다는 것은 청소년이 자기 자신에 대해 생각하는 법을 배우도록 지지한다. 감정에서 빠져나와 좀 더 합리적인 장소로 이동하는 능력은 성인 기술인 문제해결, 분노 관리, 갈등해결, 의사결정 같은 것을 발달하게 한다.

청소년기에는 감정, 애정, 대인 관계를 담당하는 뇌의 부분(중뇌 부분이나 변연계)이 과도하게 작동하여, 행동의 감정적 구성 요소를 극도로 치솟게 만든다. 동시에, 계획하고 추론하면서 언어와 인생구조 발달의 합리적 과정을 담당하는 부분(신피질)은 재생발달 단계를 급속히 겪는다. 내담자 역할은 사람이 뇌신경학적 발달의 중요 단계를 지지해 줄 수 있는 환경으로 이동하도록 돕는다. 신피질이 발달하고 보완됨에 따라 관찰자아는 성장하게 된다. 반대로, 관찰자아 역할을 연습하는 것은 신피질의 성숙을 돕는다. 이 과정은 아름답게 상호 의존적이다.

판단하지 않으면서 증인이 되는 능력이 '건강한' 개인에게서 발달하는 것이 바로 청소년기 동안이다. 트라우마를 경험한 청소년, 즉 강점의 필수적인 토대를 발달시키기 못한 사람의 경우, 무비판적인 증인의 발달이 막히게 된다. 트라우마 경험을 가진 집단원들이 집단에 있기도 하며, 리더는 이러한 집단원들이 자신과 타인에 대해 과비판적이며, 다른 사람들은 의견 차이라고 볼 수 있는 이슈에 대해 강한 가치 판단을 내리는 경향이 있음을 볼 수도 있다. 이것은 관찰자아 기능을 발달시키는 작업이 필요하다는 지표가 된다.

집단원들이 몰두한 내담자 역할과 무비판적 관찰자아 역할의 관점으로 준비하고 작업할 수 있게 되면, 이러한 관점들은 모든 집단 활동에 통합될 수 있다. 감정이 무뎌지면 집단원들이 감정에 재연결하도록 내담자가 돕는다. 감정이 너무 동요되면 상황이 차분해지도록 관찰자아가 돕는다. 7장에서 청소년 집단에서 관찰의 역할을 발달시키고 지지하는 데 효과적인 많은 활동이 제시되어 있다. 감정을 건설적으로 다루는 또 다른 측면은 TSM이 보유(containment)라고 부르는 유형과 딱 맞는다.

보유 역할: 감정을 건설적으로 다루기

보유란 감정이 강할 때 압도되지 않고 신체적, 정신적으로 깨어 있어서 현존하는 능력과 관련된다. 강한 감정은 청소년 경험의 일부이며, 이전에 소개했듯이 중뇌(변연계)에서 증가된 신경 활동과 연결되어 있다.

특히, 성적 혹은 신체적 학대 경험이 있는 청소년의 경우, 감정이 너무 압도적으로 보일 수 있다. 나는 "그런 감정을 허용하게 되면, 감정이 나를 압도할까봐 두려워요." 혹은 "내가 그런 분노를 느끼라고 나에게 허용하게 되면, 누군가를 해칠지도 몰라요."라고 집단원들이 말하는 것을 들은 적이 있다.

청소년기는 감정을 효과적이고 건강하게 조절하는 방법을 배우는 기간이다. 보유를 지지하기 위해서 TSM은 *방어 관리자(Manager of Defense)*와 *보유 이중자(Containing Double)*, 그리고 *신체 이중자(Body Double)* 역할을 가지고 작업한다.

■ 방어 관리자(Manager of Defenses)

강렬한 감정과 상황에 대처하기를 배우는 한 가지 방법은 부인, 합리화, 농담 등과 같이 다양한 방어기제를 사용하는 것이다. 이전에는 무의식적 방어 반응이던 것을 의식적으로 점검하고 영향을 미치는 과정은 개인이 일정 수준의 추상적 사고를 하는 능력에 도달해야만 가능하다. 그러므로 자신의 방어 관리자와 친구가 되는 것이 청소년의 발달 과제이다. 이것은 자신의 방어 구조를 인식하고 그것을 사용하는 방법을 더 알게 해 주는 자아의 일부이다.

방어가 생존을 이유로 발달한다는 것을 기억하는 것이 중요하다.

방어를 조급하게 없애버리지 않는 것이 목표가 된다. 오히려, 개인이 방어 관리자와 의식 있는 관계를 발전시킬수록, 방어 반응은 계속해서 인식의 수준으로 올라오게 된다.

- 1 단계

무의식적이고 자동적인 방어 반응은 처음에는 그 반응이 일어난 후나 혹은 발생하고 있는 도중에 눈에 띄기 시작한다. 그것은 여전히 자동적이지만, 점점 더 의식적으로 되어 간다.

- 2 단계

인식이 발달되어도 사람은 여전히 방어를 사용하지만 문제에 따라 선택을 하게 된다. 개인은 그 순간에 적합한 최상의 전략으로서 방어를 사용하게 되나 그 선택은 의식적으로 되어 간다.

- 3 단계

작업이 진행되면서 개인이 자극되는 상황을 의식적으로 깨닫는 시점에 도달하게 되며, 건강한 반응을 선택하게 된다. 이 시점에서 TSM은 방어 관리자가 *건강한 기능 관리자*로 변환되었다고 말할 것이다.

청소년 집단에서 이러한 구조를 활용할 때, 집단원들이 지킬 만한 중요한 방어가 있을 수 있다는 것을 아는 것이 중요하다. 따라서 무엇이 선택되었는지보다는 선택의 과정에 더 많은 중점을 둔다. 그러나 감정이 너무 격해지고 압도적이 되면 단순 방어기제도 지각된 고통을 줄이는 데 적절하게 도움을 주지 못하는 경우도 있을 것이다. 이러한 경우, TSM는 보유 이중자와 신체 이중자의 다양하고 귀중한 역할을 제시한다.

■ 보유 이중자(Containing Double)

고전적 사이코드라마에서 이중자란 주인공과 함께 자아의 역할을 공유하면서 지지해 주고, 언어로 표현되지 않은 것을 말해 주거나 감정을 고조시키는 것을 돕는 보조자이다. TSM에서 보유 이중자는 일반적으로 보조자 역할을 하는 사람으로 시작하며, 내적으로 행해지는 역할 기능을 담당한다. 보유 이중자의 구체적 역할이란 사람이 감정에 압도당하지 않고 감정을 보유하도록 돕는 것이다. 이것은 청소년의 또 다른 발달기술이며, 뇌 속의 변연계 기능과 피질 기능의 균형을 요구한다. 따라서 보유 이중자는 청소년의 신경 발달과 함께 평행을 이루며 이를 지지하는 역할이다.

이러한 구조를 중간에 두고 작업하면 누군가가 감정에 압도되거나 '플래시백'을 경험할 때 행동에 자연스러운 신경-생리학적 과정이 있음을 이해하게 된다. 이것은 집단 리더와 집단원들 모두에게 그 경험을 밝혀주고 병이 되지 않게 해 준다.

보유란 감정을 안으로 밀어 넣거나 그것을 안에 품고 있는 것이 아니며, 감정을 한쪽으로 비켜 놓는 능력에 대한 것은 더욱 아니다. 그것은 개인이 압도당하지 않으면서 감정을 담고 있을 만큼 크고 안전한 수용체를 만드는 능력에 관한 것이다. 치료적 나선형 모델(Hudgins, 2002)이 개발한 모든 구조와 전략 중에서 보유 이중자는 그것의 사촌에 해당하는 신체 이중자와 함께 대단히 다양한 적용과 유용성이 있다. 이들 중간자에 대한 정보는 치료적 나선형 웹 사이트인 www.therapeuticspiral.org(2005)에서 많이 제공된다.

보유 이중자는 타인의 코칭이나 (궁극적으로는) 자기 대화를 활용하여 정확하게 감정을 인지하며 규정하고, 현재의 순간에 안전하게 발 딛고 서게 하며, 감정에 압도당하지 않고 감정을 보유하도록 지지해 줄 수 있는 강점과 연결해 준다. 보유 이중자가 성공적으로 내면화되면 해리되거나 회피하거나 방어기제를 작동시키는 대신, 그 감정을 지닌 채 현존할 수 있게 된다.

■ 신체 이중자(Body Double)

트라우마 생존자는 자주 자신의 신체 및 신체 감각에서 단절된 느낌을 받는다. 신체 이중자 역할은 감각이 신체로 돌아오도록 돕는 것이다. 이 역할이 보유 이중자의 또 다른 모습이기는 하지만 TSM에서는 구별하여 가르친다. 청소년과 작업할 때는 이 두 가지 역할을 따로 사용하는 것이 일반적으로 혼란스럽다고 보았기 때문에 이 역할들을 하나의 중재역할로 가르치고 있다. 관심 있는 독자는 TS 웹사이트에서 신체 이중자에 대한 추가 정보를 얻을 수 있다.

7장은 감정을 보유할 수용력을 발달시키는 이런 중간역할을 가르칠 구체적인 전략을 소개하고 있다. 중간역할의 맥락을 더 잘 이해하기 위해 치유를 위한 추가적 이해도 그때 제시할 것이다.

● 요약

이제까지 제시한 TSM 개념들은 집단 리더가 강점을 세우고 청소년 발달 과제를 성취하도록 지지할 액션 전략을 사용하기에 유용하며, 사용자 위주인 틀을 제공해 주었다. 이러한 전략들은 집단원들이 놓쳤던 초기 과제에 대한 수정 경험을 제공하는 데에도 사용될 수 있다. 집단원들이 자신의 강점과 연결할 수 있는 기술을 발달시키면서 참여할 뿐 아니라 단절됨 없이 거리 두기를 하며 적절하게 보유하면, 집단원들이 집단으로 가져오는 일상의 이슈들을 다루는 데 많은 액션 전략을 사용할 수 있다. 동시에, 자신의 문제를 말하면서 집단원들은 계속해서 규범적 역할들을 발달시킨다.

이 책 2부에서는 일반적으로뿐 아니라 TSM과 관련하여 집단과 집단원들의 발달 욕구를 표현하는 다양한 액션 접근을 제시하고 있다. 우선, 1부의 결론인 4장은 리더십 관련 이슈와 집단 규준의 중요성을 다룰 것이다.

C·H·A·P·T·E·R 04

리더십과 집단 규준

1, 2장과 3장에서는 청소년과 작업하는 데 있어 철학적, 이론적 토대를 제시하였다. 다양한 집단 발달 단계에서 사용할 수 있는 액션 기법을 살펴볼 2부를 위한 기초 틀을 마무리하기 위해서는 집단 작업의 마지막 두 가지 기본 요소를 살펴보아야 한다: 바로 리더십과 집단 규준이다.

● 리더(들)의 역할

이 책의 앞부분에서 나는 전개 중인 집단을 지지하는 리더의 역할에 대해 때때로 언급했고 리더의 여러 역할 기능을 집단원들의 역할 기능과도 비교하여 언급하기도 했다. 여기에서는 더 깊이 있는 리더의 역할을 탐색하려 한다.

■ 리더가 되는 법

청소년 집단 치료사로 일하던 초기 시절, 나는 융 분석가이면서 대학원 시절 은사이셨던 뛰어난 치료 수퍼바이저인 마이클 컨포티 박사의 지원을 받을 행운을 얻었다. 그는 표면 바로 아래에 있는 의미의 더 깊은 층을 탐색하도록 지도해 주는 재능을 가지고 있었고 그가 나의 수퍼바이저가 되었을 때 나는 그의 이런 재능을 잘 활용했다.

어느 날 집단을 위한 '안전한 수용체'를 만드는 리더의 중요성을 의논하고 있을 때, 우리는 치료자가 반드시 제공해 주어야 하는 이 수용체의 변화 성질에 대한 은유를 발견했다. 우리는 함께 공유한 이탈리아 유산을 기념하여(내가 좋아하는 두운법을 사용해서) 그것을 '치료적 수용체를 위한 코사/컨포티 체 추론(Cossa/Conforti Colander

Corollary for Clinical Containment)'이라고 명명했다(나중엔 단지 코사/컨포티 추론이라고만 기억하겠지만).

집단 리더가 된다는 것은 우리가 생각한 파스타를 만드는 것과 매우 유사하다. 초기 단계에서는 물이 끓어올라야 하기 때문에 좋은 요리사(리더)는 안전하고 밀폐된 공간을 만들기 위해 냄비에 뚜껑을 덮는다. 그러나 파스타를 넣을 준비가 되면 뚜껑을 열고 안에 있는 공기가 나오게 한 후 내용물이 끓어 넘치지 않게 요리를 해야 한다.

일단 파스타가 먹을 만큼 요리가 되면 냄비를 내려놓고 내용물을 체에 붓는다. 이 용기에 파스타를 담아 두고 필요 없는 것은 씻어 낸다. 마지막으로 식사가 준비되면 파스타는 접시로 옮겨진다. 이 지점에서는 음식에 관심이 집중되고 그 체에는 별로 신경 쓰지 않는다. 집단 리더는 '충분히 좋은(good enough)' 부모이기도 해야 하지만 '충분히 좋은' 요리사이기도 한 것이다.

■ 함께 이끌기/ 팀 리딩

내가 수년 동안 작업했던 대부분의 집단은 협동 리더를 사용했다. 어떤 집단은 리더 팀으로 일하기도 했다. 청소년을 위한 액션 집단을 운영할 때 리더 혼자 집단을 이끄는 것은 무모한 일이다(때로는 어쩔 수 없을 때도 있지만).

피터 펠릭스 켈러만(1990)은 사이코드라마의 디렉터/집단 리더의 네 가지 기능을 다음과 같이 말하고 있고 나 역시 액션치료에 동일하다고 믿는다: *프로듀서(producer)*, *분석가(analyst)*, *치료사(therapist)*, 그리고 *사회측정사(sociometrist)*이다. 그 기능들은 이렇게 이해된다: 프로듀서는 액션을 가능하게 하고 형태를 만들어 사이코드라마나 드라마 치료에서 '극'을 유지해 준다; 분석가는 액션 가설을 만들고 실험하여 견고한 이론으로 액션을 세운다; 치료사는 돌보는 관계를 유지하고 무조건적이고 긍정적인 지지를 제공한다; 사회측정가는 집단 안에 있는 관계에 관심을 가진다.

이 모든 기능이 좋은 리더에게는 가능해야 하며, 한 사람이 집단에서 이 모든 기능을 발휘한다는 것은 극도로 어렵다. 프로듀서와 사회측정가의 기능을 동시에 하기는 특히 어렵기 때문에 둘이나 팀으로 작업하는 것이 집단과 집단원들이 적절하고 충분히 돌봄을 받게 하는 데 도움이 된다.

- 평행 과정

두 명의 리더나 리더 팀이 집단의 전개 과정에 있어 평행한 발달 과정을 횡단하는 것에 대해 주의를 더할 가치가 있다; 리더는 집단에서 나타나는 문제가 리더들 사이에 존재하는 문제의 반영일 수도 있다는 것을 인지해야 한다. 아니면 반대일 수도 있다. 협동 리더나 그룹 리더 사이에서 또는 집단 내에서 작업 중에 생기는 전이와 역전이를 효과적으로 관리하고 관찰하는 것이 중요하다.

집단 치료사 초기에 이 점을 잘 보여 주는 상황을 경험한 적이 있다. 두 사람이 있었는데 레트와 스칼릿으로 부르겠다. 집단면접에서 만난 그들은 데이트를 시작했고 공식적인 첫 번째 집단 세션이 시작하기 전에 헤어졌다. 그 둘 사이의 긴장이 집단 과정을 자주 방해했다. 협동 리더와 나는 집단 안에서 이 문제를 나누려고 애썼지만 거의 성공하지 못했다. 레트는 스칼릿에게 말을 걸지는 못했다; 오히려 그녀에 대해서 말을 하고 다녔다. 그 둘은 모두 전체 그룹으로는 연결되었지만, 서로에게는 아니었다.

이때쯤 되어 함께 작업하면서 서로에게 말하지 못하는 불편함을 경험하고 있었던 협동 리더와 나는 우리의 수퍼비전 세션을 협동 리더 관계에 바쳤다. 그것을 통해 우리는 심각한 장애물을 헤쳐 나갈 수 있었고 한발 한발 나아가면서 행복했으며, 더 발전할 준비도 되어있었다. 바로 그다음 세션에서 레트와 스칼릿의 관계도 긍정적인 변화를 가진 것으로 보였다. 그들 사이의 긴장은 그냥 사라져 버렸고 집단 내에서 그들의 관계도 생산적으로 바뀌어 있었다. 후기에 가서는 집단 밖 삶에서의 사건이 이 두 사람 사이에 새로운 갈등을 만들었지만 레트는 스칼릿에게 곧바로 그것에 대해 말할 수 있었고 그들은 집단과 리더의 도움으로 문제를 잘 해결할 수 있었다.

- '두다(DOODAH)' 관리

리더 팀으로 작업할 때에는 작업 중에 재자극되어졌지만 리더가 서로에게 분명하게 말하지 못하는 그들의 사적인 문제를 정직하고 공개적으로 다루는 것이 필수적이다. 치료적 나선형 모델에서는 이런 문제들을 의도적으로 '두다'라는 비임상적 이름으로 제시한다. 이 단어를 사용하는 것은 그 과정의 신비화를 없애고 탈병리화하게 하여, 그 결과 리더 팀이 갈등의 잠재적 원인을 본능적으로 인간적이면서도 팀 발달의 자연스러운 부분으로 축하하게 하려 함이다. 나로서는 '역전이'를 마주하고 싶지 않지만 '두다'는 관리할 수 있을 것 같다.

- 수퍼비전(감독)

좋은 수퍼비전은 리더의 명확함에서 매우 귀중한 역할을 하며, 임상적으로 집단의 적절한 기능에도 그러하다. 위에서 평행 과정의 예로 설명하였지만 집단 액션의 밖에 사람이 있다는 것은 그 과정과 문제를 보다 '객관적인' 관점에서 보게 한다.

수년간 다른 직원들이나 대학원 인턴들과 함께 협력하는 팀으로 작업하면서 나는 매주 갖는 팀 수퍼비전 세션이 다양한 집단의 리더들을 지원하는 책임 있는 방법이기도 하지만 인턴들에게는 학습의 풍요로운 환경을 제공했음을 알게 되었다. 거기에다 개인적으로도 받고 프로그램 보조 디렉터와도 함께 정기적으로 수퍼비전을 받았는데 우리 문제에 대해서 수퍼바이저들은 물론이고 임상 의사들에게서도 지원을 받을 수 있었다.

임상적으로 책임을 다하기 위해서 수퍼비전에 참여하기를 선택한 것 외에도, 수퍼비전을 받는다는 것은 리더에게 법적인 책임을 감당하는 기회를 제공하기도 한다. 리더가 복잡한 임상적 문제를 수퍼비전에서 말하면 치료사의 과정을 서류화하기 위해서 중요한 측면을 사례 파일이나 집단 일지에 기록하기 때문이다.

비밀유지를 하는 것도 필수적이며, 수퍼비전 과정의 정보를 집단원들과 나누어야 한다는 동의를 공지하는 것도 중요하다. 성실한 리더에게는 집단 규준을 집행할 책임만 있는 것이 아니다; 그들은 또한 그것을 지키게 할 의무도 있다.

집단 규준의 중요성

명확하게 표현되고 지속해서 요구된 집단 규준은 어떤 집단에서도 필수적이지만 청소년 집단의 진행에서는 특히 그러하다. '기본 규칙(ground rules)'과 '집단 규준(group norms)'이라는 말 사이의 차이는 의미가 있는 듯 보이지만 앞의 단어는 통제가 외부에 있음을 암시한다: 그런 것들은 규칙이며 당신이 지키지 않으면 문제가 생기는 것이다. 두 번째 단어는 보다 유기적이고 협력적인 접근이다: 각자가 행동하겠다고 동의할 수 있는 '정상적인' 방법으로 합의를 이끌어 내는 것이며 서로에게 그것을 지키도록 기억하게 하면서 서로를 지지하는 것이다.

집단의 *규준을 세우는* 단계는 때로는 집단 전개 과정에서 분리된 단계로 제시되기도 하지만 실제로는 시작하는 단계에서의 본질적인 부분이며, 집단응집이 발달할 수 있는 안전감을 조성하는 데 도움이 된다. 만약 지켜지지 않는다면 그리고 시작부터 의도적이거나 긍정적으로 만들지 않는다면 집단은 바꾸기 어려운 '무언의 규준'을 만들게 될 것이다.

이상적 집단에서는 그런 일이 생기더라도 규준은 집단 동의로 생겨날 것이고 모든 집단원은 중요성과 타당성에 동의할 것이며, 그것을 유지하는 데 확립된 관심을 가질 것이다. 집단원들이 규준을 만드는 데 참여하는 정도가 클수록 규준은 보다 더 확고하고 빠르게 집단 문화의 일부가 될 것이다. 그러나 청소년과 작업할 때에는 초기 세션에 자발적으로 형성하지 않더라도 때로는 타협할 수 없는 집단 규준을 리더가 제시할 필요가 있기도 하다. 진행 중인 프로그램에서는 이러한 규준이 이전 집단부터 있어온 집단원들에 의해 이미 어느 정도는 공시되어야 할 것이다; 새로운 멤버는 그들보다 앞서 있는 역사가 있음을 알게 되며, 그 역사적 규준이 무엇인지 배우는 것에 일반적으로 개방적이다.

특별한 규준이든 아니든 규준이 있어야 한다는 것에 매이기보다는 액션에서 규준이 어떻게 집단과 구성원들을 도와줄 수 있는지 연구하는 것에 핵심이 있어야 한다. 즉, 구성원들이 만들었든 리더가 요구한 것이든지 어떻게 규준이 작업을 지원할 수 있는지 이해하는 것이 집단원들이 규준을 수용하게 만든다는 것이다. 5장에서는 이 규준을 만들고 그 중요성을 이해하기 위해 액션 기법을 사용하는 방법에 대해 더 설명할 것이다.

액팅아웃(도입부에서 설명함)에서 근무하는 동안 표준규범 안에 *비밀유지(confidentiality)*, *존중(respect)*, *참석(participation)*, *집단원들과의 관계(relationships between members)*, 그리고 *종결(termination)*에 대한 범주를 포함시켰다. 시작부의 2~3 집단 세션에서 중요한 규준을 말하고 토론하며 이해했고 규준의 복사본을 배부했다(부록 C를 참조하라). 규준은 1년에 걸친 프로그램 속에서 때때로 수정되기도 했다. **액팅아웃**의 집단 규준을 아래에 기울인 글씨체로 기록하였으며 그에 대한 설명은 정자로 표시했다.

■ 비밀유지(Confidentiality)

비밀유지는 집단원들에게 맨 처음 말하는 규준 중 하나이다. 비밀유지를 지키는 것과 그것을 지킬 수 없는 특별한 상황을 탐색해 보는 시간을 가지는 것은 청소년 집단에 있어 매우 중요한 안전감의 문화를 만드는 데 도움이 된다.

- *집단에서 말하여지는 모든 내용은 집단 안에서만 존재한다. 이것은 집단원들과 리더에게 동일하게 적용된다.* 이것은 필수적인 규준이지만 집단원들이 그것을 지키는 데는 시간이 걸린다는 것을 기억해야 하고, 리더는 집단이 유대감을 발전시키기 전에 개인적인 내용을 깊이 나누지 않도록 지도해야 한다. 리더는 수퍼비전에서 집단원들의 이야기를 누구에게, 어떤 식으로 말하게 되는지 그 범위도 설명해야 한다.
- *리더는 신체적 · 성적 학대로 의심되는 상황, 그리고 자신이나 타인에게 해를 끼치려는 심각한 의도에 대해 보고할 법적 의무*

가 있다. 만일 보고가 필요한 상황이 되면 리더는 진행방법을 결정하기 위해 그 집단원과 작업할 것이다. 특별히 성적 문제에 대한 '동의가 필요한 연령'의 영역에서는 이 규준을 토론할 수 있는 예를 많이 들어 주고 요건을 이해하도록 질문의 기회도 많이 준다. 부모에게는 일반 정보 세션에서 해야 하고 집단원들에게는 집단 세션 시간에 한다.

- *리더는 요청받을 때를 제외하고는 집단원에 대해 부모나 학교 직원, 또는 집단에 속하지 않은 다른 사람에게 먼저 말하지 않는다. 그리고 가능하면 그 집단원 앞에서 한다.* 이 규준은 미국 남동쪽과 대부분의 지역에 있는 청소년 프로그램에 있어 규칙이라기보다는 예외 사항이다. 수많은 사람은 이 규준 때문에 빨리 안전감을 느끼게 되어 개인적 일을 솔직하게 말하게 된다고 피드백한다.
- *만일 리더가 집단원에 대해 집단 밖의 사람이나 기관과 접촉한다면 그 소통의 내용을 그 멤버와 사적으로 공유해야 한다.* 그리고 집단원은 이 정보를 집단에서 나누도록 권해진다. 이 규준은 의사소통의 성질과 상관없이 의무적이어야 한다. 만일 교사가 리더에게 "아, 앤토니가 당신 그룹에 있고 정말 그것을 좋아한다고 제가 들었습니다."라고 말한다면 그 정보는 앤토니에게 공유되어야 한다. 그럼으로써 그는 이 규준이 신중하게 작동됨을 알게 되고 '비밀 없음'이 유효한 것을 알게 된다. 또한, 리더(들)는 새로 들어오는 멤버에게 자기가 다른 곳을 통해 알게 된 그에 대한 정보를 알려서 그것에 대해 리더가 알고 있다는 것을 인지하게 한다.
- *집단원 중 누군가가 다른 집단원에 대해 어떤 정보를 알려 주면*

리더는 그것을 그 집단원에게 비밀로 해서는 안 된다. 이 규준으로 그 사람이 먼저 말을 꺼내지 않으면 어떤 리더도 그에 대해 다른 집단원과 말하지 않는다고 확신하게 되면서 문제를 가지고 다른 집단원의 작업할 때 그가 지지를 찾을 수 있는 체계가 된다.

■ 존중

존중은 집단이 운영되기를 원하는 방향에 대해 토론하는 그룹원들에게서 나타나는 또 다른 규준이다. 성인 리더로서의 역할은 보다 성숙한 개념적 이해가 집단원들의 생각이나 행동으로 나타나도록 언어를 개발하는 것이다.

- *집단은 감정과 느낌과 생각을 표현할 수 있는 안전한 장소이다. 집단원들은 비웃음에 대한 두려움 없이 자신의 존재를 드러낼 수 있는 각자의 권리를 존중한다.* 이 규준이 이해가 되더라도 완전히 개방할 수 있는 안전한 관계의 수준에 이르기까지는 시간이 걸린다. 음악가나 영화배우에 대한 선호도 같은 이슈로 실습하면서 집단원들이 존중하는 마음 갖기를 배우게 되면 나중에 성 이슈나 학대 경험에 대한 정직한 나눔을 할 수 있게 된다.
- *어떤 형태로든 언어적·신체적 학대나 다른 사람에 대한 폭력의 위협은 어떤 경우에도 허락되지 않는다.* 이 규준은 장난으로라도 경멸적 언어를 사용하는 것도 금지한다. 사실이든 장난이든 우리 자신에 대해 부정적인 것을 들을 기회가 많음을 리더는 설명해 준다. 긍정적인 동료문화는 집단원들이 언제나 감사하고 귀한 것을 발견하도록 도와준다. 집단원들과 리더는 서로

이 규준에 걸릴 수 있지만 그런 일이 일어날 때마다 존중하는 태도로 서로에게 일깨워 주면서 작업을 진행한다. **액팅아웃**에서는 'TNO'라는 표현을 만들었는데 이것은 'That's Not Ok(그건 좋지 않군요.)'를 나타낸다. 프로그램 초반에 리더가 먼저 만든 이 짧은 표현을 집단원들이 받아들여서 누군가가 이 규준을 잊어버릴 때 서로에게 알려 주는 방법으로 사용했다. 한 집단원은 "TNO가 발생했습니다; 다시 해 주세요."라고 적힌 표제를 들고 있는 경찰관 만화를 그리기도 했다.

- *집단원들이 의식적으로 친절하게 서로 신체접촉을 하도록 격려한다.* 리더는 필요하다면 그들이 서로 껴안거나 어깨에 손을 올림으로 지지를 표현할 수 있다는 것을 설명한다. 그러나 이런 종류의 접촉을 먼저 물어보지 않고 해서는 안 된다. 청소년은 신체적으로나 감정적으로 성인에게 눌리는 경우가 너무 많으므로 리더는 이 문제에 대해 신중히 해야 한다. 치료적 세팅에서 성적이지 않은 접촉의 문제도 논란의 여지가 있는 부분이지만(왜냐하면, 모든 접촉이 부분적으로는 잠재적으로 성적 문제이기 때문에) 이런 주제를 피하는 것이 청소년에게 최상의 환경을 제공하는 것은 아니다. 오히려 리더와 집단원들이 존중받을 수 있는 접촉의 범위를 만들고, 적절하고 지지적으로 서로 동의할 수 있는 접촉 문화를 작업을 통해 만들어야 한다. 개인의 경계 범위가 있는 것이 좋은 일이며, 그것은 존중받아 마땅하다는 것을 알게 될 때 그 문화는 집단원들을 지지하게 된다.
- *지나친 모독적 표현은 언어로든 행동으로든 받아들여져서는 안 된다.* 감정을 표현하는 데 도움이 된다고 하여 사용하는 '길거리 언어'와 다른 사람에게 직접 던지는 '상처가 되는 언어'는 구별되

어야 한다. 이 규준은 청소년에게 어떤 단어를 '나쁜 언어'로 규정하기보다는 의식적이고 적절한 언어를 선택하는 데 도움이 된다.

- *집단원은 술이나 약에 취해서 집단에 참여할 수 없다. 미국 주와 연방법은 18세 미만의 청소년이 담배를 구입하거나 소유하거나 사용하는 것을 금하고 있다. 나이에 상관없이 모든 집단원에게 집단 활동 중 담배를 피우는 것은 허용되지 않는다.* '어떤 것에 의해서든 취해서' 집단에 온다면 떠나도록 요구된다. 만일 집단원 중에서 담배를 포함하여 불법적인 약물을 가지고 있음이 드러나면 그들의 눈앞에서나 적어도 한 사람의 증인 앞에서 그것을 화장실 변기에 버려 물로 쓸어내야 한다. 긍정적인 집단 문화라면 약물 없는 세상을 살도록 집단원들을 지지할 것이다. 집단 밖에서 약물사용을 절제하라고 요구할 필요는 없다. 집단원들이 약물사용에 대해 정직하게 이야기할 수 있는 자유로운 환경을 만드는 것이 중요하다.
- *집단원들은 집단이 상호작업하는 공간을 존중해야 하고, 작업이 진행되는 시설이용을 위한 규칙을 준수해야 할 것이다.* 이 규준은 여러 다른 공간이나 상황에 따라 행동도 달라져야 한다는 인식을 증진시킨다; 토론이나 역할극을 통해 학교나 쇼핑몰 또는 다른 장소와는 달리 집단 작업을 하는 공간에서 존중받을 행동이 무엇인지 탐색한다.

■ 참여(Participation)

어드벤처 프로젝트사(Project Adventure, Inc.)에서 개발한 모험 기반의 상담 분야에서는 "선택한 도전(chllenge by choice)"(Rohnke,

1985, p.5)이라는 말이 있다. 이것은 참여 철학의 핵심인데 집단원들에게 명령하는 것이 아니라 가능한 한 온전히 참여할 수 있도록 초대한다는 것이다.

- *모든 집단원을 집단의 모든 활동에 참여하도록 격려한다. 참여하기를 선택하는 것은 집단원들의 몫이다.* 집단원들이 활동에 참여할 때 그 순간의 힘과 건강에 대해 잘 생각하도록 지지받는다. 리더가 초기의 두려움 속에 있는 집단원들을 지지하기 위해 여러 번 참여로 초대할 수 있으나 마지막 선택은 그들이 한다.
- *집단원들은 자신이 선택하면 개인의 문제를 집단에 노출하도록 격려받고 자기의 필요에 알맞은 만큼 할 수 있다.* 때로는 노출에 앞서 적절한 범위를 만드는 것이 선행되며, 너무 개인적이거나 고통스러운 문제를 다룰 준비가 되지 않은 집단에서 미성숙하게 노출하는 것은 역효과를 낳을 수도 있다. 이 규준은 각자의 문제는 공유하든 안 하든 자신의 것이며, 자기에게 알맞은 시기를 찾아내는 문화를 만들어 낸다. 그리고 리더의 안내를 통해 집단의 성공과 각자의 참여를 이끌어낸다.
- *프로그램의 성공과 집단원에 대한 유익은 자신이 얼마나 제시간에, 규칙적으로, 온전히 참여했는지에 달려 있다.* 집단원들은 규칙적으로 시간을 지켜 참여해야 한다. 리더는 집단 회기를 정각에 시작하고 끝내는 약속을 지켜야 한다. 부모에게 동의서에 기록된 이 부분에 서명하도록 요청되며, 가정이나 학교에서의 자녀의 태도에 대한 벌로 이것을 번복해서는 안 된다. 더욱이 집단원과 부모는 집단원의 출석에 대한 정보를 비밀정보로 간주하지 않는다는 것을 고지받아야 한다. 집단원이 빈번하게 지각

하거나 회기에 결석하면 부모에게 통보할 수 있다. 자신의 자녀가 특정 회기에 참석했는지를 알기 위해 전화를 한다면 부모는 대답을 들을 수 있다.

- *어떤 집단원이 지각하거나 불참하면 리더와 집단원들이 그 집단원의 현황에 대한 평가를 하게 된다.* 이것은 내가 인도한 집단에서 자주 일어나는 일은 아니었지만, 그런 일이 있을 때는 다른 집단원의 결석이나 지각에 대해 집단원들이 어떻게 느끼는지에 대한 솔직한 토론이 중요하다.
- *질병이나 급한 일이 있을 때는 회기에 불참할 것을 알게 되자마자 리더에게 알려야 한다. 필요하다면 다른 집단원을 통해서도 가능하다.* 아무 연락이 없이 연속하여 두 번을 결석하면 리더는 상황을 알기 위해 전화를 해야 한다. 이 정책은 초기 정보 세션에 부모와 집단원 모두에게 공지된다.

■ 집단원 사이의 관계(Relationships between members)

이 부분은 권장과 규칙 사이에 예외 없이 혼동이 있는 영역이어서 종종 명확히 할 필요가 있다. 사실, 그 명확함은 규준 밖에서 방황하는 집단원이 있을 때 그 일을 해결하기 위해 필요하다.

- *집단원이 집단 활동 중에나 밖에서 서로에게 '로맨틱한' 관계를 형성하는 것은 강하게 금지된다.* 남자친구나 여자친구가 있다는 것은 십대에게는 종종 중요하다. 집단 안에서 형성된 친밀감은 종종 두 사람이 집단 밖에서도 관계를 시작하게 한다. 두 사람이 관계를 맺고 좋은 관계를 유지할 때는 작업을 할 수 있지만 그들의 관계가 끝나게 되면 여전히 집단 안에 머물기가 매우 어

렵다는 것을 집단원들에게 인지시켜야만 한다. 이것은 청소년 집단에서 종종 발생하는 일이다.

- *집단은 '데이트' 행동을 하기에는 적절하지 않은 장소이다.* 적절한 접촉이 장려되고 신체적 친밀감이 절대로 품위를 떨어뜨리는 것은 아니지만 집단원들은 다른 모든 사람에게 할 수 있는 방식으로 행동해야 한다. 연애하는 행동, 껴안기, 키스하기 등을 하는 커플은 집단에서 분리시켜야 하며, 작업 세팅 내에서조차도 부적절하거나 역효과를 낸다고 여겨진다.
- *집단 밖에서 다른 집단원과 우정을 추구하는 사람들은 언제나 비밀유지 규준을 마음에 새겨야 한다.* 집단이 진행 중일 때 지키는 규준들과는 달리 이 규준은 집단원들이 집단 밖에서 지지적인 우정을 가질 수 있게 도와준다. 그러나 그들은 집단에서 들은 정보인지(그것은 반드시 비밀이 유지되어야 한다) 스쿨버스에서 들은 것인지(이것은 가십처럼 일상에서 나눠도 된다)를 기억하는 것이 어렵다는 것을 알아야 한다. 그러므로 리더는 다른 집단원들과 다양한 관계를 맺고 있는 집단원들에게 다른 사람에 대한 정보는 일단 비밀로 가지고 있으라고 권해줄 수 있다. 그렇게 하면 비밀유지 규준을 깨트리지 않을 것이다.
- *집단원들은 커플이 되면 집단 모든 사람에 대해 온전하고 평등하게 현존할 수 있는 능력에 제한이 생길 수 있다는 것을 기억해야 한다.* 집단 내에서 친밀하고 특별한 우정이 생기면 데이트만큼이나 분리가 생길 수 있으므로 가능한 한 집단의 모든 사람에게 동일한 관심을 주고 특별히 짝을 이루는 경향을 주의하라고 집단원들에게 인지시켜야 한다.

■ 종결(Termination)

종결의 문제는 집단원들과 리더가 모든 참여자가 마지막 회기까지 함께 할 것이라고 생각할지라도 첫 세션의 일부가 되어야 한다. 회기 중간에 그만 둘 수도 있고 떠나도록 요청할 수도 있다는 것에 대해 명확히 하는 것이 안전감을 형성하는 데 중요하기 때문이다.

- *리더는 집단원에게 한 세션이든 완전히든 집단에서 떠나기를 요구할 권리를 가지고 있다: 설정된 규준을 따르지 않거나; 규칙적인 출석을 지키지 않거나; 집단에 심각한 물의를 빚을 때이다.* 집단원들에게 집단에 대해서 책임감을 느끼도록 지지하기는 하지만 리더의 역할이 그들의 역할과는 다르다는 것을 알게 하는 것이 중요하다: 리더는 집단에서 안전감과 존중을 유지할 책임에서 물러서지 않을 것이다.
- *어느 누구도 리더와 집단원들과 의논하는 기회를 얻지 않고서는 떠나라고 요구되는 일은 없다.* 십대는 임의적 권위와 부딪치게 되는 경우가 아주 많다. 누군가에게 집단에서 떠나라고 요구한다면 그들은 그 이유를 이해할 수 있는 기회를 가져야 한다. 청소년 집단 치료사로서의 내 경험으로는 딱 한 번의 경우에 두 사람에게 떠나기를 요청했고, 이것은 그들의 지속적인 참여를 지지하려는 수많은 시도가 실패한 이후였다.
- *만일 집단원이 아무 때이든 집단에서 나가려고 생각한다면 그들의 관심사에 대해 함께 나누는 시간을 가져야 하고 집단원들과 리더에게 작별인사를 해야 한다.* 이 규준을 모든 집단원이 준수하는 것은 아니지만 종결의 기회를 얻게 되면 집단원들이 죄책감이나 버림받은 느낌 없이 계속 나아갈 수 있다. 그것은 어려

운 시기가 될 수도 있지만 일반적으로는 풍요로운 배움과 성장의 기회가 된다.

요약

집단 리더는 청소년 집단이 온전히 피어날 수 있는 명확하고 적절한 '보유기(container)' 역할을 담당해야 한다. 리더들 사이의 충분한 의사소통과 리더를 위한 좋은 수퍼비전이 그 과정에 있어 필수적이다. 집단 규준을 분명히 말하고 지속적인 준수를 요구하는 것도 집단의 성공에 중요하다.

성공적인 액션 집단을 위한 다른 요소에는 다음의 것들이 있다: 집단 작업에 대해 건전한 이론적 · 철학적 기반 갖추기; 액션 메소드의 효과와 실제에 대해 분명하게 알기; 작업에 필요한 개인과 집단의 발달 단계에 대한 인식 활용하기.

PART 02

액션: 집단 발달의 여러 단계에서 액션 기법 활용하기

1부에서는 청소년 집단에 액션 기법을 활용하기 위한 철학적이고 이론적인 배경을 설명했다. 개인 발달과 집단 발달 사이의 평행을 살펴보았고 청소년기의 발달 과제를 제시했으며 발달 과제를 작업해 볼 수 있는 구조로 치료적 나선형 모델의 요소를 설명했고 리더십의 원칙뿐 아니라 집단 규준의 중요성도 살펴보았다.

2부에서는 다양한 집단 발달 단계(5장: *시작 단계*; 6장: *과도기 단계*; 7장: *작업 단계*; 8장: *종결 단계*)와 각 단계에서 청소년 집단에 적절한 액션 활동과 중간 활동의 종류들을 살펴볼 것이다. 각 장에 관련한 활동들을 위한 추가 자료와 제안은 부록 A에서 D까지 첨부하였다.

여기에 간단히 제시된 활동들은 청소년과 작업하면서 내가 만들고 발전시킨 것들이다. 다른 곳에서 가져온 것들은 그 출처를 기록하였다. 여러 가지를 섞어서 만든 것도 있고 과거에 워크숍이나 교육에서 배운 것도 있지만, 정확히 어디인지 출처를 구별하기가 어려운 것들도 있다. 어떤 것들은 이미 많은 치료사가 넓게 사용하고 있어서 어디에서 시작했는지 알 수가 없다. 원래 의도는 모든 것을 적합하게 밝히는 것이었는데 부주의하게 놓친 것이 있다면 용서를 빈다.

14년 동안 프로그램을 운영하며 얻은 구체적인 실례와 통찰을 활용하기 때문에 모델로 액팅아웃이 자주 제시되고 있다. 그러므로 독자는 액팅아웃이 새로운 회원을 1년에 한 번만 받는 공동체 중심의 방과 후/저녁 프로그램이며, 장기간의 자발적인 집단 프로그램이라는 것을 아는 것이 중요하다. 다른 세팅이나 상황에서는 여기에 제시된 제안을 수정할 필요가 있으며, 기본 원칙이나 활동들은 다양한 집단에 적용 가능하다.

C·H·A·P·T·E·R 05

시작 단계를 위한 액션 기법

"첫인상을 만드는 두 번째 기회는 절대 없다!"라는 옛 속담이 있다. 청소년 집단에, 특히 자발적으로 참여하는 사람에게 이 말은 확실히 맞다. 잠재적인 참여자는 집단이 안전한 곳인지 아닌지 뿐 아니라 그 집단이 가치가 있는지도 결정해야 한다. 청소년 참가자는 집단이 '괜찮은(cool)' 곳인지도 체크해야 할 것이다.

집단원들과 처음 만나기

집단 발달의 시작 단계는 전화로든, 전단지로든, 아니면 개인면접으로든지 간에 잠재적인 집단원들을 처음 접촉한 것에서 시작한다. 집단이 액션 접근을 활용하기 위해서는 시작부터 액션에 대한 초점이 분명해야 한다는 것이 중요하다. 액션에 대한 생각은 어떤 이들에게는 흥미를 갖게 하고 또 어떤 이들에게는 두려움을 느끼게 하지만 선택을 위한 정보를 미리 제공하는 것은 신뢰의 바탕을 놓는 기본이 된다. 그리고 잠재적 집단원들에게 액션 기법에 대한 선행 경험이 요구되는지 아닌지를 알려 주는 것도 중요하다.

집단과 관련한 전단지를 디자인하고 인쇄하는 문제에서도 그것이 후원단체나 부모, 잠재적 참석자를 포함하는지를 고려하여 제대로 디자인해야 한다. 이때 어른보다는 십대의 충고가 도움이 될 수 있다. 왜냐하면, 어른들은 종종 십대가 '멋지다'고 보는 것에 대해 매우 왜곡된 지각을 가지기 때문이다.

■ 정보 세션

액팅아웃(AO) 프로그램에서 잠재적 집단원들과의 초기면접은 부모와 함께 초대되어 온 그들을 만나는 '정보 세션'에서이다. 이것이 뉴햄프셔 남부에서 십대를 위해 선정된 프로그램을 위한 규준은 아니었지만 AO에서는 이것이 잘 되었다. 이 세션에 참석하는 것이 어느 누구에게도 집단에 대한 참석을 의미하는 것이 아니었고 단지 프로그램이 무엇인지에 대해서만 분명히 제공하는 것이었다.

대부분의 참석자가 18세 미만이었기 때문에 부모동의가 필요했다. AO의 정책은 리더가 부모나 보호자와 정규적 접촉을 하지 않는 것이었다. 그래서 시작할 때 부모가 질문을 할 기회를 얻는 것은 중요했다. 그날 저녁에 부모에 대한 일차적인 관심은 정보에 있었다.

잠재적인 집단원들이 집단을 '확인하는' 것이었기 때문에 그 세션은 가능한 많은 액션을 실행했다. 이것이 사람들의 관심 레벨을 높이는데 도움이 되었고 실제로 집단이 어떤 것인지를 보여 주는 가장 명확한 정보를 제공했다. 결론적으로 그 세션은 말과 액션으로 '제공된 동의'의 기본을 재연해 주었다.

- 오프닝 서클

재평가 협동-상담협회(Re-evaluation Co-Counseling community)(Jackins, 1966)에서 개발되어 수련에서 적용한 오프닝 서클은 집단에 참석한 모든 사람이 보고 들을 수 있게 하는 기회이며, 그 순간에 집단을 모두 연결해 주는 기법이다. 각 사람이 자기의 이름과 다른 정보를 하나 더 말하도록 요구된다: 예를 들어, 어디 사는지, 최근 읽은 책이나 본 영화는 무엇인지, 또는 좋아하는 음식은 무엇인지 등이다. 일반적이고 거슬리는 것이 아니므로 구체적인 기준도 중요하지 않다. 이 활동은 대인 간에 편안함을 형성하는 방법이다. 자기 차례가 왔을 때 준비가 되지 않았으면 지나갔다가 다시 돌아오면 된다. 이런 활동에서는 사람들이 쉽고 간단하게 참여하게 된다. 수줍음이 매우 많거나 말하는 데 어려움이 있는 사람에게는 이런 활동조차도 도전처럼 느껴지는 것이 맞지만, 대체로는 감당할만한 도전이 된다.

오프닝 서클은 모임 요일과 시간, 1년에 걸쳐지는 스케줄에 대한 개요 등 프로그램에 대한 일반적인 정보나 실행 계획을 설명하는 리더의 짧은 말로 시작한다. 이것은 아직 모임을 소개하는 단계의 일부이기 때문에 리더는 사람들이 자유롭게 물어보고 문제를 나눌 수 있는 분위기를 의도적으로 계속 만들어야 한다. 가장 구체적인 주제로 시작하는 것이 참여를 쉽게 하는 방법임은 당연하다. 미래 일정에 관련된 모든 사항은 유인물로 배부한다(유인물 견본 자료로 부록 A를 참고하라). 매 단계에서 다음 활동으로 나가기 전에 질문과 코멘트를 위한 쉬는 시간이 있다.

- 웜-업

일반적으로 집단원들이 그 날의 활동(액션)에 참여할 준비가 되도록 집단에서 여러 웜-업 활동이 있다는 것을 리더는 이 시간에 설명한다. 회기마다 이 부분에서는 대체로 위협적이지 않으므로 참여자에게 부담을 적게 주는 활동을 하도록 권한다. 이 단계에서 효과적인 작업 중 하나로는 *아이 콘택트-자리 바꾸기(Eye Contact-Switch Places)*가 있다. 방법은 간단하다:

> 원을 둘러보세요. 그리고 누군가와 눈이 마주치면 그와 자리를 바꾸세요. 다른 사람과 충돌하지 않게 조심하시면서 천천히 움직이세요. 만일 참여하고 싶지 않으시면 그저 바닥을 보고 계시면 됩니다.

단순하지만 그 외에도 이 활동은 앉은 자리를 바꾸는 목적으로 사용할 수도 있다. 이렇게 하면서 대체로 함께 앉아 있던 부모와 자녀를 분리시킬 수도 있지만, 이것은 다음 활동을 위해 자리를 정돈하는 목적은 아니다. 그리고 불참(단지 눈 맞추기를 안 한 것이라도)에 대한 세워진 규준이 있다면 사람들은 민망해하지 않고 선택에서 빠질 수 있다. 일단 이탈을 선택하면서라도 한번 참여하면 나중에 참여하는 것이 더 쉬워진다.

이쯤 되면 다음 세션에 대한 정보를 제공하며, 거기에는 치료에 대한 생각과 어떻게 그것이 작동하는지, 그리고 가족 접촉(혹은 부족함에 대해)에 대한 정책, 비밀유지와 예외 상황, 부모/학교로부터의 개입 등이 포함된다. 이야기를 나눌 시간이 활동의 중간마다 조금씩 들어가 있으므로 많은 자료를 지루하지 않게 다룰 수 있다.

- 액션

모임의 다음 회기는 드라마가 이슈를 탐험하는 데 어떻게 사용될 것인지에 대한 정보로 시작하며, 이때의 이슈는 개인에게 특별한 문제뿐 아니라 많은 집단원에게 공통으로 해당하는 문제 모두를 포함한다. 이때 사용될 수 있는 활동에는 *아이/부모 서클(Kid/Parent Circle)*이 있다. 집단은 편안한 자세로 앉아 있고 리더는 과정을 설명한다.

촉진자가 자기 오른쪽에 앉아 있는 다른 스텝 쪽으로 돌아서 '아이' 역할을 하고 오른쪽에 앉아 있는 사람은 '부모' 역할을 한다. '아이'는 부모와 아이 사이에 일어날 수 있는 문제를 보여 주는 장면을 시작한다. 그 장면은 짧아야 하고(약 1분) 결론까지 갈 필요는 없다. 시간이 끝나면 '부모'였던 사람이 '아이'가 되고 오른쪽에 있는 새로운 '부모'를 향해 돌아앉아 다른 장면을 시작한다. 이렇게 원을 돌아서 모든 사람이 역할을 해 보면 끝난다. 패스(말하기보다는 그저 보기만 함으로써 참여하는 것)도 허락된다.

아이 콘택트 게임 덕분에 가족 멤버가 더 이상 옆에 앉아 있지 않으므로 이 활동은 어떤 특정 부모와 아이 사이의 경쟁이거나 실제적 드라마 상호작용이 아니다. 그러나 실제 가족끼리 하지 않고 다른 사람과 역할극을 하는 것임에도 많은 실제적 문제가 나타나게 된다.

그리고 모든 참여자가 '아이'에서 '부모'로 적어도 한번은 역할을 바꾸고 모든 사람이 그것을 지켜보기 때문에 이 활동은 역할 바꾸기 개념도 제공한다. 게다가 패스하며 관찰하는 사람과 참여하면서 활동하는 사람이 모두 있기 때문에 원래의 역할에서 상대편의 역할로 왔다 갔다 하는 것을 보거나 행동하면서 새로운 통찰과 정보를 얻을 수 있는 즉각적인 하나의 방법을 제공받는다.

그날 저녁의 공지사항 시간에는 초기 선택 과정과 프로그램 참여에 대한 기대, 종결 과정, 집단 규준, 비용(전혀 없다는 것), 그리고 기록에 대한 것(집단원에 대한 자료 등)에 대한 나눔을 한다. 이 만남에서 제공된 모든 정보, 또는 부모나 잠재적 참여자가 묻고 싶어 하는 것은 무엇이든지, 그에 대한 질의와 반응은 언제나 적극적으로 수용된다.

그리고 나면 리더는 집단을 또 다른 액션기반 활동으로 안내하는데 주로 *사회측정 지도(Sociometric map)*이다. 바닥에 지형이 그려진 지도가 있다고 상상하면서 사람들을 일으켜 돌아다니게 하고 자기가 살고 있는 지역에 서 보게 한다. 이것의 목적은 부모에게 카풀을 할 수 있는 기회를 탐색하게 하는 데 있다; 또한, 집단 활동 시간에 하게 될 다른 활동을 위한 도입부가 되기도 한다.

- 나눔

그날 저녁의 나눔 시간은 *클로징 서클* 시간에 이루어지는데 오프닝 서클의 기능과 유사하다. 집단이 끝나기 전에 모든 사람이 서로를 보고 들을 수 있게 하는 것이다. 질문은 이런 것이 가능하다: "오늘 밤 시간의 일 중 흥미로운 것은 무엇이었나요?" 이 질문은 열려 있는 것이고 참여자들에게 자신이 했던 일에 대한 선호를 말하도록 요구하는 것이 아니다. 그리고 패스하고 다음에 말하는 선택도 여전히 가능하다. 진행자는 원 안에 있는 다른 사람과 같은 대답을 해도 된다는 것을 사람들에게 말해 준다.

그리고 잠재적 참여자들이 이 프로그램에 관심이 있다면 학교를 병행하면서 이 집단의 참여 여부를 알아보기 위해 처음 몇 회기 동안에는 강요 없이 참여할 수 있다는 정보를 알린다. 접수신청 용지가 배부되지만, 청소년이 참여를 결정하지 않으면 그 용지는 파기하면 된다; 이렇게 하면 용지를 가정으로 보내서 되돌려 받는 과정을 절약할 수 있다. 대부분의 부모는 이 과정을 빨리 이해한다. 용지에 대해서는 어느 직원에게라도 질문할 수 있고, 특히 가정에서 잘못한 행동 때문에 모임에 불참시켜서는 안 되는 이유를 부모에게 설명하기도 한다(사전등록 샘플용지가 부록 B에 있다).

정보를 위한 이 세션이 실제적으로 되지 않거나 원하는 만큼이 아니더라도 참여자와 그 부모에게 동의 문제를 말하기 위한(참여자가 기준나이 이하라면) 분명한 정보를 준다는 의미에서 충분히 중요하다. 분명한 정보를 제공하면 많은 참여자가 중간에 그만두는 것을 줄일 수 있으며, 몇 회기를 하고 나서 집단이 원하는 모습이 아니라는 이유로 부모가 자녀를 빼내 가는 일을 막게 된다. 그리고 이러한 회기가 진행되는 동안 부모가 함께하지 못할 수도 있다. 이런 경우에는 서면으로 정보를 제공할 수 있고 전화질문에도 응한다.

도입부 집단 회기

도입부의 집단 세션에서 집단원들은 자신이 참여할 집단을 충분히 미리 이해하게 되고, 언제나처럼 프로그램 시작 1, 2주 후에 집단에 참여할 후발대에게 입단을 허락하게 된다. 그러나 많은 집단에 '연습 기간'이 가능한 것은 아니며, 리더는 집단이 시작하자마자 집단 응집력을 세우고 싶어 할 것이다. 1, 2회기 후에 일부 참여자가 이탈을 선택할 수도 있고 다른 사람들이 들어올 수도 있다는 것을 알기 때문에 처음에는 일반적 문제에 초점을 두어야 하며, 리더는 보다 심각한 개인적 문제를 서투르게 노출하는 것에 대한 기준을 세우게 해야 한다.

집단이 초기 발달 단계에 있을 동안 집단원들은 스스로에게 계속 물을 것이다: '여기에 있는 것이 안전한가?', '내가 저 사람들을 믿어도 될까?', '여기 있으면서 내가 얻을 것이 있을까?', '내가 정말 이 집단에 집중할 수 있을까?' 등이다. 사람들은 자신이 만족할 때까지 이 질문을 하겠지만 그들이 답을 발견하는 과정은 본질적으로 사람들과의 관계에서이다.

집단원들이 분명하게 명시하고 동의한 집단 규준은 집단의 안전감에 크게 기여한다. 그러나 집단원들이 규준을 만드는 과정에 적극 참여하기 전에 서로에게 어느 정도의 응집력을 형성해야 한다. 새로운 집단을 시작할 때 일반적인 프로그램 규준은 리더가 윤곽을 잡아줄 수 있지만 집단이 자기 정체성을 확립하기 시작하고 단체감이 분명해지면 다시 확인하고 확장할 수 있다(집단 규준 샘플은 부록 C에 나와 있고 2장에서 논의된다).

■ 서로 알아가기

액션으로 작업하면 집단원들이 집단 정체성과 응집력을 세워 가는 과정이 촉진된다. 안전한 연결감을 개발하는 데 유용한 다양한 기법이 있다. 이 단계의 집단에서는 일반적으로 오프닝 서클로 표면적인 정보에 초점을 둔다: 어디 사는지, 어떤 음식을 좋아하는지, 또는 취미 활동 등이다. 이 활동은 집단원 각자에 대해 서로에게 커다란 정보의 바다가 된다. 매 오프닝 서클마다 이름을 부르는 것은 서로의 이름을 기억하는 데 도움이 된다.

- 이름 게임

때로는 이름을 알아가는 어색한 과정이기도 하지만 집단 응집력을 키워주기도 하는 수많은 이름 게임이 있다. 하나의 예로는 *단체 저글 (Group Juggle)*이다. 이 활동은 다양하게 활용될 수 있지만 방법은 간단하다.

집단이 원을 만들어 서 있으면 리더는 한 사람과 눈을 맞추고 그의 이름을 부르며 부드러운 물건(봉제 인형이나 고무 오리 같은)을 던진다. 그 사람은 원에 있는 다른 사람을 선택하고 눈을 맞추고 나서 이름을 부르며 물건을 그에게 던진다. 필요하면 이름을 물어볼 수도 있다. 게임의 형태가 잡히면 여러 번 돌리면서 연습한다. 그리고 나면 동시에 여러 개의 물건을 던지면서 진행한다.

이 활동은 집단원들의 이름을 알게 하기도 하지만 협동심을 키워주기도 한다. 어떤 집단원들은 거칠게 집어던지며 몰입하기도 하지만 '얼마나 많은 물건을 떨어뜨리지 않고 할 수 있는가'든지 '10초 안에 상대에게 전달하기' 등으로 하면 일반적으로 경쟁의 열기가 집단원들을 더 집중해서 참여하게 한다. 그러나 몇 번 돌리지 않았는데도 집단이 집중하지 않으면 비난하거나 속상해하지 말고 활동을 중지하고 다음으로 진행하는 것이 좋다.

단체 저글은 집단 발달 뒤의 단계에서 집단이 얼마나 협동을 잘하는지 보여 주는 방법으로 사용될 수 있다. 시간을 늘리고 물건의 수를 높여서 집단이 성공적으로 주고받을 수 있는지를 보는 것은 집단이 얼마나 일치되고 협동적이며 소통이 잘 되는지 설명해 주는 분명한 방법이다. 게다가 추상적인 사고를 할 수 있는 성숙한 집단이 여전히 '살아 있는' 활동을 하는 저글을 마친 후 나누는 대화를 통해 사람들이 어떻게 다중 업무를 감당하는지, 스트레스를 일으키는 것은 무엇인지, 성공과 실패(잡기 vs 놓치기, 또는 '잘 던지기' vs '나쁘게 던지기')의 개념, 이 활동 중에 발생하는 모든 일, 즉 시끄러운 소리, 혼란함, 푹 빠진 느낌, 즐거움, 속도, 부딪치기와 물건 떨어뜨리기 등 집단원들이 어떻게 반응하는지에 대해 흥미롭게 나누고 생각해 볼 수 있다.

잘 사용하는 또 다른 방법은 *두운법칙 게임(Alliteration Circle)*이다. 맨 처음 사람이 자기 이름의 첫 자음과 똑같은 자음으로 된 형용사를 앞에 붙여서 자기 이름을 말한다. 예를 들면, '즐거운 준희'이다. 그러면 다음 사람은 먼저 말한 사람의 이름을 반복하고 그 뒤에 자기의 이름을 덧붙인다. '즐거운 준희, 예쁜 은희'. 전체 집단의 수가 많지 않으면 그 자음으로 시작하는 형용사 외에도 문장으로 만들 수도 있다: '나는 수학을 좋아하는 세준, 새로움이 좋아.' 다음에 말하는 사람은 앞사람이 말한 것을 다 기억해서 말하고 자기의 이름의 문장을 붙이는 것이다. 세 번째로 말하는 사람은 두 번째 사람이 말한 모든 것에 자신의 것을 덧붙인다. 그러므로 집단원들은 꼬이지도 않고, 섞이지 않으며 앞에서 한 말을 기억해야 한다. 내 경험으로는 리더가 이런 게임을 편안해 하면 집단원들은 잘 동참하고 게임을 즐기게 된다.

- 짝지어 소개하기

사람들 앞에서 말하는 것을 부끄러워하는 사람을 도와주는 집단 세우기 게임으로는 *짝지어 소개하기*가 있다. 서로의 안전감을 위해 두 사람이 짝을 지어 서로를 소개하고 자기의 짝을 나머지 집단에 소개하는 방법이다. 수줍음이 많은 사람은 단 한 사람에게 자신을 소개하면 좀 더 편안함을 느끼게 되고, 전체 집단에는 자신이 아닌 다른 사람을 소개하므로 편안함을 느낀다. '모든 것을 기억해야 한다'는 부담을 줄이기 위해 중요한 정보를 서로에게 알려 주면서 짝을 격려한다.

이 활동은 나중에 다른 파트너와의 활동으로도 확장할 수 있는데 이전의 파트너와는 나누지 않았던 정보에 초점을 두면서 질문할 수 있다. 집단원들이 서로에게 편안해지면 소개 부분을 시상식에서 유명인사를 소개하는 형식으로 취할 수도 있다: "서로 다른 3종 애완동물 기르기 대회에서 올해의 우승자는 바로 고양이, 물고기, 소라게의 주인인 토미입니다!" 그녀가 '무대로' 나아가면 온 집단이 일어나 큰 갈채를 보내고 그녀는 짧은 수상소감을 말한다. 이 활동은 서로를 잘 알게 도와주면서 전체 집단 앞에서 대체로 안전한 방식으로 '무대에 서 보는' 기회를 제공하기도 한다.

- 사회측정 활동

집단 응집력을 개발하는 데 도움이 되는 사회측정 활동은 매우 많다. 그중 하나는 *유사성의 원(Circle of Similarities)*이다. 집단원들이 원으로 서면 리더는 특정한 기준, 예를 들면 형제가 있는 사람, 또는 자매가 있는 사람이라고 말한다. 이 기준에 해당하는 사람이라면 원 안으로 한 발 들어섰다가 다시 바로 밖으로 나가 선다. 몇 번의 연습을 하면서 집단원들은 자기에게 맞는 기준이 언급될 때 발을 내디디며 자기와 같은 기준을 만족시키는 다른 사람들이 누구인지도 살펴보게 된다.

조금 변형을 시키면, 원 안으로 한 발 들어서는 것 대신 각 기준을 말할 때마다 다른 행동을 하게 할 수 있다: 예를 들면, "집에서 저녁 먹는 시간에 시끄럽고 소란스러운 사람은 손으로 귀를 막고 머리를 흔드세요."이다. 이런 비슷한 활동으로 집단원들은 방을 돌아다니게 되고 같은 기준을 공유하는 사람들끼리 모일 수도 있다. 신발 색이 같거나 눈동자 색, 혹은 좋아하는 영화배우 등을 말할 수도 있다.

이런 간단한 활동이라도 정보를 나누는 것은 언제나 선택이라는 것을 집단원들은 안내받아야 한다. 어떤 이유에서든지 노출할 준비가 되지 않아서 정보를 공유하지 않을 권리를 행사하는 연습을 하는 것도 정직하지 않은 것이 아니라 분명한 경계를 만드는 것의 예가 된다.

*스펙트로그램(Spectrograms)*은 일직선 상에서 자신의 위치를 보여주는 데 사용할 수 있다. 예를 들어, 한쪽 끝이 "나는 완전히 학교를 좋아해요."라면 다른 쪽 끝은 "나는 완전히 학교가 싫어."가 된다. 집단원들은 그 보이지 않는 선을 따라서 자신의 위치를 찾아 자리를 정하여 서는 것인데, 좋아하고 싫어하는 정도를 알아보기 위해 서로 의견을 나눠야 한다. 리더는 어떤 유형의 정보를 이런 식으로 알아봐야 할지 신중히 해야 한다. 왜냐하면, 생각의 차이에 따라 열이 오를 주제도 있기 때문이다. 예를 들어, 음악적 취향은 사람마다 매우 개인적이어서 다른 취향을 가진 사람을 전혀 참아 주지 못할 가능성도 있다. 적절한 주제로 활동을 계속하면 처음에는 논쟁이 될 수 있는 주제도 서로의 차이를 견딜 수 있다.

집단원들이 서로를 알게 하는 데 도구로 사용하는 액션 기법을 활용하는 것은 의자에 앉아서 돌아가며 말을 하는 것보다 대체로 더 생기 있고 흥미롭다. 액션은 서로에게 공통점이 있다는 것을 발견할 때뿐 아니라 다른 점이 있다는 것에 대해서도 집단원들을 움직이게 하고 서로에게 집중하게 도와준다. 또한, 액션은 많은 배경을 공정하고 빠르게 보여줄 수 있다. 짧은 세션으로 하는 집단이거나 상대적으로 모임이 적다면 이것이 정말 유익할 수 있다.

집단원들이 일체감을 형성하면 협동하고 함께 작업하는 능력이 매우 향상된다. 그러면 그들은 집단 규준에 집중하기나 집단에서 의미 찾기 같은 일을 할 수 있다.

■ 규준 형성하기

일단 참여할 집단이 확정되면 리더가 이전에 언급한 규준 가이드라인을 다시 고려해 보고 집단원들이 거기에 덧붙일 것이나 다른 것들을 의논하게 된다. 규준이 단지 '규칙'이 아니라 '우리 안에서 작용할 일반적인 방식'이 되기 위해서 집단원들은 그것이 가진 의미를 이해하고 규준을 만드는 과정에 참여하여 리더에 의해 제시된 규준을 개인화해야 한다. 액션 접근은 이러한 과정에도 도움이 된다.

리더에 의해 개발된 규준은 잠시 한쪽으로 밀어 놓고 집단을 안전하고 부드럽게 돌아가게 하기 위해 집단원들이 중요하다고 느끼는 사항들의 목록을 브레인스토밍할 수 있다. 각 사항을 카드나 두꺼운 노트에 적는다. 집단이 끄집어내는 규준이 이미 언급된 규준에 포함되는지 살펴보고 집단원이 말한 규준이 훨씬 분명하거나 나은지, 혹은 '공식적' 버전에 덧붙일 것이 필요한지 살펴본다. 기본 규준에 대해 동의하면 집단은 각 규준의 세밀한 의미를 행동으로 표현해 본다.

집단원들을 소그룹으로 나누어도 좋다. 각 하위그룹은 규준을 행동으로 보여 주는 장면, 또는 그 규준이 어겨지는 장면을 만드는 작업을 한다. 때로는 규준을 어기는 장면이 집단원들에게 그 규준을 경험하는 가장 명확한 방식이나 그것이 존재해야 하는 이유를 보여 주기도 한다. 부적절하게 적용하거나 충분히 이해하지 못한 경우, 또는 실제로 규준을 어기는 역할극을 통해 집단원들은 규준을 지키지 않을 때 느낄 수 있는 감정을 느껴 보는 기회를 얻게 되고 규준 준수의 중요성을 스스로 발견해 낼 수도 있다.

● 시작 단계 개발하기

집단원들이 결정되고 나서 규준을 세우고 이해하게 되면 집단은 이제 이슈를 탐색할 준비가 되었다. 준비가 아주 잘 되면 빨리 자기노출을 하고 싶어 뛰어들지도 모른다. 학대나 심각한 가족 역기능을 경험한 사람은 집단이 들을 준비가 되거나 효과적으로 작업할 준비가 되기 전에 성급하게 정보를 노출하려는 경향이 있다. 그러므로 어떤 이슈에 대한 구체적인 작업을 하기 전에 분명한 경계선을 세우고 지키는 것이 중요하다.

■ 경계선 작업하기

집단이 명확한 경계선을 세우도록 돕기 위해서는 서두르지 않아야 한다. 여기에 사용될 시간은 집단원의 수와 집단의 미래 기능에 맞춰 제공될 것이다. 가능하면 한 회기 전체 시간이 개인의 경계선과 집단 경계선을 명확히 하는 데 사용될 수 있다.

- 오프닝 서클

경계 탐색을 위한 회기의 오프닝 서클은 "경계'라는 단어의 의미 정하기'라고 할 수 있다. 이것은 개인의 경계에 대한 나눔으로 이어질 수도 있고, 경계를 짓고 존중해 주기를 요구하는 것이 좋은 것이냐는 주제로 이어질 수도 있다. 다른 이름으로 하면 '당신의 개인 공간을 잘 유지했던 경험 나누기'일수도 있고 '당신의 개인 공간을 지키는 것이 어렵다고 느꼈던 상황을 말해 보기'도 가능하다. 또는 '명확한 개인의 경계선이 이 집단에 도움이 되는 한 가지 방법을 제시해 보라.'도 괜찮다. 질문은 집단원들의 성숙도에 따라 바뀔 수도 있지만 분명한 것은 개인 경계선의 개념과 그 중요성을 명확히 해야 한다는 것이다.

- 웜-업

경계선을 명확히 하는 데 적당한 웜-업 활동은 사람들에게 방을 여기저기로 아무렇게나 움직이게 하면서 시작한다. 서로 접촉하지 않고, 말도 하지 않고, 어느 누구와도 눈도 마주치지 않는다. 시간이 지나고 나면 시선을 마주칠 수 있다. 활동을 하다가 어느 때라도 불편해지면 멈추기를 요청할 수 있고, 잠깐 멈추는 시간마다 행동하기 전에 전체 활동에 대해 설명할 것이라고 참여자들에게 말해 준다.

그다음에는 참여자들에게 눈을 맞추지만 말하거나 접촉하면 안 된다고 말한다. 그들은 계속해서 방 안을 되는대로 돌아다니고 있다.

다음에는 집단원들에게 짝을 짓고 서로 얼굴을 마주 보고 3미터 정도 떨어져 서 있으라고 한다. 이제 서로 말하면서 누가 A를 할지, B를 할지 정한다. 그다음은 A가 B 쪽으로 천천히 걸어가고, B는 A가 자기에게 다가왔을 때 불편함을 느끼기 시작하는 지점에 이르게 되면 "멈춰."라고 말한다. A 역시 상대방이 멈추라고 요청하기 전에 자신이 불편하다고 느끼는 지점에 이르면 멈추기를 선택할 수 있다. 그러고 나면 역할을 바꾼다. 시간이 허락한다면 집단원들은 여러 사람과 짝을 바꾸어 이 활동을 해 본다. 변화를 준다면, 앞이 아닌 옆이나 뒤에서 접근해 보는 방법도 할 수 있다. 또는 동성이나 이성 파트너로 바꾸어 할 수도 있고; 비슷한 나이나 다른 나잇대; 잘 아는 친구들이나 아직 잘 모르는 사람들로 해 볼 수도 있다.

파트너끼리 이 활동에 대한 자신의 반응을 나누는 시간을 가지고 나서 전체 그룹으로도 나눈다. 다른 사람에게 멈추라고 요청했을 때의 느낌이나 멈추기를 요청받았을 때, 이성 파트너와 할 때의 느낌, 또는 다른 방향에서 접근하거나 접근을 받았을 때의 느낌을 나눈다; 이런 대화를 통해 집단원들은 이 경험이 가지는 의미를 찾게 된다. 성인인 우리가 생각하는 과정은 자동적이지만 청소년에게는 경계가 자라고 있는 것이다. 개인적이고 신체적인 경계를 탐색해 보는 것은 집단원들이 개인적이면서 비신체적 경계선을 이해하는 과정에 좋은 시작이 된다.

게다가 이것은 집단원들이 다른 사람에게 자신의 개인적이며 신체적인 경계를 존중해 달라고 요청하고 그 요구가 받아들여짐을 경험하는 중요한 첫 번째 시간이 된다. 이러한 요청을 소리 내어 말하는 것이 불편한 사람은 다른 사람에게 "멈춰."라고 요구하기 전에 '너무 오래' 참을 수도 있다. 아마도 자신의 파트너가 가까운 친구였다면 그 경계를 밀어내는 것이 '즐겁다'고 생각할 수도 있다. 활동 중에 일어난 일들은 나눔에 있어 매우 유용한 소재가 되지만 다른 사람을 비난하거나 공격해서는 안 된다.

이것은 단지 '단순한 웜-업' 활동이지만 어떤 사람에게는 강한 감정을 일으킬 수 있다는 것을 준비해야 한다. 그런 강렬한 감정이 일어난다면, 이것은 노출이나 정서적 표현 또는 집단 발달 과정에서의 토론 주제에 대해 리더가 적절한 집단 경계선을 설정해야 함을 설명할 적당한 기회가 되므로 이때 집단원들이 모두 이해할 만큼의 경계를 설정해야 하는 이유를 설명한다.

- 액션

앞에서 설명한 웜-업 활동 등을 하면서 *세 가지 용기 활동(Three Containers Exercise)*으로 진행한다. 이것은 나의 동료 샐리 엠버 박사가 개발한 것이다. 이 활동에서는 그래픽 예술을 경험하게 된다. 조각이나 그리기 또는 콜라주 같은 구체적인 것을 만드는 것은 제한된 경험을 제공하기도 하지만 그 작품들은 나중 세션에서 이용될 명백한 자료가 되기도 한다.

진행자는 집단원들에게 '세 가지 용기'를 들여다보게 할 것이며, 그 안에는 그들의 '개인적 물건'이 들어있음을 설명한다. 첫 번째 '용기'에는(집단원들이 그 용기의 모양과 형태, 크기를 정할 수 있다) 사람들이 당신에 대해 겉모습을 보고 알 수 있는 것들(머리카락 색이나 눈동자 색, 키 등)이 들어 있고 당신이 어느 누구와도 편안히 나눌 수 있는 것들이며, 다른 사람들도 듣기에 편안해 하는 것들(애완동물, 여가활동, 선호 영화 등)이 들어 있다. 이런 것들은 집단의 초기 만남에서 서로 이야기하도록 권하는 것들이다. 이것들은 분명하고 쉽게 알 수 있으며 사람들의 삶과 개인성에서 완전히 접근 가능한 정보들이다.

두 번째 '용기'에는 다른 사람과 나누기 전에 먼저 그 사람에 대한 신뢰도를 높일 필요가 있는 것들(희망, 두려움, 개인적 삶의 경험 같은)이 들어 있다. 이러한 것들은 이미 나누었을 수도 있고 집단에서 나누려고 준비하고 있는 것들이다. 이것들은 다소 명백하지 않고, 알게 되거나 서로 나누기에는 시간이나 노력이 필요한 것들이며 쉽게 접근 가능하지도 않다.

세 번째 '용기'에는 당신의 가장 비밀스럽고 사적인 생각과 경험이 들어있고 이것은 당신이 인생에서 매우 특별한 소수의 사람과만 나눌 수 있는 것들이며, 때로는 전혀 나눌 수 없는 것들(망상, 꿈, 좋거나 나쁜 매우 사적인 인생 경험들)이다. 당신은 이것 중의 일부를 집단에서 나누었을 수도 있고 그렇지 않을 수도 있다. 어떤 것들은 평생에 어디서든, 누구와도 나눌 수 없는 것들이다.

그러고 나서 집단원들은 이러한 용기들을 가까운 공예품 가게에서 2차원이든 3차원 디자인으로든 자신이 선택하는 형태로 만들 기회를 얻게 된다. 그들은 각각의 용기에 그 용기의 내용물을 보여줄 아이템이나 상징, 그림, 사진, 또는 단어를 '넣게' 된다. 각 용기에 사람들의 접근을 어렵게 하는 도구(잠금 열쇠, 철장, 비밀 문, 또는 패스워드 등)를 붙이기도 한다.

집단원들은 각 용기 안에 무엇이 들어갈지 생각해 보고 결정하면서 자신의 중요성을 생각해 보고 서둘러서 자기개방해서는 안 되는 것과 오히려 개방할 준비가 되고 적당한 때가 오면 집단이 그 사람을 돕기 위해 적절하게 진행될 것을 생각하게 된다. 그리고 자기 자신에 대한 정보를 나누려고 선택하기 위해 각 용기 안의 내용을 마음대로 지휘하면서 경계와 한계, 범위를 설정하라고 격려받는다. 이 활동을 통해 집단원들은 집단 안에서뿐 아니라 일반적인 삶 속에서도 개인적 경계를 이해하고 그것의 사용이 향상되었음을 나타낸다.

- 나누기

일단 용기가 만들어지면, 그 용기 안에 무엇이 들어있는지보다는 이 용기의 본성을 이해하는 것이 더 중요한 이유에 나눔의 초점을 둔다. 집단원들은 자신이 만든 예술품을 나누고 집단에 다음과 같이 정보를 말한다: "사람들이 이 용기 안을 들여다보도록 나 자신을 허락하기 위해서 나는 ~을 느껴야 합니다."든지; "이 용기 안에는 제가 집단과 나눌 수 있게 되기를 바라는 것들이 있습니다."; 또는 "어느 누구도 저의 허락 없이는 이 용기 안으로 들어갈 수 없습니다." 집단원들 역시 각 용기로 역할 바꾸기를 하면서 용기로서 말하도록 안내받는다: 예를 들어, "나는 데이비드의 세 번째 용기입니다. 내 옆에 커다란 열쇠가 보이지요? 이것은 내가 가지고 있는 물건을 아주 잘 지켜야 하기 때문이랍니다."이다. 이 활동의 나눔을 하는 동안에 비난이나 판단하지 않으면서 흥미를 느끼고 나눔을 함으로써 집단원들은 각 용기 안에 '들어있는' 여러 유형의 물질에 대한 선택이 집단원마다 매우 다르다는 것을 깨닫게 된다.

이 중요한 활동의 요점은 정보를 개방하는 것이 아니라 개방하는 데 적절한 경계를 만드는 것이고 정보를 나눔에 있어 분명한 규준을 정하는 것이다. 언제, 누구와 그리고 경험을 나눌지 말지에 대해 이야기하는 것이 적절한 개방의 한계를 이해하고 개발하는 데 중요한 중간 단계이다. 그 경계선이 언제 누구와 깊숙한 개인의 문제를 이야기할지를 의식적으로 결정해야 한다는 메시지를 주는 것이다.

■ 개인적 이슈 탐색하기

드라마 치료와 소시오드라마 기법은 둘 다 집단이 개인 문제로 들어갈 때 매우 유용하다. 여기에 제시된 것처럼 흐름이 일직선으로 이어지지는 않아서 이슈 활동과 명확한 경계 만들기 활동이 중간 중간에 들어간다. 작업 가능한 이슈 목록을 모으기 시작하는 한 가지 방법은 드라마 치료 접근인 *비지시적 즉흥극(nondirected improvisation)* 이다.

- 비지시적 즉흥극

드라마를 통해 문제를 접할 때 웜-업으로 리더는 *1분 소품*(인기 TV 프로그램 「누구 라인이야?」에서 보인 것처럼)을 활용할 수 있다. 그것은 놀이 공간 안에 물건이 있으면 집단원들이 그것의 실제 용도 이외에 사용될 수 있는 방법을 찾는 것이다. 예를 들면, 두꺼운 종이판은 전화기도 될 수 있고, 쇠사슬 톱이나 아카데미 상으로도 될 수 있다. 이 활동의 의미는 1분 안에 집단원들이 얼마나 많은 변화를 만들어내는지를 보는 것이다. 이것은 집단 에너지를 모으는 속도전이고 재미 활동이다. 또한, 사람들을 변화와 즉흥 행동에 익숙하게 만들기도 한다.

집단이 문제에 집중하는 즉흥극에 들어가면 소품들은 치운다. 즉흥극은 여러 형태가 가능하다. 기본적인 방법은 두 사람이 문제나 주제가 될 수 있는 장면을 시작하는 것이다. 이슈가 명확해지면 누군가가 또 다른 인물로 들어갈 수 있다; 아니면 장면을 정지시키고 극에 있는 사람을 다른 사람이 대체하고 장면을 다른 것으로 바꾼다.

이슈 목록이 모이면 액션이 진행되는 동안 칠판에 써 놓을 수도 있다. 그리고 그다음에는 이슈 중에서 어느 것이 집단원 자신과 동료들에게 가장 중요하게 느껴지는지 이야기 나눈다. 약간의 개방이 일어날 수도 있지만, 이 시점에서 더 일반적인 방법으로 시작해야 할 것은 이슈에 대한 탐색이다. 핵심 이슈가 분명해지면 집단은 그것을 가지고 소시오드라마를 진행할 수 있다.

- 소시오드라마적으로 이슈 탐험하기

소시오드라마에서 초점은 이슈에 집중하고 집단원들은 그 역할에서 어찌해야 하는지에 대한 자신의 생각과 인식대로 그 역할을 한다. 예를 들어, 부모와 자녀가 야간통행에 대해 갈등하고 있는 소시오드라마를 만든다면 '부모' 역할을 보여 주는 의자를 한쪽에 놓고 한쪽에는 '자녀'를 보여 주는 의자를 놓는다. 먼저 집단원들이 한 의자를 선택하고 그 뒤에 서거나 앉아서 자신이 느끼는 대로 희망이나 필요, 그 역할의 감정을 소리 내어 말하면서 소시오드라마를 시작할 수 있다. 모든 관점을, 심지어 반대의 입장까지 대변할 수 있고 집단원들은 이 두 가지 역할을 다 해 보도록 격려받는다.

'부모' 역할을 하는 사람은 이렇게 말할 수 있다: '나는 내 아이를 안전하게 지키고 싶다."; '나는 내 아이가 놀지 못하게 하고 싶다."; '나는 내 아이가 나의 권위를 존중하면 좋겠다."; 또는 '나는 우리 아이를 밖으로 나돌게 하는 친구들이 싫다." '자녀'의 의자에 앉으면 이런 말들을 한다: '나는 우리 엄마/아빠가 나를 어른으로 대해줬으면 좋겠어."; '나는 좀 더 자유를 원해."; '우리 엄마/아빠가 내 인생을 자기들 맘대로 하려는 것을 멈췄으면 좋겠어."; 또는 '나는 친구랑 함께할 더 많은 시간이 필요해."

맨 처음 장면을 위해 두 명의 집단원이 역할을 자원한다. 드라마가 진행되면 새로운 멤버가 역할로 들어와서 계속할 수도 있고 다른 식으로 바꿀 수도 있다. 여전히 집단원들은 두 역할을 모두 해 보도록 지지받고, 그 역할 안에서 새로운 방법을 시도해 본다. 이것은 부모에게서 야간통행 연장을 얻어내기 위해 당신이 생각할 수 있는 가장 최악의 방법이나 가장 최선의 방법이 나올 수 있는 소시오드라마로 이어질 수도 있다. 나눔 시간에는 각자가 느낀 좌절을 말할 수도 있고,

부모와 대화하고 협상하는 전략을 탐색하는 시간이 되기도 한다.

소시오드라마를 실행함으로써 얻을 수 있는 다른 중요한 기능은 그것이 사이코드라마의 실습장이 된다는 것이다. 청소년과 사이코드라마를 할 때의 어려움은 종종 그들이 어떻게 역할을 해야 하는지에 대한 자기 자신의 관점을 내려놓고, 다른 사람의 드라마에서 주인공을 하는 사람이 그들에게 요구하는 데 집중하면서 조연이 되는 것이다. 소시오드라마는 역할 연습을 할 기회를 제공하기도 하고 역할 바꾸기도 제공한다. 그리고 집단원들에게 다른 사람의 관점에서 역할 하기를 실습할 기회도 준다. 이것은 사이코드라마에서의 자신감에 필요한 기술을 키워주기도 한다.

- VOTE

문제 중심의 즉석극을 만들고 실행하기 위한 전략에 핵심을 두었던 초기 작품인 『액팅 아웃: 워크북(*ACTING OUT: The Workbook*)』(Coaas et al., 1996)에서는 배우들을 훈련시키는 방법을 VOTE라는 첫 글자를 이용하여 만들었다. 이것은 장면에 깊이 들어가는 것에도 유용하다. V는 승리(Victory)로 등장인물이 진실로 원하는 것이다; O는 장애물(Obstacle)인데 승리를 얻는 방법의 길목에 서 있는 것이다; T는 장애물을 극복하기 위해서 누구라도 사용하는 방법이나 행동인 전술(Tactic)이다; E는 등장인물이 진행하는 과정에서 느끼는 감정(Emotion)이다. 소시오드라마에서 이런 승리 V와 장애물 O, 그리고 전술 T와 감정 E를 탐색하면서 집단원들은 계속해서 의미 있는 삶의 경험을 만들고, 다양한 다른 전술에 따라 어떻게 다른 감정이나 다른 결과가 나타나는지에 대한 지혜도 얻게 된다.

요약

집단의 성질 명확히 하기, 분명한 규준 세우기, 집단 응집력 형성하기, 그리고 명확한 경계를 만들기 등은 액션 구조상 집단 발달의 초기 단계에 해당한다. 초기 정보와 앞으로의 안내 세션에서도 액션이 사용될 수 있다. 액션 기법은 집단원들이 활동에 즐겁게 참여하면서 서로와 리더에 대해 알아 가도록 돕는다. 적절하게 사용되면 액션 메소드를 이용하여 집단원들에게 공통적인 이슈를 알아차릴 수 있는 구조를 제공할 수도 있고 미성숙한 노출에서 개인 문제를 보호할 수도 있다. 부록 D에 시작 단계에 적절한 추가 활동들을 제공했다.

집단이 응집력과 신뢰 형성의 높은 수준에 이르러 집단원들이 보다 개인적인 문제들을 노출하기 시작하면 종종 다른 문제들도 떠오르기 시작한다. 권위에 대한 도전, 집단원간 갈등, 그리고 불참 등은 이제 집단이 6장에서 논의할 과도기 단계로 들어갔음을 알려 준다.

C·H·A·P·T·E·R 06

과도기 단계를 위한 액션 기법

『21세기의 사이코드라마(*Psychodrama in the 21st Century*)』(Cossa, 2003)라는 책에서 청소년과의 사이코드라마에 대해 썼던 부분에 집단 발달에서의 과도기 단계를 나는 종종 '끔찍한 두 얼굴'이라 불리는 아동기에 비유했다. 그 비유는 행동 아래에 있는 동기와 리더에게 생길 수 있는 좌절감이라는 관점에서 적절하다. 턱맨과 잰슨(1977)은 집단 발달의 이 단계를 *폭풍우 치는* 구간이라고 표현했다.

이 시점에서 나타나는 집단원들의 '시험해 보는' 행동과 리더에게의 도전은 역설적으로 그들이 이제야 개인적 및 대인 관계적으로 연결되기 시작했고 기초적 신뢰가 놓였음을 보여 준다. 집단원들이 두 살 아이처럼 자기 공간을 요구할 만큼 충분히 안전감을 느끼고, 힘든 경험도 존경과 공정함을 가지고 품을 수 있는지를 알아볼 '힘'을 발휘해 보는 것이 바로 이 지점이다. 그들은 집단이 새로운 종류의 경험을 제공할만한 잠재력이 있는지를 탐색하면서 두려움과 흥미, 그리고 약간의 불신을 가지고 펼쳐지는 탐색과정에 자연스럽게 반응하게 된다.

맥스 클레이튼이 그의 책, 『효과적인 집단 리더십(*Effective Group Leadership*)』(1994)에 썼다: "모든 집단 작업에서 배움이 우리를 새로운 것으로 나아가게 하면서도 그와 동시에 옛 것과 익숙한 것에 매달리고 싶어 하는 것을 경험하게 된다."(p.15)

● 혼란 상태

어떤 집단에서는 과도기 행동에 대해 조절하는 방식 때문에 집단이 완전히 의지의 싸움 속으로 빠져 꼼짝 못 하게 된다. 그러나 깨어 있는 리더는 그 불안정한 시간 속에서 집단원들을 지원하는 데 유익하게 액션 전략을 사용할 수 있다. 과도기는 에너지가 높은 시기이며, 이 에너지는 집단과 그 구성원들을 돕는 쪽으로 전환될 수 있다.

■ 문제 확인하기

리더는 집단원들과 싸우거나 그들의 '행동'에 대해 지적하는 대신에 서로를 비난하거나 죄책감을 느끼지 않으면서 지금 일어나는 일에 관심을 집중시키고 과정을 정상화시킨다.

- 오프닝 서클

오프닝 서클의 질문에는 이러한 것들이 가능하다: "어떤 사람이 뭔가에 겁에 질려있을 때 당신이 취할 수 있는 한 가지 방법은 무엇인가?", "당신의 삶에서 꼼짝 못 하게 빠져 있다고 느껴진 경우는 어떤 때인가?" 집단원들이 과정에 집중하기 시작하면 그들은 자신을 살펴볼 생각이 들게 된다. 이것은 청소년에게는 매우 새로운 기법이어서 요구하기보다는 기회로 제시되어야 한다.

- 이름 붙이기와 축하하기

이 시점에서 리더는 집단원들의 행동을 비난하지도, 부끄럽게 하지도 말아야 하며 오히려 축하할 수 있는 행동의 기표들을 찾는 단계이어야 한다. 리더를 하면서 나는 종종 이런 말을 한다: "두려움은 불편하면서도 목표를 지지합니다. 오늘 우리는 집단이 마침내 과도기에 이르렀음을 축하하고 싶습니다. 우리가 (극적으로 숨을 조금 참고) '*안전한 공포 틀*'을 다룰 수 있는 불가결한 것을 가지고 있는지는 오직 시간이 말해줄 것입니다."(Langs, 1981)

나는 집단 과정에 대해 간단한 설명을 하고 나서 집단에 대해 더 안전감을 느끼는 사람이 '진짜' 감정과 문제를 드러내는 잠재력을 더 많이 인지하더라는 것을 말해 준다. 이런 문제와 감정이 대부분의 사람에게는 조금은 두려움이 되기도 한다고 말해 준다. 그러고 나서 집단원들에게 오프닝 서클의 질문에 대한 반응으로서의 행동과 집단에서 일어나고 있는 행동들 사이의 평행선을 보게 한다. 때로는 참여자들에게 과도기의 '다른 끝'에서 우리를 기다리고 있는 문제들을 직면할 준비가 되어있는지를 결정하기 위해 집단이 거쳐 가는 과정을 기꺼이 살펴보겠냐고 요청하기도 한다.

리더가 싸우려 하지 않고 그들을 통제하려고 하지 않으면 집단원들은 대체로 정직하게 반응할 준비를 하고, 자신이 준비되었을 때 앞으로 나아간다. 적절한 과도기의 활동을 하고 나눔을 하게 되면 집단원들은 자신의 두려움을 직면할 준비가 되고 그 과정을 거쳐 *작업 단계*에 이르게 된다.

- 은유 예술

특별히 과도기 단계를 막 벗어나기 시작해서 다시 후퇴하는 듯 보이는 집단에 때때로 사용한 또 다른 접근법은 집단에 대한 은유로 그래픽 이미지를 사용하는 것이다. 예를 들면, 집단 모임 전에 공기 중에 떠 있는 뜨거운 고무풍선 포스터를 세우는 것이다.

오프닝 서클 후에 그 포스터를 전시하고 그 풍선이 우리 집단을 상징한다고 설명했다. 그리고 집단원들에게 마커를 주고 집단을 공중에 떠 있도록 유지하는 데 도움이 되는 것들의 단어나 이미지를 풍선의 몸체 안에 써보라고 요청했다. 이런 단어들이다: 약속, 비밀유지, 사랑, 또는 정직 등이 공통적인 답변이었다.

그러고 나서 풍선 바구니 아래에 그려진 모래주머니를 가리키며 밸

러스트는 풍선을 공중에 떠 있게 하기 위해 필요하지만 밸러스트가 너무 많으면 풍선이 땅에서 뜰 수 없는 경우도 있다는 것을 설명했다. 그리고 다시 집단원들에게 우리가 땅에서 떠오르지 못하게 하는 것들의 단어나 이미지를 모래주머니 안에 적어보라고 요청했다: 사람들이 떠나는 것, 논쟁, 지각하거나 빠지는 것 등의 단어들이 공통적이었다.

이런 유형의 활동을 사용하는 경우마다 토론은 실제로 사람들에게 무슨 일이 일어나는지를 솔직하게 보는 쪽으로 빨리 움직였다. 교대로 이렇게 하니 집단원들은 자신이 걸려 있던 것을 지나기 위해 필요한 것에 대해 말하기 시작했다.

모든 경우의 핵심은 비난하는 것을 삼가고 대신 집단이 함께 만들어가는 작업을 탐색하는 여정에 초대하는 것이다. 이렇게 하여 집단원들은 공격에 대한 두려움이나 수치심을 느끼지 않고 표현하고 말해야 하는 관계적 갈등뿐 아니라 자신의 두려움을 보기 시작한다.

■ 과도기 문제 작업하기

불행하게도 일단 문제와 쟁점이 확인되면 그것들은 마술처럼 절대로 사라지지 않는다. 그리고 일단 공적으로 드러났기 때문에 그것들을 작업할 수 있게 된다. 문제를 직접적으로 작업하는 것은 실제로 일어난 일을 감추고 있는 부정적인 행동에 초점을 맞추는 것보다 진행과 성장을 위해 좀 더 비옥한 터전이 필요하다. 그리고 청소년은 여전히 보다 세련된 인지 과정에 매우 낯설다는 것을 기억하면서 사려 깊은 리더는 다양한 행동전략을 활용하게 된다. 몇 가지 제안이 아래에 있다.

- 사회측정 활동

1장에서 설명한 것처럼 사회측정 활동은 집단 내의 연결성과 관계를 탐구하기도 하고 더 성숙한 관계가 발달하는 기회를 제공하기도 한다.

집단 조각:

그 집단을 대표할 수 있는 물건 하나를 공간의 한가운데에 둔다. 집단원들은 자신과 그 물건과의 관계를 정하기 위해 서로에게 질문하며 집단과 각 구성원들, 그리고 서로의 관계와 전체로서의 집단과의 관계 조각을 만든다. 각자의 자리를 정하면 집단원들은 왜 자신이 그 자리에 있는지에 대한 진술문을 만든다. 집단에 대해서 뿐 아니라 집단원이 말하는 것, 즉 의미를 만드는 또 하나의 기회에 대해 선택이 분명해진다. 집단원들은 다른 사람이 말하는 것을 들으면서 그들과 비교하여 자신의 상황을 새롭게 이해하게 되면서 자신의 자리를 다시 선택하려고 결정하기도 한다.

이 집단 조각은 물건을 이용해 다시 만들 수도 있고 커다란 종이나 화이트보드 위에 그릴 수도 있으며, 즉석사진을 찍어 보여줄 수도 있다. 그러면 집단원들은 한 발 뒤로 물러서서 분리된 자리에서 관찰한다. 때때로 리더는 어떤 집단원이 관찰하는 자리로 들어가도록 집단원들의 위치를 잡기도 한다. 리더는 집단이 자기성찰의 과정을 가지도록 돕는다.

사회측정 탐색의 힘:

초기의 **액팅아웃** 집단의 구체적이고 세밀한 예가 이 시점에서 도움이 될 것 같다. 그 청소년 집단은 일주일에 두 번씩 소시오드라마, 사이코드라마, 그리고 문제 중심의 즉흥극을 포함하여 여러 표현양상을 조합한 집단 활동에 참여하고 있었다. 남자 6명과 여자 5명으로 이루어진 11명의 집단이었다. 그중 몇몇은 이미 알고 일고 있는 사이여서 나는 그들이 '뭉쳐' 있는 것을 눈치채고 있었다. 그 집단은 약 8회기쯤 진행되었고 꽤 잘 기능하고 있었지만, 그들이 표현하는 '얼마나 관계 맺고 있다고 느끼는지'에 대한 인식은 사람들이 꾸준히 어울려 앉는 것과 장면 구성을 위해 소그룹을 선택하는 것을 보면 그리 조화롭지 않았다. 그 집단 스스로는 잘 작업하고 있다고 정의하는 것 같았다.

나는 오프닝 서클에서 집단에 대한 관계 맺기에 대해 이런 질문을 하며 사회측정 조사법의 가능성을 소개했었다: "우리는 몇 달 동안 함께 작업을 해 오고 있습니다. 1에서 10까지의 수치가 있는 측정자가 있다면 당신은 전체 그룹과 얼마나 가깝다고 느낍니까?" 그러면서 이 세션의 시간에 집단을 바라보고 그 안에서 관계 맺었다고 생각하는 사람들을 찾아보는 시간을 갖게 하고 그들이 서로를 집단 작업에서 얼마나 지지하는지 또는 방해하는지를 보게 했다.

질문이 생기면 어떻게 탐색할지를 대답했다. 나는 연필과 종이(사회측정을 탐색하는 한 가지 방법)로 했었다면 반항이 생길 수 있다는 것을 알았다. 청소년은 원칙적으로 집단에서 종이와 연필을 반대한다; 그것은 너무 학교 같기 때문이다. 그래서 나는 그들에게 우리가 행동으로 탐색할 것을 알려 주었고 집단 조각의 과정을 설명했다. 이 집단은 자기들에게 무엇을 하도록 요구될지 뿐 아니라 우리가 하는 것의 이름을 알기 원했기 때문에 그들에게 이것은 *액션 소시오그램(action sociogram)*이라 불린다고 말해 주었다.

'내가 좋아하는 사람이나 좋아하지 않는 사람, 그리고 그 이유'에 대해 말해야만 할 것 같은 것에 대해서는 염려와 약간의 거부감도 있었다. 염려는 다른 사람의 감정을 상하게 하고 싶지 않은 마음에서 올라왔다. 나는 궁극적인 선택이 그들의 몫이라는 점을 알려 주었다. 그러고 나서 스펙트럼을 세웠다: "나는 이 탐색이 참 좋다고 생각한다"는 이쪽 끝에, "이 생각을 전혀 좋아하지 않는다."는 저쪽 끝에 서보세요. 집단원들이 일직선을 따라 자신의 자리를 찾아 서면 그 자리에서 말하고 싶은 사람이 자신을 알리고 찬성과 반대에 대해 말하기 시작했다. 우리는 스펙트럼 정보를 계속하고 액션 소시오그램을 만드는 것에 대해 만장일치로 결정했다.

그 시점에서는 그 활동이 얼마나 의미 있는가에 상관없이 그것을 집단에 내맡기기보다는 차라리 미루어야 했다. 비슷한 상황에서 그렇게 질문과 염려, 거부를 허용하고 집단에 결정을 일임했을 때 일반적으로 집단은 계속하기를 선택했던 적이 있었기 때문이다. 이것은 집단이 과도기 행동을 하며 나아가게 돕는 리더를 '테스트'하는 것 중의 하나이다.

액션에서 부조화가 사라지고 집단이 그들의 과정과 역동을 정확하게 반영한 소시오그램을 만들었던 경험도 있었다. 이것은 확실히 이러한 경우였다; 조각이 처음 말했던 것과는 너무도 다른 그림을 보여준 것이다. 네 명의 멤버들이 중심에서 서로를 마주 보고 다양한 방식으로 어루만지며 들러붙어 있었다. 이들은 '집단에 있는 모두가 괜찮아.'라는 생각을 가장 큰 소리로 말했던 사람들이었다. 다섯 명의 멤버들은 그들 주변에서 마주 보거나 기대어 흩어져 있었다. 이들은 동의한다고 머리를 끄덕였던 멤버들이었다. 두 사람은 한쪽으로 떨어져서 서로 마주 보고 있었고 그들은 '조용한 멤버들'이었다. 시각적인 현상으로 이 집단은 보다 정직하게 자기들의 모습을 이야기하게 되었다.

토론과 활동을 더 진행한 후에 집단원들에게 자기가 원하는 집단의 모습을 보여 주는 새로운 조각을 만들어 보도록 요청했다. 그림은 모든 사람이 서로 마주 보고 서 있는 하나의 원으로 급진적으로 변하였다. 이제 집단은 현재 상황을 자신들의 희망으로 바꾸기 위해 무엇을 해야 할지 토론할 수 있게 되었다. 이 활동은 그들에게 전환점이 되었고 작업 단계를 향해 확실히 나아가게 해 주었다.

- 규준 복습하고 피드백 하기

종종 사회측정 활동을 하면서 동시에 집단은 규준을 다시 확인하며 집단원들과 리더가 얼마나 그것을 잘 지키고 있는지 평가하게 된다. 리더는 집단 과정을 각자 다르게 지지하면서 느꼈던 것을 비판단적인 관점으로 인식하며 점검할 수 있다. 집단은 리더의 역할에 대해 피드백을 하기도 하고 집단원들이 리더나 다른 집단원에게 피드백을 요구할 수도 있다.

피드백 활동을 진행하는 한 가지 방법으로는 차례대로 돌아가면서 세 가지 질문에 대해 대답을 하는 것이 있다.

1. "당신은 지금 이 순간 피드백을 듣는 것에 열린 마음입니까?"
2. "만약 그렇다면, 어떤 종류의 피드백이 당신에게 가장 도움이 되나요?"
3. "(1에서 10까지의 측정자가 있다면) 당신은 그 피드백이 얼마나 '정직하기'를 원합니까?"

집단원들은 대체로 피드백을 수용하지만, 특히 거절해도 괜찮다는 것이 분명할 때 그러하다. 정직에 대한 한계나 기준을 세워 주면 멤버들은 자기들이 받는 피드백을 감당할 수 있고 그것을 유용한 방법으로 통합해 낼 수 있다.

- 소시오드라마

소시오드라마 접근도 멤버들이 집단전개 과정 중 이 단계를 바라보며 이해하는 데 도움이 된다. 그것은 집단이 문제를 가지고 '놀게' 하고 적절한 분리를 유지하게 하는데 그로 인해 더 많은 정직함이 촉진된다.

비네트(Vignettes):

리더는 '최악의 집단'을 보여 주는 비네트(간결 드라마)를 작업할 수 있고 '최상의 집단'도 만들 수 있다. '까다로운 악당', '유순한 중재자', 또는 '동떨어진 광대' 같은 역할을 소시오드라마에서 만들어 볼 수 있다. 역할의 이름을 붙이고 나서 인터뷰를 한다. 이것은 그 역할이 감당하려고 애쓰는 목적에 대한 통찰력을 제공하고 그 목적이 얼마나 더 잘 작용하는지에 대해 보다 의식적인 선택을 하게 한다. 집단원들은 다음과 같은 보다 적극적인 목적을 가능하게 하는 새로운 역할을 추구할 수 있다: '불편함을 당당하게 말하는 사람', '조심스러운 탐구자', 또는 '사려 깊은 지지자'.

동작 활동:

말을 사용하지 않으면서 엄청난 것을 얻을 수 있는 때가 있다. 집단은 언어를 사용하지 않고 동작을 통해서 또는 동작과 소리로 작업을 해 나갈 수가 있다. 그들은 '기계'가 잘 돌아갈 때와 그렇지 않을 때의 차이를 탐구하면서 '좋은 집단 기계'와 '나쁜 집단 기계'를 만들어 낼 수 있다.

그들은 대인 관계에 대해서도 무언어적으로 작업할 수 있다. 이런 활동이 멤버들에게 낯설다면 일반적으로 최소한 시작할 때라도 구체적인 구조화를 주는 것이 걱정을 줄이고 자발성을 높일 것이다.

● 전진하기

여러 가지 방식으로 청소년 세계의 경험과 평행을 이루는 집단 발달의 과도기 단계의 도전을 통해 청소년의 액션 집단을 지지하기 위해 리더는 '카오스 라이더(Chaos Riders)'(나의 과거 교육생이었던 에이미 윌리엄스가 고안한 조어)가 되는 것을 진실로 배워야만 한다. 그것은 어려울 수도 있고 엄청난 에너지와 인내를 요구하지만, 카오스를 '탄다는 것'은 그것을 몽땅 먹어서 배 부르는 것보다 더 현명한 선택이다.

사이코드라마티스트로서 훈련받고 있던 시절에 나는 "저항이라는 것은 없다. 단지 부적절한 웜-업이 있을 뿐이다."라는 명언을 들었다. 이 말이 전적으로 맞든지 아니든지 간에 집단의 웜-업을 지도하고 이끌면서 집단을 창조적 생산으로 인도하는 리더의 능력은 중요한 기술이다. 특히, 과도기의 시기에는 더욱 그러하다.

■ 카오스에서 목적으로: 극적인 실례

수년 전에 자발적으로 형성된 드라마 테라피 활동에서 과도기 단계에 리더가 창조적 생산으로 이끌었던 한 집단이 있었고 나는 그때 협동 리더였다. 어느 날 오후에 집단의 에너지가 매우 다른 방향으로 움직이고 있어서 협동 리더와 나는 그것을 제어하려 하지 말고 그대로 허용하자고 결정했다. 우리는 의상, 예술 집기, 화장품, 소도구 그리고 막대 인형들을 모두 꺼내 놓고 집단원들에게 마음이 끌리는 품목으로 가서 선택하여 마음껏 표현해 보라고 했다.

어떤 사람들은 격렬하게 그림을 그리기 시작했다. 또 어떤 사람들은 의상을 집어 들었다. 다른 사람들은 화장품으로 놀기 시작했다. 잠시 후에 TV 스페셜 다큐로도 몇 부작이 가능한 인생 스토리를 가진 한 사람이 "소꿉놀이하자."라고 소리쳤고, 그 후로 여러 번의 집단 세션으로 이어진 활동을 시작했다.

집단 리더가 역할을 맡고 그들 안에서 상호작용했다는 사실이 이 활동을 드라마 치료의 영역으로 확장시켰다. 나는 '귀도 할아버지' 역할을 맡았는데 때때로 그는 '가족'을 방문했다. 나의 협동 리더는 어느 날은 '부엌 싱크대' 역할을 했고 다른 날에는 그 전에 방문한 '괴짜 아주머니' 역할을 했다. 집단원들은 '소꿉놀이'하는 날 동안 내내 같은 역할을 하기도 했고 멤버들의 필요에 따라 바꾸기도 했다.

집단의 진짜 문제가 드러나기 시작하고 집단이 이러한 진짜 문제를 말하도록 기능하는 단계에 도달한 것은 바로 이 활동을 통해서였다. 가정의 역기능, 약물사용과 남용, 그리고 분리와 소외감, 이 모든 것들이 전면으로 나왔다. 이 활동과정에서 일어난 역할 발달은 역할 내에서 개인의 작업을 지지해 주는 방법을 보여 주었다. 또한, 이 활동은 계속되는 집단 세션 동안에 '진짜로' 문제를 바라볼 수 있는 통찰력과 지지감도 제공해 주었다.

특별히 세 사람의 역할 발달은 이 사람들의 성장을 표시해 주었을 뿐만 아니라 집단도 과도기 단계로 나아가는 것을 경험했다. 두 사람은 두 살 난 가족 구성원의 역할을 함께 맡았다. 그 '쌍둥이'는 무릎을 꿇고 두 살 아이의 관점을 유지하면서도 집단 내에서와 그들의 삶에서 제한된 권력감을 반영하면서 완전한 장면을 연출했다. 한 사람은 '나쁜 녀석'의 역할을 맡아서 과잉행동을 하면서 불안정한 가정환경을 통제하려는 삶을 보여 주는 전략을 택했다. 다른 사람은 '착한 쌍둥이'가 되었으며, 아주 빈번하게 이용당하는 전략을 보여 주었다. 이 두 번째 멤버에게 전환점은 '착한 쌍둥이'가 "나는 언제나 착한 것이 이젠 지쳐. 나는 나쁜 아이가 되고 싶어."라고 말하는 순간이었다. '버릇없는' 행동들이 나타났고 그다음 세션에서는 이 사람이 부정적인 행동을 하도록 유도되지는 않았지만 언제나 '완벽한 아이'이어야 한다는 역할에서 멀리 확장된 역할을 제공했다. 흥미롭게도 '착한 쌍둥이'가 나빠지기 시작하면서 '나쁜 아이'가 '착한' 행동을 하려 하기 시작했다.

똑같은 이 활동에서 세 번째 역할 발달은 이 게임을 맨 처음 제안했던 사람에게 있었다. 게임 전에 이 사람은 집단에서 소외되고 분리된 사람이었다. '소꿉놀이'의 처음 세션 동안 그가 선택한 역할은 '10살 딸 아이'(또 다른 집단원이 맡았던 '남자친구'와 함께 약물남용에 대해 힘겹게 싸우고 있었다.)의 소유였던 장난감 원숭이였다. 두 번째 세션에서는 그 '원숭이'가 '원숭이 소년'이 되었고 이제는 사람이 되었지만 '귀도 할아버지'가 여행에서 데려온 야생 아이였다. 세 번째 세션에서는 그의 캐릭터가 야생 아이에서 '소파 위에 있는 남자'로 바뀌었고 그는 이 가족이 이사 왔을 때 그 집에 살고 있었는데 가족의 일원은 아니었다. 마지막 세션에서 '이방인'은 '귀도 할아버지의 형제인 뤼기'가 되었고 그는 수년 만에 가족을 방문하러 왔다.

동물에서 야생 아이를 거쳐 소외된 사람, 그리고 가족의 일원이 되기까지의 점진적 변화는 이 참여자에게 집단에서의 멤버십과 신뢰를 키울 수 있는 방법을 찾아보도록 하는 수단을 제공해 주었다. 또한, 그는 역할 선택을 하는 데 리더('귀도 할아버지')에 대한 자신의 밀접한 관계를 이용하여 다른 집단원들과 보다 강한 연결감을 만들기 시작했다.

집단원들은 각자 이 활동을 통해 먼저 안전한 역할에서 시작하여 자신의 문제를 탐색했다. 활동 이후의 토론과 활동과정을 통해서 집단은 과도기의 혼동을 지나 마침내 작업 집단으로 이동했고 그곳에서 문제가 드러나고 작업 될 것이었다.

요약

집단이 과도기 단계로 들어갈 때 리더는 집단원의 행동이나 말, 또는 '열심히 싸웠던' 것으로 후퇴하는 것에 좌절할 수도 있고 자극받을 수도 있다. 계속 이어지는 집단 세션은 어느 누구도 '이기지 못하는' 통제와 힘의 경쟁이 된다. 소리 질러 대는 두 살 아이를 마주하는 사람은 누구라도 아는 것처럼, 그들보다 더 소리를 높이려 한다거나 그들을 제어하려는 것은 더 큰 소동을 만들고 아무 소용도 없으며, 성공하지도 못한다. 불행하게도 과도기 단계에서 호소할 마법 같은 공식은 없다.

이해하고 허용하며 수용하는 것, 연민을 가지고 듣고 사건의 사이사이에 시간을 주는 것, 사랑하고 돌보고 적절한 안전과 한계를 만들고 유지하는 것: 이것이 부모와 자녀가 이 기간에 살아남고 성장할 수 있는 전략이다. 집단이 존재하는 곳에 순간 리더가 그 자리에 함께 있어 주면서 감정을 표현할 수 있는 안전한 수단을 제공해 주면 집단은 전진할 수 있다. 이 단계의 발달 과제가 성공적으로 충족되면 집단의 분위기는 보다 응집되고 협조적으로 된다. 방해하는 것이 줄어들고 강도도 약해진다. 부록 D에서 과도기 단계에 적절한 추가 활동을 제공하고 있다.

운 좋게도 '끔찍한 두 마음' 단계는 영원히 지속되지는 않는다; 건강한 아이라면 반항적이고 두려워하며 테스트하는 이 시간이 자신감 있게 세상을 탐색하는 시기로 발전하며, 다양한 장소(유치원이나 놀이 집단, 어린이집이나 일일 캠프 등)에서 제공하는 또래 집단을 관심과 열정을 가지고 경험하는 시기가 된다. 성공적으로 과도기 단계를 항해해 가는 십대 집단(이 문제에 있어서는 성인이라도)은 열정적이고 건설적으로 작업 단계로 나아가며, 다른 멤버들이 떠나거나 집단이 끝에 이를 때까지 그 단계 안에 머무른다.

C · H · A · P · T · E · R 07

작업 단계를 위한 액션 기법

본 장에서는 작업 단계에 있는 청소년 집단이 사용하기에 유용한 액션 전략을 소개한다. 이 책의 특성상 1장부터 순차적으로 배치되어 있으나 집단이 언제나 순차적으로 발달하는 것은 아니다. 여기에 제시된 활동과 생각은 집단 발달 단계의 전 과정을 위한 것이다. 그러나 각각의 목표나 목적은 그 전략을 사용하고 있을 때 집단이 경험하고 있는 단계에 따라 다를 수 있다. 그러므로 집단 발달을 위해 이러한 것들을 생각할 때 집단원들과의 관계를 고려하여 심사숙고해야 한다.

에릭슨(1950)은 *정체성 대 역할 혼란(Identity vs. Role Confusion)*을 청소년기의 딜레마라고 말한다. 모레노(1964)는 우리가 '자아'라고 알고 있는 것은 우리가 하는 역할에서 나타난다고 주장한다. 그러므로 청소년 액션 집단은 이상적인 장소이며, 그 안에서 역할 탐색을 통해 집단원들은 정체성의 문제를 분명히 하게 된다.

1부에서 명시한 것처럼 청소년기는 성공을 위한 새로운 기회로서 충족되지 않은 아동기의 발달 과제를 만나는 독특한 기회를 제공한다. 그때 발달되지 않았던 역할이 드러날 수 있는 새로운 기회도 있다. 청소년은 아동기의 발달 과제를 다시 만난다. 무엇이든지 '수리'하거나 '업그레이드'하는 것이 가능하고 그래서 이 새로워진 기반을 이용하여 현 단계의 발달 과제와 타협하고 역할 목록을 지속적으로 확장하게 된다. 집단의 작업 단계는 이러한 문제들을 다루고 가능하면 '업그레이드'를 할 수 있는 풍성한 기회를 제공한다.

본 장에서는 먼저 3장에서 살펴본 치료적 나선형 모델(TSM) 관점에서 청소년의 발달 과제를 말해 주는 활동에 대해 제언할 것이다. 그리고 대체로 이런 집단에서 만나게 되는 '삶'의 문제에 처해 있는 청소년과의 작업을 위한 전략을 제공한다.

● 개인적, 대인 관계적, 그리고 개인 초월적 강점 세우기

3장에서 이미 개인적, 대인 관계적, 그리고 개인 초월적 강점이나 기술을 세우고 강화하는 데 초점을 두어 TSM의 회복 개념에 대한 개관을 제공했다. 집단원들이 인지 작업에 대한 구조를 개발하도록 리더가 사용하는 치료 구조의 언어를 가르치고 함께 사용하게 하는 것이 중요하다. 때때로 말로만은 의미를 수반할 수 없어 간단한 액션 전략을 취한다. 집단원들에게 원으로 둘러서서 가슴에 손을 대고 "개인적."이라고 말하게 한다. 그리고 "대인 관계적."이라고 말할 때는 손을 펼쳐서 옆에 있는 사람과 접촉을 한다. 끝으로는 집단원들이 서로에게서 몸을 떼어서 손을 위로 들고 '할렐루야' 몸짓으로 흔들면서 "개인 초월적."이라고 말한다.

이런 기법을 사용한 경험에 의하면, 정확한 말에 어려움을 느끼는 집단원들은 종종 정확한 손동작으로 의사소통을 한다. 말을 정확하게 바로잡는 것은 별로 중요하지 않으며, 강점과의 연결에 대한 중요성을 이해하고 다양한 강점 사이의 관계를 이해하는 것이 중요하다.

■ 오프닝과 클로징 의식

오프닝과 클로징 의식은 개인적이든 대인 관계적이든 초월적이든지 간에 강점을 정확하고 분명히 말하는 데 탁월한 방법을 제공할 수 있다. 치료적 나선형 주말 워크숍 동안에 사용된 액션 구조는 *스카프의 원(Circle of Scarves)*을 만드는 것이다. 집단원들이 색색의 스카프가 모아진 더미에서 자신의 강점을 표현해 주는 스카프(혹은 색상)를 선택하여 어떤 강점인지 나타낸다. 그리고 그 스카프를 방에 늘어놓고 *안전의 원(circle of safety)*을 만든다. 그 주말의 액션은 이 원 안에서 이루어진다. 어떤 범주에서든 강점을 이름 붙이고 명확히 하는 것이 그 진행과정이다. 동시에 집단원들은 의식적으로 대인 관계의 안전과 유대감을 만드는 작업도 하며, 이 모든 강점이 모든 집단원을 작업에 현존하게 하는 잠재력이 있음을 인식하게 된다.

매 주마다 몇 시간씩 청소년 집단을 만나기 때문에 모임 전마다 스카프로 안전의 원을 만드는 것은 시간적으로 효율적이지는 않다. 그러나 그 활동의 기능을 무시해서는 안 된다. 정기적으로 만나는 집단, 특히 작업 단계에 다다른 집단은 이미 형성된 유대감이 있어 작업할 수 있는 이점이 있다. 이 의식은 유대감을 형성할 필요는 없지만 이미 형성된 유대감이 있다면 집단원들을 연결해 준다. 또한, 이 활동은 집단원들에게 자신의 성장에서 이 시점에서 중요한 강점과 역할을 생각할 수 있는 기회를 제공한다. 일단 만드는 의식을 행하게 되면 스카프를 저쪽으로 치워 놨을지라도 집단원들은 자신의 스카프를 다시 선택할 수 있고 집단 모임이 이루어지는 동안 강점을 떠올리기 위해 보이는 곳에 스카프를 둘 수도 있다.

사용 가능한 한 가지 방법은 집단원들에게 모임의 웜-업 시간에 리더가 선택하였거나 집단의 진행과정에 관계가 있는 어떤 특정한 유형의 강점(예를 들면, 내가 변화를 다룰 수 있게 해 주는 강점)을 그 저녁에 곰곰이 생각하게 하는 것이다. 그러고 나서 집단원들은 작업 물품들 사이에서나 모래판에서 그 강점을 표현해 주는 물건을 하나 찾는다. 한동안 이 의식에 참여한 후라면 집단원들은 이용할 수 있는 물건을 집에서 가져오기도 한다. 이 물건들은 저녁 시간의 질문에 답할 때나 집단원들이 강화하고 싶은 강점을 말할 때 사용된다. 그러고 나면 테이블 주변 등에 원으로 둘러서서 물건을 꺼내 놓고 강점을 이름 붙인다. 일단 강점의 이름이 붙여지면 테이블 한가운데에 촛불을 밝히고 그룹 세션이 끝날 때까지 타오르게 한다.

이러한 의식은 개인적 강점을 말하는 기회가 된다. 집단원들이나 중요한 지지 네트워크를 형성하는 집단 밖에 있는 사람들과의 대인관계적 연결도 깨달을 수 있다. 개인 초월적 강점도 의식을 행하는 동안 어느 종파이든지 간에 개인 초월적 연결이 필요하다고 말해 준다. 집단이 끝나갈 때 집단원들은 집단 과정 중에 어떻게 자신의 강점이 변하였는지 숙고하고 새로 나타난 강점을 살펴본다. 강점이 내면화되면 그 세션은 촛불을 소등하면서 마무리한다.

■ 웜-업 활동

어떤 집단 모임에서는 오프닝 서클의 끝부분에 집단원들이 너무 예열이 잘 되어서 바로 액션으로 들어갈 준비가 되어있기도 하다. 그러나 종종은 그렇지 않아서 집단이 자신을 돌아보고 공통의 이슈를 발견하거나, 혹시 그 저녁에 사이코드라마를 하려 한다면 누가 주인공이 될지 결정하도록 하는 웜-업 활동이 요구된다. '현재 그들이 처한 상황'과 '어떻게 되었으면 좋겠는지'를 결정하는 것은 집단을 작업하는 리더에게 달려 있다. 웜-업 활동은 길을 따라가려는 한걸음에 해당한다. 이를 통해 강점 발달을 촉진하면서도 결정하기라는 실질적 기능을 수행한다.

사회측정 활동이 회복적 웜-업으로 잘 사용된다. 6장에서 자세히 설명된 집단 조각은 집단의 관계성 변화를 이해하고 탐색하는 데 유용한 도구가 된다. 만일 집단이 작업 초반에 조각을 했다면 이 시점에서는 어려울 수도 있다. 참고로 말하자면 초기 세션에서의 집단 조각을 사진 찍어두었거나 그려두는 것이 그때 그들의 모습뿐 아니라 지금 현재의 모습을 살피는 데에 도움이 된다.

■ 강점 카드

이미 언급한 것처럼 청소년에게 개인적 강점을 찾거나 말하는 것이 언제나 쉬운 것은 아니다. 나의 동료 카말라는 이 문제를 해결하는 액션 기법을 발견했다. 집단원들에게 다른 사람이 가지고 있을 법한 개인적 강점을 생각해 보고 카드에 쓰게 한다. 카드를 돌리면서 집단원들에게 그 위에 어떤 식으로든 그 개념을 설명할 수 있는 그림이나 이미지를 그리게 한다. 이렇게 하면서 집단원들은 개인적 강점에 대해 생각을 하기 시작한다.

이러한 카드를 만드는 작업은 더 깊은 탐색을 가능하게 한다. 카드를 바닥에 뿌려놓고 집단원들에게 적어도 그것들 중에서 자신에게 있다고 알고 있는 강점을 보여 주는 카드 옆에 서게 한다. 주위를 둘러보면서 그들은 강점을 하나도 가지지 않은 사람이 한 명도 없다는 것을 발견하게 된다. 그러고 나면 자신이 평생에 가져보고 싶은 강점을 보여 주는 카드 옆에 가서 서보게 한다.

■ 사이코드라마와 소시오드라마 비네트

강점 카드로 작업을 계속해 가면서 집단원들은 어떤 강점이 이미 발달하였는지 그리고 어떤 것을 작업할 수 있는지를 서로 대화할 수 있다. 강점을 더 탐색하려면 역할로 넣으면 된다. 예를 들어, '용기'라는 강점은 '용기 있는 탐험가'나 '용맹한 방어자'가 될 수 있다. '돌봄'은 '돌봐주는 친구'뿐 아니라 '자기 양육자'도 될 수 있다. 소시오드라마 비네트는 다양한 역할이 서로 대화하는 것으로 이루어진다.

사이코드라마 비네트는 새로운 강점이나 막 생겨나는 강점을 자신의 삶에 초대하는 방법에 대해 아이디어를 얻기 위해서 이미 알고 있는 강점으로 집단원들의 역할이 바뀔 때 발전될 수 있다. 여기에는 세 개의 의자가 필요하다: 중앙에 있는 의자는 오늘 여기에서 작업하고 있는 멤버를 나타낸다; 바깥쪽에 있는 두 개의 의자는 이미 개발된 강점이나 역할, 그리고 새롭게 생겨나고 있는 강점이나 역할이다. 집단원들은 의자 사이를 자유롭게 돌아다니며 집단에서 역할극을 할 조연을 선택하고 그들과 역할 바꾸기를 하고 대화를 한다.

개인 초월적 강점도 '하늘나라'나 '올림푸스 산' 또는 '큰 신의 영역'에서 일어나는 소시오드라마를 통해 탐험할 수 있다. 교파적 불화를 만들지 않도록 주의를 기울여야 하나 개인 초월감과 연결된 자아의 일부가 되고, 그 역할을 통해서 같은 역할을 하는 다른 사람과 소통하는 기회는 의미를 추구하는 무의식적 욕구를 보다 의식적이게 하고, 각 개인을 더 강하고 성숙하게 자신의 '믿음'과 연결되도록 돕는다.

■ 콜라주와 작품 활동

드라마나 동작의 확장적 특성이 청소년 집단에서 금기시될 때가 있다. 집단원들이 이미 과잉 활동적이거나 넘치게 자극받았거나 집단의 에너지가 너무 낮을 때이다. 작품 활동은 넘치는 에너지를 유지하는 데 유용하고 에너지가 낮은 집단을 자기 자신이나 서로에게 연결해 주는 데 유용하다. 많은 청소년이 그리기를 즐긴다. 그러나 그렇지 않은 사람도 많다. 잡지에서 잘라 낸 그림이나 단어를 이용해서 콜라주를 만드는 기회는 '충분히 괜찮은' 시각적 표현으로 최소한의 '예술적' 방법을 제시한다. 그러나 주의사항이 있다: 잡지에서 미리 잘라온 그림들과 단어들로 하는 것이 좋다. 그렇지 않으면 집단원들은 작품 활동에 집중하기보다는 잡지에 빠져들기 십상이기 때문이다.

콜라주나 작품 활동은 강점과 즐거움 등 중요한 문제에 대한 '자기 초상화'를 만드는 데 사용되기도 한다. 보통은 일반적인 종이 위에 작업하지만 두꺼운 방습지 위에 그려진 사람의 몸 형태 위에 작업할 수도 있다. 특별히 드래고-드라마('엄청 귀중한 보물'에 다가가지 못하게 막는 '드래곤'을 원형화한 사이코드라마; Coassa, 2002)를 함께 작업했던 집단과 했던 또 다른 적용은 *자기 확신의 방패(shield of self-confidence)*를 만드는 것이었다. 그 방패는 어떤 형태로든 가능했는데 그 위에 우리에게 자신감을 주는 것들인 개인적, 대인 관계적, 그리고 개인 초월적 강점의 이미지를 표현하는 것이었다.

집단원들은 함께 하는 시간 동안 계속해서 자신의 강점을 찾아 연결하고 지지하는 문제를 작업할 수 있다. 추가적으로 역할 발달을 관찰하도록 지지하기 위해서는 액션 전략을 사용할 수 있다.

● 내부 및 외부에서 관찰하는 능력 개발하기

3장에서 이미 언급한 것처럼 TSM에서 클라이언트(내담자)라는 관찰 역할은 지금 벌어지고 있는 일에 직접 참여하여 배울 수 있는 능력이 있으며 이미 아동기에 잘 성장했고 청소년에 성숙한 사람이다. '감정에 치우치지 않는 증인' 역할, 즉 관찰자아의 발달은 청소년 발달 과정의 일부로서의 경험이다.

이 역할로 작업하면서 집단원들은 (액션에 참여 중인) 클라이언트가 관점이 너무 좁거나 과도하게 힘을 쓰려고 할 때 그들에게서 분리하여 떨어지는 방법을 배운다. 사이코드라마에 참여하는 많은 청소년은 다른 사람의 드라마를 보면서 자기 자신의 문제에 감정이 많이 일어나서 그것에서 떨어져 버리거나 심지어는 아예 밖으로 나가버리기도 한다. 그들은 다른 대안적 행동이 있음을 배운다: 이름하여, 보다 관찰하는 공간으로 이동하는 것인데 거기에서 마음을 가라앉히고 여전히 함께 있는 것이다. 일단 그가 클라이언트의 역할에서 나와 관찰자아 역할로 이동하는 것을 집단원들이 보면 그가 집단에 여전히 함께 있을 수 있도록 도와주면서 영향력 많은 삶의 상황에서도 이 전략을 사용하여 작업을 시작한다.

■ 관점 바꾸기

이 개념을 소개하는 한 가지 방법은 역할극 활동을 하는 것이다. 집단은 세 공간으로 나눈다. 한 부분은 액션 공간이고 다른 하나는 클라이언트 공간, 나머지(액션에서 가장 먼 곳)는 관찰자아 공간이다. 가능하면 두 팀이 액션 영역에서 장면에 참여한다. 집단원들이 이 작업에 들어오면 다른 모든 집단원은 클라이언트와 관찰자아 영역에 교대로 참여하기 위해 서로 자리를 바꾸어야 한다. 방법은 다음과 같다:

> 액션 공간에서 장면이 일어나는 것을 보라.
>
> 만약 당신이 클라이언트 공간에 앉아있다면, 다양한 방법으로 장면에 관계해 보라. 어떤 인물이 당신에게 크게 느껴지는지 보라. 그 인물이 무엇을 느끼고 생각하는지 상상해 보라. 당신의 삶에서 그 상황과 비슷한 경우가 있었는지 살펴보라.
>
> 만약 당신이 관찰자아 공간에 앉아있다면, 판단하지 말고 무슨 일이 일어나고 있는지 그저 살펴보라. 사람들이 느끼는 것을 해석하지 말고 비슷한 경험과 연결하려 하지도 마라. 그저 말의 어조, 무대에서의 움직임, 표현되는 내용을 관찰하라. 누가 옳고 그른지 판단하지 말고 단지 관찰하고 당신이 보고 있는 것을 비판단적 언어로 표현해 보라.

장면이 시작되고 점차 강한 갈등이 나타난다. 그 내용은 집단원들이 쉽게 알아차릴 수 있어야 한다. 시간이 어느 정도 지나면 장면을 멈춘다. 클라이언트 공간에 있던 사람들에게 자기의 반응을 표현하라고 요청한다. 다음의 반응들이 클라이언트 영역에서 나올 수 있다: "엄마가 딸을 통제하려고 하고 있어요."; "엄마와 딸이 싸우고 있어요."; "딸이 엄마의 과잉보호 때문에 숨 막혀 하고 있어요."; 혹은 "저것은 우리 엄마와 나 사이에 일어나는 일과 엄청 비슷해요." 등이다.

관찰자아 공간에서는 다음의 말들이 나올 수 있다(그리고 처음에는 판단과 관심을 빼라고 지도할 수도 있다): "엄마의 목소리가 커질 때마다 딸의 목소리도 커졌어요."; "엄마가 딸 쪽으로 다가가니까 딸이 뒤로 물러갔어요."; "엄마는 딸이 다음 날 학교 가야 해서 밤에 나가는 것을 원치 않았어요."; "반에서 가장 제한적인 엄마를 가진 유일한 사람이 자기라고 딸이 말했어요." 등이다.

집단원들이 점점 더 비판단적인 말을 하는 기술이 늘어나면 영향력을 주지 않는다는 범위 내에서 가치를 포함한 진술을 할 수도 있다. 이러한 말들이 가능하다: "등장인물들이 일어나고 있는 일에 대해 많이 신경 쓰는 것 같아요."; 또는 "등장인물들이 서로의 관점에서는 보지 못하는 것 같아요."이다.

실제로는 기득권을 거의 가져본 적이 없는 사람에게 그런 상황에서 새로운 기법이나 인식으로 연습해 보라고 하면 그 기술은 충만하게 발달한다. 그러면 실제 삶에서도 그렇게 될 가능성이 커진다. 집단원들은 클라이언트 자리에서 가장 효과적으로 작업하던 상황과 관찰자아의 거리에서 역할을 더 잘 수행하던 상황을 더욱 인지하게 된다.

■ 집단 모임에서의 역할 인식

시간이 흐르면 집단원들은 자신이 어느 공간에 있는지 또는 집단 세션 동안에 어디에 있어야 하는지 알아차리게 된다. 드라마의 주인공을 선택하는 동안 집단원들은 자신을 잠재적 주인공(액션) 자리에

놓아야 할지, 조연(클라이언트)을 하는 게 가능한지, 아니면 증인(관찰자아)의 자리에 있을지 묻게 된다.

수년 전에 작업을 했던 한 사람이 있었는데 그녀는 드라마에서 액션이 집중적으로 진행되면 방에서 뛰쳐나가는 경향이 있었다. 그녀는 자신의 작업에서 처음으로 엄청난 발전을 하게 되어 나가는 대신 관찰자아 자리에 머물러 드라마의 현장에 남아있기로 했다. 몇 주가 지나는 동안 그녀는 집단 점검표에 "오늘 밤에는 정말 극에 참여할 준비가 되었어요." 혹은 "이번 주에는 조금 압도되는 느낌이 들었어요. 오늘 밤에는 증인의 자리에 더 있어야 한다고 생각해요."라고 기록했다.

집단원들이 선택에 있어 의식적으로 되고 건강한 방식으로 영향력을 행사하기를 배울 수 있다는 사실이 중요한 발달지표에 이르고 있다는 것을 보여 준다.

■ 관찰자아 자리 활용하기

드라마를 하는 동안 주인공은 힘을 좀 가라앉히려 할 때나 틀에 박힌 주인공에 집중할 때, 그리고 무슨 일이 일어나고 있는지 판단하지 않고 그저 관찰하고자 할 때 관찰자아 자리(전통적으로 고전 사이코드라마에서는 *거울* 위치라고 불린다.)로 이동할 수 있다. '내면의 비판자' 목소리가 이 공간에서 들리기 시작하면 디렉터는 주인공에게 그 목소리를 분리하고 관찰자아 자리에 잠시 머물도록 지도할 수 있다. '내면의 비판자'는 지지받고 성장하는 역할이 아니라 일반적으로 평생 동안 듣고 살았던 외부의 비판하는 소리가 내면화된 것이다. 이러한 목소리는 꾸짖고 비난한다. 관찰자아의 발달을 지지하게 되면 '내적 평가자'를 키울 수 있게 되고 비난 대신 도움이 되는 피드백을 줄 수 있게 된다.

■ 역할 바꾸기

드라마에서든 집단 모임에서든 집단원들에게 서로 역할을 교대하라고 할 때마다 관찰자아의 자리에 힘을 주는 기회가 있다. 진실로 역할을 교대하려면 판단하지 않고 다른 사람의 관점에 서야 하는 것이다. 다른 사람의 관점에서 상황을 보는 법을 배우는 것이 청소년 발달단계의 중요 과제이다.

집단원들이 극에 개입하는 클라이언트의 관점이나 비판단적인 관찰자아의 관점에서 작업하는 것을 배우게 되면 이러한 관점들은 집단 문화의 일부가 되고 집단 밖에서 삶을 살아가는 동안 만나는 상황에 적용할 수 있게 된다.

액션으로 작업하다 보면 실제 상황에서 일어나는 강력한 감정에 비교할 만큼 강한 감정을 자극하게 된다. 집단 내에서든 밖에서든 이러한 강렬한 감정을 다루는 여러 가지 액션 기법은 TSM 보유 목록 부분에서 볼 수 있다.

● 강한 영향력 보유를 위한 전략 개발하기

TSM에서 보유라는 이름 안에 모여 있는 역할들은 청소년 집단과 작업하기에 잘 어울린다. 앞에서 언급한 것처럼 발달 과제는 단순히 순차적으로 될 필요는 없다. 그러나 청소년이 보유 능력을 개발하기 전에 강점을 연결하는 능력과 액션에 참여하기, 판단 없이 증인이 되기 등이 개발되어야 한다.

깊이 간섭받은 문제들을 적절하게 만날 수 있는 것은 바로 집단의 작업 단계에서이다. 초기 단계와 바로 이 단계의 시작에서 집단과 집단원들 사이에 자리 잡은 기초가 진짜로 발휘된다.

■ 방어기제 만나기

3장에서 기술된 방어기제는 무의식적인 방어 행동을 의식적인 인지로 가져오도록 하는 목적을 돕는다. 집단에서 액션으로 방어기제 작업을 시작하는 한 가지 방법은 액션 공간을 둘로 나누고 한쪽은 의식 부분으로, 다른 한쪽은 무의식 부분으로 하는 것이다. 그 둘 사이에는 그들을 분리하는 선이나 장벽을 세워 둔다.

집단 세션은 각자가 자신이 선호하는 방어를 말하는 오프닝 서클로 시작한다. 웜-업에서는 각 사람이 자신의 선호하는 방어의 역할로 의식 쪽이든 무의식 쪽이든 선택하여 한 편을 돌아다니고, 소리를 내어 보고, 필요하다면 단어도 말하면서 탐색을 계속한다. 의식적인 부분에서는 '당신'(그 방어)이 세상에서 드러나는 방법을 찾아보라고 지시하고, 무의식적인 부분에서는 무의식적으로 '당신'을 불러내고 행동하게 하는 '자극신호'를 찾아보거나 상상해 보라고 한다.

이 활동에서는 각자가 자신의 방어기제가 되어 보는 드라마이기 때문에 여러 주인공이 존재하며, 방어를 할 준비가 되어 있는 자아의 일부가 되어 새로운 '직업설명'을 써 내려갈 수 있는지 알아보기 위해 자신의 방어기제와 대화하면서 보다 의식적으로 되어 간다. 모든 방어기제는 새로운 방법을 찾아 타협되기 전까지 그것이 해 준 모든 일로 고맙다는 인사를 받고 귀하게 대우받아야 한다. 예를 들어, 완다는 눈앞에서 벌어지고 있는 일에 불편하게 느낄 때마다 농담을 하면서 자신을 도와주는 '충동적인 농담꾼'과 대화를 하게 된다. 자신의 방어기제 역할을 하면서 그녀는 이 방어기제와 대화를 하게 되고 여전히 상황이 긴장될 때 자신을 돕기는 하지만 그렇게 자동적으로 활성화되는 것이 아니라 '사려 깊은 재담가'가 되자고 타협한다.

어떤 집단원은 이 활동을 하는 데 보다 많은 시간을 쓸 필요가 있다; 그래서 여러 세션에 걸쳐 할 수도 있다. 그러나 모든 집단원이 동시에 이 활동에 참여할 필요는 없고 필요에 따라 하면 된다.

■ 집단 안에서나 집단 회기 사이에 방어기제 활용하기

집단 활동을 하면서 집단원들이 갑자기 방어적 형태로 빠져 버리는 시점이 있다. 드라마를 하는 중일 수도 있고 집단 토론 시간일 수도 있으며 피드백 세션일 수도 있다. 일찍이 집단에서 탐색한 방어기제는 그 방어성을 말하고 방어기제를 관리하기 위해 사용될 수 있다. 집단원들은 서로를 위해 역할을 담당해 주면서, 종종 다른 사람을 돕는 과정에서 자신을 위한 역할을 감당할 수 있는 능력을 개발하기도 한다. 집단원들에게는 집단 회기 사이에 있는 시간에 어떤 방어기제가 올라오는지 알아차리고 그들이 그것을 관리자로 사용할 수 있는지를 살펴보라고 상기시킬 수 있다.

■ 보유 더블/신체 더블 훈련하기

보유 더블과 신체 더블을 훈련할 때 가르치는 전반적인 전략은 긍정적인 셀프 토크와 자기 위안이 있다. 이 개념을 소개하려면 집단원들에게 자기 자신과 조용히 대화하는 방법을 숙고하고, 상황과 그들 자신을 악화시키든지 호전시키든지 셀프 토크를 하는 때에 대해서도 생각하도록 초청해야 한다. 모든 집단원이 어떤 내적 메시지가 어떻게 '자신을 침착하게 만들고' 어떤 것들이 '불을 붙이는지'에 대해 놀아보기 위해서는 자신의 긍정적이거나 부정적인 내면의 목소리가 담긴 역할을 해 보는 짧은 극으로 만들어야 한다. 이 개념을 일단 경험하고 수용하면 리더는 이 활동이 사람을 자신의 내면과 연결되도록 돕고 압도당하지 않으면서 힘든 감정을 다룰 수 있게 도와주는 특정한 종류의 셀프 토크를 위한 기술을 실습해 보는 것임을 설명한다.

특별히 이것은 트라우마 기억에 사로잡혀 있어서 적극적으로 관계를 끊고 플래시백을 경험하고 있는 트라우마 생존자들과의 작업을 위해 개발된 것이지만 다양한 상황에서의 개입이 도움이 되고, 스트레스를 받거나 고통스러울 때 좀 더 건강한 선택을 하도록 격려할 수 있다. 이 방법은 십대에게 상황을 부인하지 말고 정직하게 보도록 해 준다. 또한, 관계를 끊거나 약물사용, 또는 자해하는 행동 대신에 자신의 감정과 함께 머물도록 도와준다. 분노를 보유할 수 있게 돕고 갈등 해소를 지지해 준다.

보유 더블/신체 더블의 개입은 처음에는 코칭의 방법으로 가르치거나 다른 사람을 지지하는 *더블링*으로 가르친다. 어떤 사람이 주인공을 하거나 드라마 도중에 증인의 역할을 하면서 고통스러워하면 자기 안에 올라오는 감정으로 견뎌 보기 위해 지원자가 필요할 수 있다. 이때 집단원들이 서로를 위해 어떻게 개입하는지를 배우게 되고 서로에게든지 혹은 리더에게서 지지를 받게 되면 그들은 자기 자신을 위해서도 그렇게 하는 것을 배우게 된다.

좋은 신체 더블/보유 더블이 되는 언어적 표현의 예는 다음과 같다:

1. 당신 자신을 위해서든 다른 사람을 위해서든 언제나 1인칭 '나'로 말하라.
2. 가능하다면 감정의 이름을 정확히 말하면서 지금 현재의 감정의 강도를 인지하는 관찰의 표현으로 시작하라.
3. 날짜나 장소를 언급하며 지금 여기 현재의 순간으로 문장을 분명히 하라.
4. 여러 긍정적인 방법으로 물리적인 신체에 대해 인식하게 하라.

5. 이미 알아차린 개인적, 대인 관계적, 또는 개인 초월적 강점을 연결하라.
6. 안전하고 긍정적인 결과를 위한 선택을 제안하라.

이러한 말들이 가능하다: "나는 감정에 압도되었음을 알아차립니다(1). 그래서 도망가고 싶고(2) 바로 지금 여기, 1월 7일 월요일 오후에 XYZ 그룹방에 있음(3)도 인식합니다. 나는 내 호흡이 조금씩 느려지고 있음을 느낄 수 있습니다(4). 나는 내가 오늘 여기에 용기를 내어 왔음을 기억하고(5) 나 자신이 이 감정을 좀 더 느끼면서 여전히 이 방에 있을 수 있게 하겠습니다(6)."

1인칭(1)을 사용하는 것은 나중에 자신을 위해 이 기법을 사용하는 것뿐 아니라 트라우마 기억이 있는 동안에는 접근하기 어려운 뇌의 영역에 이를 수 있도록 말하기를 촉진한다. 2인칭으로 하는 메시지는 잘 들리지 않는다. 1인칭으로 말하거나 '나'를 쓰는 것은 사이코드라마에서 전통적으로 더블링 할 때의 방법이다.

감정을 알아주거나 이름을 붙이는 것(2)은 중요하지만 감정이 깊어지지 않도록 머물러서는 안 된다. 대신, 이름을 붙이고 알아주고 나서 초점을 다시 돌려야 한다. '실제 감정'에 대해 확실하지 않으면 구체적인 감정 대신 '강렬한 감정' 단어를 사용하면 된다.

기억이 숨어 있는 뇌의 부분이 현재에 지금 경험하고 있는 것과 과거라고 기억하고 있는 것의 차이를 구별하는 방법을 알지 못하기 때문에 실제 시간을 분명히 하는 것(3)은 박혀 있는 트라우마 기억에 접근하는 데 중요하다. '그것은 그때고 이것은 지금이다.'라는 것이 셀프토크의 중요한 주문이다.

신체에 대한 인식을 언급하는 것(4)은 숨 쉬는 것이나 바닥에 있는 발을 느끼는 것, 주먹을 꽉 쥐는 것 등에 집중하는 것을 포함한다. 이것은 안전한 방법으로 신체 감각을 인지하게 하는 것이다. 지시어는 간단하고 직접적이어야 한다.

강점으로 연결하는 것(5)은 종종 트라우마 생존자나 평균적인 청소년에게 종종 작용하는 무기력감의 메시지와 대조되는 것이다. 우리는 희망 사항이기 때문이 아니라 그렇게 할 수 있는 능력이 있기 때문에 장애를 극복한다. 구체적인 강점으로 연결하면 할수록 더 많이 우리의 치유와 성장, 발전을 돕는다.

지금 여기에서 선택이 있다(6)는 사실은 트라우마 생존자에게 매우 중요한 것이다. 아동학대의 희생자는 선택이 없었기 때문에 그들이 보호를 받고 있다는 인식으로 연결하여 이 순간에 그 경험을 끝내도록 요청할 수 있고, *그것이 끝날 것이라*는 것만으로도 진실로 정서적 경험을 수정하는 기회가 되는 것이다. 청소년이 외부적 통제원을 내부로 옮기느라 애쓰고 자기가 통제하기를 선택하는 것은 이 발전과정을 지지하는 데 매우 중요한 역할을 한다.

강렬한 영향력과 대면했을 때 생각 없이 방에서 뛰쳐나가는 경향이 있던 청소년은 더 안전한 공간으로의 이동이 의식적 선택이 되게 하는 과정을 겪으면서 전진하게 된다. 성공적으로 보유를 얻어 체험하면서 현재에 머무르게 되면 진짜 대단하다. 그렇지 않아서 방을 떠나기로 선택하게 된다 해도 이 과정은 그 체험을 담당하고 있는 사람을 의식적이고 연결된 방식으로 여전히 지지하게 된다.

■ 집단 안에서나 집단 회기 사이에 보유 더블/신체 더블 활용하기

진행과정을 알려 주고 나면 집단원들은 리더나 다른 사람이 만들 수 있는 시나리오에 대해 반응하는 진술문을 만드는 연습을 한다. 집단 세션 동안 영향력이 넘치는 드라마의 열기 속에서 집단원들을 서로를 위한 진술문을 만들면서 지도할 수도 있고 지원할 수도 있다. 그들은 집단 회기 사이에 있는 주 중에도 감정에 압도되었을 때 그 문구를 사용하는지 확인할 기회를 찾도록 서로를 격려하기도 하고 다음 모임에 가서 집단에 보고하기도 한다. 이러한 도움은 유용한 기술을 개발해 줄 뿐 아니라 두뇌에서 청소년 성장과정을 담당하는 부분인 피질 발달과 변연계 관리를 지원해 주기도 한다.

이러한 개입을 가르쳤던 영국의 1박 2일 워크숍에 참석한 한 청소년 참석자는 그것이 이틀 동안 배운 것 중에서 가장 유용한 것이었다고 말했다. 미국에서 함께 작업했던 집단원들은 연습하고 반복해서 보유 더블/신체 더블을 사용할 수 있게 되었다고 빈번하게 보고하고 있다. 개입은 다양한 세팅에서 효과적이고 여러 언어로도 번역할 수 있다. 예를 들면, 중국과 터키에서도 성공적으로 가르치고 사용한다.

● 생활문제를 액션으로 작업하기

일단 집단이 작업 단계에 이르면 액션을 할 수 있는 끝없는 가능성이 있다. 구체적인 세션에서 적당한 액션을 선택하는 데 '충분히 좋은' 집단 리더가 리더 팀과 함께 집단에 참여한다. 때로는 리더 팀이 세션에 완전히 어울린다고 생각되는 활동을 계획하기도 한다. 또는 그 순간에 집단원들이 하고 있는 상황에 따라 '최상으로 편한 계획들'로 대체되기도 한다; 세워진 '계획'은 집단의 자발성에 따라 미루어지기도 한다. 그래서 계획도 잘 짜야 하지만 계획을 헐겁게 유지해야 한다. 그런 계획을 위한 몇 가지 제안이 여기 있다.

■ 사회측정 활동

집단발단의 각 단계에서 사회측정 활동은 대인적 관계를 고양시키고 관계성을 변화시키는 방법을 탐색하기 위해 사용될 수 있다. 또한, 집단원들이 가지고 있는 다양한 문제를 연결하고 어떤 문제를 탐색해야 할지 또는 주어진 세션 동안 집단원들이 가장 잘 준비되는 방법에는 어떤 것인지 찾아보기 위해서도 사용될 수 있다. 몇 가지 실례가 아래에 있다.

- 액션 스펙트럼

이런 활동은 새로운 주제나 올라오는 문제를 탐색할 때 집단을 워밍업하기에 매우 적절하다. 예를 들어, 분노 조절에 대한 문제를 보기로 결정한 집단에서 양극단의 반대 범주를 두어 연속선을 만든다. 방한쪽 구석에 의자로 표시해 놓은 한 극단은 이런 문구를 붙여 놓을 수 있다: "나는 절대 화내지 않는다." 그리고 다른 쪽에는: "나는 언제나 화를 낸다." 그러고 나서 집단원들에게 두 극단 사이에 자신은 어디쯤인지 가서 서게 하며 그렇게 선택한 이유를 말하게 한다. 다른 사람이 이유를 말하는 것을 들으면서 자신의 자리를 조절할 수 있다. 양 끝을 이렇게 놓을 수도 있다: "화를 내서 문제가 되는 경우가 절대로 없다." 와 "화 때문에 나는 언제나 문제를 일으킨다."

작업 단계를 하는 이때쯤이 되면 집단원들은 서로에게 대체로 솔직하지만 자기 자신에게 언제나 정직한 것은 아니다; 연속선을 따라 자신의 자리를 잡을 때 이런 집단원들의 인식을 건드려 주는 것이 도움이 될 수도 있다. 리더가 "여러분이 서 있는 자리에 대해 집단이 어떻게 볼지 옆 사람과 함께 이야기를 나눠 보는 게 어떨까요?" 라고 물을 수 있다. 그러면 집단원들은 각자가 선택한 위치에 대해 동의하거나 반대하는지 물어볼 수 있고, 동의하지 않는다면 이쪽이나 저쪽으로 이동해야 하는 정도에 대해 예를 들어줄 수도 있다. 솔직하게 존중하며 말한다면 그런 피드백은 집단원들에게 밝게 부각될 것이다.

이 기법은 구체적 문제에 대한 작업을 도와줄 뿐 아니라 보다 성숙하고 건강한 개인적 및 대인 관계적 기능을 개발하는 데에도 도움이 된다. 이 기법을 통해 집단원들은 다른 사람의 인식을 접하면서 건강한 직면을 연습할 기회를 얻게 된다. 많은 경우에 그들은 집단에 자신을 표현하는 것과 자신의 행동에 대한 자기 생각을 '실제 체크(reality check)'하는 기회를 경험하게 된다.

- 액션 로고그램

결정하기와 방향설정은 액션 중에 *로고그램(logogram)*으로 가능하다. 어떤 세션에서 명확한 방향이 제시되어야 하는 때가 있다면 다양한 선택이 제시됨을 보여 주는 여러 가지 색 스카프를 방에 늘어놓아라. 집단원들이 현재의 욕구를 표현해 주는 스카프 쪽으로 움직이며 웜-업을 시작한다. 가능한 선택은 이러하다:

- 다가오는 명절에 대한 느낌이 어떤지 집단 활동하기
- 한 사람이 사이코드라마로 작업하기
- 우리가 집단으로 얼마나 잘하고 있는지 집단 벽 만들기
- 리더가 말하지 않은 다른 활동 해 보기

집단원들이 선택을 향해 움직이고 이어서 토론을 하면 집단 방향이 나타나게 된다.

오프닝 서클 시간이나 확인할 때 집단원들이 그 세션에서 하고 싶은 소망을 표현한다면 여러 선택 과정을 생략할 수 있다. 중요한 것은

집단원들이 자신의 필요를 인식하는 능력(개인 강점)과 도움을 요청하는 능력(대인 관계 강점)을 개발하는 것이다.

■ 소시오드라마

소시오드라마는 공통 관심의 문제를 탐험하거나 분명한 주인공이 없는 세션에 적당한 방법이다. 집단원이 개인의 관심사를 집단으로 가져오는 문제에 대해서도 좋은 방법이지만, 그렇게 하기 전에 다른 참여자들이 얼마나 많이 그 문제에 대해 반응하는지도 알아볼 수 있는 방법이기도 하다.

- 중심 관심사 탐색하기

성적으로 행동하는 것에 대한 억압의 문제같이 집단 활동을 할 때 어떤 주제는 어느 한 집단원에게만 분명한 공통 주제이거나 문제일 수 있다. 아직 성행위에 준비가 되지 않았다고 결심하는 청소년의 역할이나 "성관계를 해라."라고 격려하는 사람들의 역할을 탐색하는 데 소시오드라마가 만들어질 수 있다. 이미 성관계를 맺었거나 성적으로 친밀한 행동을 하는 사람들의 역할도 가능하고 자신의 결정에 만족하기도 하는 역할이나 좀 더 기다리지 못했음에 유감스러워하는 역할도 가능하다. 드라마가 진행되면 집단원들은 어떤 역할이든지 맡아서 각 역할에서 가능한 관점들을 체험해 보도록 지지받는다. 때로는 다양한 역할을 하면서 발견하게 되는 마음에 놀라기도 한다.

집단원들은 역할을 하면서 다양한 전략을 체험해 보기도 하고 다른 사람들이 하는 것을 관찰하기도 하면서 어떤 특정한 상황을 만났을 때 가능한 여러 가지 선택을 찾아보는 관점이 자라게 된다. 소시오드라마 안에서 그들은 자기 자신으로 역할을 할 필요가 없으며, 안전한 거리를 두거나 비인격화되어 그 문제를 자유롭게 탐색할 수 있다.

- 집단 역동 탐색하기

집단원들은 소시오드라마 활동을 통해 집단을 하고 있는 자신을 바라보기도 한다. 예를 들면, 집단원들은 집단에 적극적으로 참여할 수도 있고 공개적으로 나눔에 주저하기도 할 만큼 넓은 행동의 폭이 있다. '언제나 준비된 활용가'나 '타인을 보호하는 지원자' 또는 '두려운 비밀지킴이' 등 다양하다. '세심한 촉진자'나 '진실을 말하는 돌봄이'도 있을 수 있다. 집단원들은 다양한 역할을 해 볼 수 있으며, 특히 자기 자신의 관점과 먼 것들도 가능하다. 액션이 집단에 있는 다른 사람을 조롱하는 방식이 아니라면 극단적으로 표현되어도 된다. 역할이 일필휘지로 잘 만들어지면 사람들은 너무 개인적으로 만들어지는 것 보다 그 역할에 대한 자신의 관계성을 더 보게 된다.

등장인물들에는 내적 생각을 *독백*으로 큰 소리로 말해 주라고 요청하고 집단원들은 교대로 서로의 '내적 생각과 느낌'을 연기하게 된다. 극의 분위기 속으로 들어가면 문제의 무거움은 사라지고 집단원들은 자기가 참여하고 있는 역동을 발견할 것이다. 여전히 그들은 때때로 역할에서 한 걸음 빠져나와 극을 관찰하면서 많은 것을 얻게 된다.

- 사이코드라마를 위한 역량 키우기

소시오드라마 활동은 사이코드라마에 온전히 참여하는 데 필요한 다양한 기술을 연습하는 좋은 장이 된다. 청소년은 다른 사람에게 좋은 조연으로 역할 하기 전에 다른 사람의 관점에서 세상을 보는 능력을 함양할 필요가 있다. 먼저 자기 자신의 관점으로 인지하여 행동하는 것이 자연스러운 일이고 소시오드라마에는 그것이 적합하다. 그들은 자신과는 다른 관점을 가진 역할을 하면서 경험을 확장할 뿐 아니라 소시오드라마 역할을 다른 방식으로 해 보자는 제안을 받아들임으로써 역할 교대를 할 수 있는 능력이 증가된다. 소시오드라마로 작업하는 것은 '다른 사람의 입장에 서서' 볼 수 있는 능력을 강화시킨다.

패트리카 스턴버그와 안토니나 가르시아가 쓴 『소시오드라마: 누가 네 신발을 신었니?(*Sociodrama: Who's in Your Shoes?*)』(1994)는 여러 가지 형태의 소시오드라마에 대한 세밀하고 완전한 설명을 제공한다.

■ 사이코드라마

집단이 멤버들 사이에 좋은 작업관계를 발전시키고 멤버들이 액션 양식에 대한 능력을 습득하면 사이코드라마는 청소년과 작업하는 데 가장 강력하고 효과적인 도구가 된다. 사이코드라마는 정신 내적이기도 하고(주인공의 내면세계를 탐색하면서), 대인 관계적이기도 하며(관계의 문제를 탐색하면서), 장면적이기도 하다(개인의 삶에 관련한 구체적인 장면이나 사건에 관계하여). 아래의 각 영역에 따라 청소년과 작업할 수 있는 몇 가지 아이디어를 제시한다.

- 정신 내적 사이코드라마

청소년은 정신 내적인 사이코드라마 영역에서 작업이 매우 잘 된다. 그리고 실제로 이런 작업이 자기발견과 정체성 형성을 하는 청소년 과업에 특별히 잘 맞는다. 본 장의 서두에 설명한 것처럼 규범적인 역할을 작업하는 것은 정신 내적인 사이코드라마이다. *양면성을 구체화하는 것(Concretizing ambivalence)*('X를 원하는 나의 일부와 Y를 원하는 또 다른 나의 일부')은 또 다른 사이코드라마 형태이다.

학대 관계의 문제를 대인 관계적 관점보다 정신 내적으로 작업하는 것은 진짜 문제를 명확히 하는 데 도움이 되고 주인공이 학대자의 성격과 마력, 또는 권력에 거리를 둘 수 있게 도와준다. 정신 내적 사이코드라마를 통해 주인공은 정말로 관계를 맺고 싶어 하는 자신의 한 마음("정말 남자친구/여자친구가 있으면 좋겠어.")과 대화를 할 수 있게 되고 이 특별한 관계가 해롭다고 보는 자기 마음("나는 이것보다는 나 자신에게 더 이로운 것을 원해.")과도 대화할 수 있다.

이런 양상을 체험하는 집단의 초기 단계에서 이 두 마음을 유지하는 능력이 여전히 발달하고 있는 청소년에게 그 마음을 모두 만나 볼 수 있는 활동을 제공하는 것은 매우 좋은 생각이다. 정신 내적 주제를 가지고 짧은 *사이코드라마 비네트*를 연속으로 해 보는 것은 꼭 다루어야 할 다른 개인적 주제를 촉진하게 되는 효과를 가진다.

그런 웜-업은 오프닝 서클 동안에 한 사람의 말 한마디로 집단 모임에서 자발적으로 생겨난다. 이것을 *토끼/호랑이/용*이라고 한다. 작업 공간 중앙에 이 세 동물을 표현해 주는 의자 세 개를 놓는다. 집단원들은 잠시 이 의자들을 응시하며 그 순간에 자신의 마음속에서 각 의자를 볼 때의 느낌을 느껴 본다. '토끼'는 웅크려있거나 겁에 질린 자기 마음을 보여 주고, '호랑이'는 용감하게 앞으로 나아가지만 언제나 심사숙고하지는 않는 자신을, (동양에서) '용'은 지혜롭고 사려 깊은 자신을 표현해 준다. 웜-업 활동으로 활용한다면 의자 사이를 꽤 빠르게 움직이다가 주인공을 선택하여 더 큰 조각의 작업을 하는 것이다. 집단이 시간을 공유하기로 결정하면 더 진지한 접근을 하게 되고 그 비네트는 집단 세션의 '액션'이 된다.

- 대인 관계적 사이코드라마

보다 성숙한 관계로 효과적으로 작업하면서 갈등을 건설적으로 다루는 것이 청소년 발달의 목표이다. 대인 관계적 사이코드라마는 주인공이 다양한 방식으로 다른 사람과 관계 맺는 것을 실험해 보게 한다. 이 작업을 통해 우리는 할 수 없다고 생각했던 일이나 해서는 안 된다고 생각했던 일, 또는 하고 싶었던 일을 해 보는 기회를 얻게 되고 그것을 해 봄으로써 어떻게 되는지 알 수 있다.

성공적인 대인 관계적 사이코드라마의 핵심은 주인공이 새로운 통찰을 개발하여 다른 사람의 역할을 진지하게 하는 역할 교대를 얼마나 잘하느냐이다. 그런 역할 교대에서 주인공을 지도하는 것은 매우 중요하며, 필요하다면 이 통찰을 이용하여 주인공이 다른 사람의 부정적 투사도 해 볼 수 있다. "X에 대해 진짜로 어떻게 느끼세요?"나 "당신이 정말로 솔직하다면 이것에 대해 뭐라 하시겠어요?"와 같은 질문은 주인공이 역할에 더 충실하게 하고 다른 사람의 관점을 탐색할 수 있게 한다.

어떤 경우에는 표현되지 못한 억눌린 감정을 주인공이 어떤 반응도 받지 않고 그저 분출해 내고 표현할 필요가 있기도 하다. 빈 의자나 물건, 말 없는 집단원을 이용하는 것이 더욱 적절하다. 주인공이 학대 가해자였거나 이미 널리 알려진 사람에게 생각과 감정을 표현하는 경우에는 역할 교대를 하지 *않는* 것이 더 낫다. 이런 유형의 장면에는 한쪽에는 여자 옷을 입히고 다른 한쪽에는 남자 옷을 입힌 마네킹 모형이 더 적절하다. 만일 집단원이나 리더가 그 역할을 한다면 그 사람이 아닌 그 역할에 이 말들이 쏟아지고 있다는 것을 상징하기 위해 얼굴에 가면을 쓰거나 머리를 스카프로 덮는 것도 좋은 생각이다.

- 장면 사이코드라마

주인공이 특별한 장면이나 사건을 다시 방문하는 것이 의미가 있는 때가 있다면 그렇게 하기 위해 장면을 설정하느라 시간을 쓰는 것도 중요하다; 특히, 이것은 액션을 시작하는 데 시간이 걸리는 주인공에게 유용하다. 좋은 장면을 세팅하면 사이코드라마 체험을 심도 있게 할 수 있다. 게다가 복잡한 대인 관계적 문제(예: 엄마, 의붓아버지, 남매, 혹은 의붓남매)를 작업하는 데 사회적 상황을 제공해 준다.

그 장면 사이코드라마에서는 주인공이 다른 사람들과 역할 교대를 할 때 무생물적 사물과 역할을 교대하는 것도 크게 도움이 된다. 이것, 즉 중립적 자리에서 관찰하는 것은 관찰자아의 발달을 돕는 데 매우 좋은 방법이다. "이 벽이 말할 수 있다면 ~"이라는 표현을 들은 적이 있는데 사이코드라마에서 바로 그러하다.

몇 년 전 내가 일하던 도시로 젤카 모레노를 초빙하여 특별한 워크숍을 한 적이 있다. 그중 하나가 청소년 노동자 집단을 위한 것이었는데 그들 중 한 사람이 젤카가 직접 지도하는 데모 드라마에서 '청소년 주인공' 역할을 하게 되었다. 18세가 조금 넘은 이 젊은이는 그 장면 속에 배달 트럭에 있는 자신과 고용주를 함께 설정해 놓았다. 이 드라마의 전환점은 젤카가 "자, 트럭과 역할을 교대해 보세요."라고 말했을 때였다. 갑자기 드라마가 표면 아래로 들어가더니 실제 문제가 드러나기 시작했다(그런데 그 젊은이는 나중에 차 세일즈맨이 되었다).

■ 사이코드라마를 활용함에 있어 주의점과 복잡성

청소년에게 어느 정도의 자신감 형성은 사이코드라마의 양식을 잘 활용하는 데도 필요하고, 특히 다른 사람이 만든 역할을 감당할 능력에 있어서뿐 아니라 다른 사람의 관점과 진행과정을 돕기 위해서도 꼭 필요하다. 생각과 감정을 탐색하는 데 사이코드라마가 강력한 도구라는 것을 기억하는 것도 중요하다; 사이코드라마 액션에 참여하는 것은 다른 사람의 일상적 방어기제를 우회할 수 있다. 참여자들이 리더나 집단원들이 준비한 것을 뛰어넘는 영향력을 드러내기도 한다.

이 책에서 나의 목적은 사이코드라마티스트가 되는 법을 가르치려는 것이 아니다. 그런 목적을 위해서라면 세상에 많은 훈련 프로그램이 있다. 그러나 나는 사람들이 더 많이 배우기를 바란다. 그러한 영역에 대해 이해력이 넓고 이용자 친화적인 소개를 원한다면 블래트너(1996, 2000)를 추천하는 바이다. 나는 이 책이 경험 많은 사이코드라마티스트를 위해 새로운 생각과 관점을 제공해 주리라 믿는다.

추가적으로 말하자면, 극심한 트라우마 문제를 안전하게 작업하는 원리는 본 장의 범위를 넘어서는 것이다. '트라우마 드라마'를 실행하는 데에는 훈련과 경험이 필요하고 청소년 집단에서는 좀처럼 적절하지 않다. 특히, 어린 청소년이라면 더욱 그러하다. 십대는 대체로 트라우마 경험에 너무 근접해 있다; 그들은 트라우마가 일어나던 바로 그 가정에서 여전히 살고 있거나 트라우마를 준 바로 그 사람과 함께 살고 있어서 재트라우마를 입을 확률이 너무도 높다.

청소년 집단에서의 핵심은 규범적 역할을 확립하는 작업을 하는 것이다. 그것이 안전하게 제 자리에 있지 않거나 잘 발달되지 않으면 참여자에게 재트라우마를 입힐 위험이 너무 크다. 이것은 청소년 집단이 강력한 이슈를 다루어서는 안 된다고 말하는 것이 아니다. 오히려 이들의 초점은 더 어린 시절의 트라우마를 재방문하는 데 있기 보다는 현재 상황에 더 많이 있어야 한다는 것이다.

그리고 집단 리더는 사이코드라마로 작업할 때 시간문제를 더 많이 생각해야 한다. 일반적 규칙으로 사이코드라마는 일반 드라마를 하는 것보다 언제나 더 많은 시간이 걸린다. 그래서 드라마의 끝부분에서 *역할을 털고(de-roling) 경험을 나누는(sharing)* 시간을 가지는 것뿐 아니라 집단원들이 작업 공간을 떠나기 전에 *진정하고(cooling down) 집단 마무리(group closure)*를 하는 시간을 가지는 것도 중요하다.

집단원들이 자신이 하던 역할을 명확하고 깨끗하게 내려놓는 과정인 역할을 털어 내는 작업은 여러 가지 이유에서 매우 중요하다: 그래서 집단원들이 자신이 했던 역할의 부분을 가져가지 않도록 하는 것이다; 그래서 다른 멤버들도 역할을 했던 그 사람에게 그 역할 부분을 더 이상 찾지 않는 것이다.

주인공이 한 작업이 어떻게 당신 자신의 문제를 생각나게 했는지를 주인공에게 말해 주는 충분한 나눔의 과정은 주인공이 진실로 집단 작업한 방식을 그 집단이 경험하게 해 준다. 이것을 통해 집단원들은 자신이 주인공으로 선택되지는 않았더라도 자신의 필요를 만나는 것이 가능하다는 것을 깨닫게 된다.

충분히 진정하고 집단 마무리를 하는 것을 통해 집단원들은 집단을 떠나 삶으로 돌아갈 때 자신이 얼마나 정서적으로 연약하기를 원하는지 선택할 수 있다(부록 D를 참조하라).

■ 사이코/소시오/드라마 치료

청소년 집단이 사이코드라마, 소시오드라마, 드라마 치료 사이를 부드럽게 움직이면서 이쪽으로 하면 이것이 되고 저쪽으로 하면 다른 것이 될 수 있게 작업하는 몇 가지 접근 방법이 있다. 우리가 그것에 이름을 붙이는 것은 별로 중요하지 않다. 핵심은 모든 사람이 관심을 가지도록 자발성과 창의성을 높이는 방식으로 작업하는 것이다.

- 역할 훈련

역할 훈련은 당신이 훈련받은 영역에 따라 조금씩 다른 정의를 가진다. 어떤 이름이 가장 적절한지에 대한 문제는 그 초점이 개인에게 있는지 혹은 집단에 있는지, 또는 디렉터의 개입 정도와 유형에 따라,

그리고 리더가 그들의 훈련을 언급하는 것이 편파적인지 왜곡되었는지의 문제와 관련한다. 여기에서는 정신 내적인 작업이나 대인 관계적 작업, 아니면 새로운 역할의 발달을 포함하는 장면적인 작업을 포함하며 새로 나타나는 역할, 또는 잠재적이거나 현재 진행 중인 사건의 리허설을 지원하기도 한다. 앞의 두 가지는 규범적인 역할을 작업하는 부분에서 정도에 따라 다루어지며, 세 번째는 청소년 집단원에게 실질적 지원을 제공하는 영역이다.

최근 수십 년 사이에 청소년의 약물남용, 에이즈, 그리고 임신 문제를 작업하는 많은 예방 과정과 폭력 예방이 개발되었다. 그 모든 것이 공통으로 가지고 있는 것은 거절하고 타협하며 해결하는 건강한 사회적 기능을 연습할 수 있는 기회이다. 이러한 영역에서 역할 훈련을 하면서 청소년 참여자는 건강한 행동을 연습하게 될 뿐 아니라 잘못 선택한 결과를 실제적 삶에서보다는 *잉여 현실(surplus reality)*에서 경험하게 되는 것이다. 예전에 함께 작업한 한 청소년은 "나는 올해 마리화나를 피워 보는 것을 늘 생각하고 있었는데요, 그것에 대한 장면을 충분히 경험해 본 것 같아요. 이제 그것이 나한테 안 맞는다는 것을 결정했어요."라고 말한 적이 있다.

역할 훈련은 '예방' 연습 세션뿐 아니라 취업면접을 준비하거나 제때를 놓친 과제와 성적에 대해 교사에게 말하기, 외출금지에 대해 부모와 협상하기, 또는 특별한 사람에게 자기의 감정을 말하는 것을 위해서도 사용될 수 있다. 대부분의 사람은 이런 일들을 속으로 여러 번 생각해 보는 기회를 얻지만, 집단과 함께 큰 소리로 해 보는 것은 여러 사람로부터 피드백을 얻을 기회를 가질 뿐 아니라 다양한 접근 방법에서 가능한 직접 경험의 효과를 얻게 한다.

- 원형적 드라마

신화나 전설, 요정 이야기, 민속 이야기를 가지고 작업을 하면 집단에 풍성한 경험의 원천을 제공하게 된다. 직접적인 현실에서 떠나 은유를 사용하는 것은 약간의 거리를 두게 하므로 때로는 개인 문제에 대해서 보다 정직하게 보게 한다. 그리고 폭넓은 이슈와 경험, 역량을 가진 참여자들이 각자의 인식 수준에서의 경험을 통해 생산적으로 함께 작업할 수 있게 해 준다. 이런 활동은 재미도 있어서 참여자들과 리더에게 공히 창의성과 자발성, 놀이 감각을 자극하는 기회가 되기도 한다.

수년 동안 함께 작업해 온 젊은이들은 라이브 액션 역할 놀이자들(Live Action Role Players)이었고 이들은 역할을 가지고 액션에 참여하는 데 익숙했다. 어느 정도 시간이 지난 후 그들뿐 아니라 전 세계에 있는 청소년 집단과 성인과도 함께 용을 대면하여 '매우 귀중한 보물'을 찾는 원형적 원정인 *드래고-드라마(Drago-Drama)*를 개발했다(이것에 대한 자세한 설명은 Cossa, 2002를 보라).

그 사람의 문화와 관련된 이야기와 동화를 가지고 작업하는 것은 그의 가족이나 전통에 더 깊은 연관을 맺게 해 준다. 그리고 그것은 청소년에게 매우 중요한 초개인적 성장을 촉진하는 또 다른 기회가 된다. 다문화 배경에서 그런 자료를 가지고 작업하게 되면 이야기와 동화를 나누면서 차이점뿐 아니라 유사성도 나타나기 때문에 여러 문화를 거쳐 대인 관계적 결속감을 형성하게 해 준다.

- 대본이 있는 자료로 작업하기

가끔은 집단에서 대본이 있는 자료를 만들어서 읽고 활동하는 것이 집단 작업과 집단원들에게 매우 도움이 되는 때가 있다. 치료적이기보다는 보다 교육적이거나 정신교육적인 상황에서 대본이 있는 자료가 다른 활동들보다 참여의 정도와 개인 성장을 촉진한다. 등장인물을 개발하고 그것으로 작업을 하는 것은 주어진 대사가 있기 때문에 사람들이 바라보기 힘든 개인적 상황에 거리를 두고 볼 수 있게 해준다. 역할은 배우에게 훨씬 깊이 있게 개인적 이슈를 탐색할 수 있는 기회를 제공한다. 그리고 다른 사람들이나 환경과 관계를 맺는 새로운 방법을 시도해 볼 수 있게 한다. 치료적 역할 분담 원칙에 의하면 배우가 역할을 돕는 것이 아니라 역할이 어떻게 배우를 도와주는지에 대한 관점에서 리더/디렉터는 그 판을 더 넓게 펼쳐야 한다.

요약

여러 관점에서 청소년 집단의 진정한 작업은 집단이 되기를 배우는 것이지만 이 목적이 달성되면 액션으로 표현할 수 있는 엄청난 양의 신나는 영역이 있게 된다. 첫 번째 단계는 집단원들이 서로 잘 작업할 수 있도록 기초를 놓는 일이다. 그다음 단계는 멤버들이 삶에서 그 나이와 그 단계에서 만나야 할 발달 과제들을 만나고 탐색할 때 집단 속에서 자신의 잠재력을 주장하고 발달시킬 수 있도록 안전감을 만드는 것이다. 부록 D에 이 작업 단계에 적합한 추가적인 활동들을 제공하였다. 집단원들이 그 순간의 문제를 작업하는 액션 기법을 사용하는 다양한 방법은 리더의 상상력과 즉시성에 따라 달라질 수 있다.

2부의 마지막 장에서는 종결 즈음에 올라오는 이슈들과 '건강한' 엔딩을 경험할 때 액션 기법이 어떻게 집단을 지지하는지를 살펴볼 것이다.

C·H·A·P·T·E·R 08

종결을 위한 액션 기법

많은 청소년이 종결에 어려움이 있으며, 특히 끝나가는 경험이 긍정적인 경우에 더욱 그러하다. 고등학교 시절 연극을 해 본 사람이라면 누구나 끝나는 날 밤에는 눈물이 따른다는 것을 기억할 것이다. 자기 자신과 서로에게 마음을 열었던 집단원들이 있는 상담이나 치료 집단에서도 이것은 똑같은 상황이다. 집단의 종결이 임박함에 따른 부정적인 반응은 매우 다양하지만 기본적으로는 두 가지 양상으로 정리된다: 부적절하거나 '역기능적'이든지; 적절하거나 '기능적'이든지.

집단원들이 종결을 어려워하는 기색은 개인적으로도, 집단적으로도 드러날 수 있다. 집단이 종결의 세션에 이르면 종종 사람들의 불참률이 높아지기도 하고 심지어 탈퇴하기도 한다. 집단원들은 세션에 참여하면서도 집단의 중요성을 축소화하기도 하고 모임에 불참한 여러 가지 이유를 끌어들이기도 한다. 집단 회기 동안에 어떤 사람은 다른 집단원들의 불참이나 집단의 중요성을 축소시키는 것에 대해 부정적으로 느끼기도 해서 그 사람들에 대해 부정적으로 말하거나 행동하기도 한다. 이것은 분열이나 파벌을 일으켜 집단원들이 집단의 종결에 반응하는 방식에 즉각적으로 영향을 준다. 이러저러한 부적절한 반응이 일반적이기 때문에 여러 사람이 노력하여 적절한 반응을 의도적으로 형성하여야 한다.

종결에의 슬픔은 적절한 반응이다. 집단 리더는 슬픔을 표현하게 하며 집단원들을 지지할 수 있다. 그리고 집단에 공헌한 것들을 찾도록 지지하며 이런 공헌을 자신의 삶으로 끌어갈 수 있는 방안을 찾도록 도와줄 수 있다. 집단원들 사이 또는 집단원과 리더 사이에 형성된 친밀한 관계성은 긍정적인 피드백 세션에서 멤버마다 이름을 부르며 다양한 형태로 감사를 표현하면서 공개적으로 감사하고 나눌 수 있다. 종결은 아프기도 하지만 건강하고 생산적이기도 하다.

지각 있는 리더는 처음 세션에서부터 종결 작업을 시작하며 매 회기 이어간다. 이 작업에는 분명한 한계 정하기와 유지하기, 공개적 의사소통 관리하기, 집단 결속 형성, 사람들의 내적 진실을 직접(그 진실이 자신의 고통을 드러낸다 할지라도) 대면할 수 있게 하는 기술을 가르치고 연습하는 것, 그리고 '지금 진짜로 일어나는 일'(vs. 무의식적 이동을 안 살펴보고 두는 것)을 계속해서 말하는 것이 포함된다.

● 집단의 시작에서 종결 인식하기

끝을 명확히 하면서 집단을 시작하는 것은 중요하다. 예를 들어, 처음 8주간의 세션을 마무리하고 나서 그다음 8주가 이어질 가능성이 보일지라도 집단 활동의 매 회기마다 독립체로 간주해야 한다. 그리고 단 한 명의 멤버라도 떠나고 단 한 명의 새로운 사람이 들어온다면 그것은 절대 똑같은 집단이 아니다. 한 가지가 끝나도 삶이 여전히 계속된다는 배움은 청소년에게는 매우 중요한 교훈이다. 이것이 평생을 통해 계속해서 이어지는 귀중한 교훈인 것이다.

■ 미래 투사

집단 초기에 일단 기초적인 응집력이 생기고 작업을 위한 개인적 목표를 설정하면 리더는 미래 투사 활동으로 집단원들을 이끌어가게 된다. 모든 사람이 서서 의자 주변을 시계 방향으로 도는 것 같은 단순한 과정이나 시간의 흐름을 시각화하는 것 같은 복잡한 과정을 통해서 집단원들은 집단의 마지막 회기로 '시간여행'을 하게 된다. 이때 리더는 "자, 지금 우리는 집단 모임의 마지막 세션에 있습니다. 지금까지 우리가 이룬 것들과 우리가 원했지만 할 수 없었던 것들을 살펴봅시다."라고 말할 수도 있다. 그러면 집단원들은 그 문제에 대한 자신의 생각을 말하게 된다.

미래 투사를 이용하는 것은 "이 집단에서 무엇을 얻기를 원하십니까? 얻고 싶으나 얻지 못할 것 같은 것은 무엇이라고 생각하십니까?" 같은 질문으로 집단원들에게 묻는 것보다 여러 이익이 있다. 좋은 종결에 대한 기초를 놓는 관점에서 이것은 시작부터 이 집단이 잘 끝날 것이라고 강화하게 된다. 이 활동은 아직도 충분한 집단 모임이 남아 있지만 집단원들에게 종결에 대한 자신의 감정을 표현해 볼 수 있게 한다. 게다가 이 활동에 참여하면 집단을 잘 돌아가게 만드는 각 사람의 공헌의 결과에 대한 지속적인 흥미를 형성하게 된다.

상상력은 강력한 도구가 되고 그것을 사용해서 집단원들은 잉여 현실에서 먼저 성공의 견본을 만들고 나중에 이것을 가이드로 이용하여 현실에서 실제로 만들어 낸다. 각 사람이 자신의 개인적 목표와 목적을 말하기 시작하기 때문에 "여기에 이르기까지 도와준 단계는 무엇이 있었나요?"와 같은 질문을 하는 것은 집단을 위한 액션 계획의 개요를 제공해 주기도 한다.

마지막 집단 모임의 잉여 현실에서 집단원들에게 "당신은 주로 어떻게 종결을 다룹니까?"라는 질문을 할 수 있다. 이 질문과 관련된 다른 여러 질문에 대답하면서 집단원들은 현실의 시간으로 되돌아간다(시계 반대 방향으로 의자를 돌거나 다른 시각화를 사용할 수 있다).

온전하게 현실로 돌아오면 집단원들에게 그들이 마음속으로 그려본 결과를 창조하기 위해 필요한 것이나 이 집단의 종결이 행여나 생산성 없는 것이 아닌 다른 종류의 체험이 되게 하기 위해 무엇을 할 필요가 있는지 물어볼 수 있다.

■ 점증적 목표 설정하기

목표 설정 활동을 하는 동안 집단원들에게 계속 평가를 위해 연속적이고 점증적인 목표들을 설정하도록 요청한다. 예를 들어, 학기 동안에 계속 이어지는 집단이라면 휴일이나 방학 기간과 겹치는 학기 동안의 여러 기준점까지 이루기를 원하는 것이 무엇인지 집단원들에게 물을 수 있다. 이렇게 함으로써 측정 가능할 뿐 아니라 현실적인 방식으로 목표에 대해서 표현하게 되고 집단원들은 마지막 종결에 이르기까지 여러 번의 종결과 시작이 있을 것이라는 생각에 대해 워밍업을 할 수 있게 된다.

● 종결을 위한 리허설

함께 하는 집단 시간 내내 건강한 종결 행위를 '연습할' 수많은 기회가 생긴다. '깨끗하고' 건설적인 종결을 가지는 능력은 중요한 성인 기술이다. 종결과 관련하여 집단이 만나게 되는 개개의 이슈나 문제는 이 기술이 발달하도록 도와준다.

■ 휴일을 종결을 위한 워밍업으로 활용하기

뉴햄프셔에서 집단을 운영할 때는 언제나 공휴일이나 학교 휴가로 인해 긴 방학이 있었다. 이런 공백 기간은 종결 기술을 연습하는 기회가 되었다.

- 소시오드라마와 사이코드라마

소시오드라마와 사이코드라마 비네트는 집단이 만나지 않는 동안에 생길 수 있는 재미있는 일뿐 아니라 일상적이거나 특별한 스트레스에 대해서도 만들어질 수 있다. 집단원들은 서로에게 도움을 요청하는 전화를 거는 등 다양한 실제적 전략을 연습하게 된다. 여기에서는 이 전략이 스트레스를 가중시키지 않기 위해서 전화를 걸고 받는 데 있어 각자가 얼마나 수용할 만한 기준을 가지고 있는지 체크하는 것이 중요하다.

집단원들은 1~2주 후에 다시 집단 모임에 돌아올 것을 알고 있지만 그들은 집단 모임이 없을 때조차도 그들이 이미 개발한 지지 구조를 얼마나 가지고 있는지 연습해 보는 기회를 얻게 된다. 휴가 기간은 지지가 없는 가장 힘든 시기가 될 수도 있지만 이러한 작업은 엔딩을 위한 리허설을 할 때뿐 아니라 실제 시간에서도 중요한 기능을 담당하게 된다.

- 산타의 작업장

집단이 12월의 휴일을 향해 가고 산타클로스의 전통이 집단원들에게 의미가 있다면 *마술 가게(Magic Shop)*(Leveton, 2001)라는 사이코드라마 형태의 활동을 활용할 수 있다. 여기에서 집단원들은 *산타의 작업장(Santa's Workshop)*을 방문하여 휴가 기간 동안에 받고 싶은 '비물질적인' 선물을 요청할 수 있는 기회를 가진다; 예를 들면, 가정의 평화라든가 동생들에 대한 더 큰 인내심 같은 것이다. 조연으로 '산타의 요정들'(집단원들)을 활용하여 조각이나 비네트를 구성하여 가정이 혼란에 빠져 있을 때의 모습과 휴가 기간이 평화로울 때의 가정의 모습 둘 다 보여줄 수 있다. 의상은 축제적 성격에 맞추어 원하는 대로 사용하면 된다.

마술 가게에서처럼 산타의 선물은 공짜로 얻을 수 없다; 교환만이 가능하다. 가게 주인은 선물과 교환하여 산타의 몫으로 그들이 남기고 갈 수 있는 것이 무엇인지 그들에게서 찾아야 한다. 아마도 '논쟁을 좋아하는 성질'이나 '언니/누나, 오빠/형의 고집' 정도면 된다. 교환이 성사되면 그들은 자신의 목적을 달성하는 데 필요한 개인적 전략을 찾게 된다.

■ 휴가

오랫동안 집단을 운영하다 보면 집단원이나 리더가 어떤 이유로든지 휴가를 받아야 하는 경우가 있을 수 있다.

- 집단원의 휴가

집단원이 휴가를 받는다는 것은 그 멤버가 집단의 지지를 '휴대할 수 있는' 방법을 실습하게 하고 남아 있는 집단원들에게는 떠남에 대한 감정을 건설적으로 표현하는 기회를 제공한다.

내가 지휘했던 어느 집단에 방과 후에 제공되는 운전자교육을 받기 위해 휴가를 받는 집단원이 있었다. 그는 교외에 살고 있었고 대중교통이 없었기 때문에 밤에 제공되는 개인 수업을 참석할 여력이 되지 않았고 구직을 위해서는 운전면허가 필수적이었다.

불행히도 그의 가정에 많은 문제가 있어서 그는 집단이 제공하는 지지를 받을 수 없게 되었다. 집단원들 중 한 명이 8주 동안 그가 나타나지 않은 것에 화가 났다. 그들은 심화 작업을 하고 있는 중이었고 그가 중요한 일부분을 담당하고 있었기 때문이다.

집단원들이 그의 휴가에 대해서 지지뿐 아니라 걱정도 표현했을 때 집단원들은 그에게 가정의 어려움 속에서 그를 지탱해 줄 수 있는 인내심이나 유머 감각, 그리고 그를 돌봐주는 친구들이 있다는 것을 기억하라는 사이코드라마적 선물을 주었다. 그는 자신이 없는 동안에도 그의 자리를 지키도록 빈 의자 위에 놓을 이름표를 만들었다. 그리고 집단원들에게 집단을 시작할 때 읽을 수 있도록 매주 쪽지를 보낼 것을 약속했다. 그리고 운전자교육 시간에 일주일에 세 번씩 8주 동안 받은 휴가를 생각해 보고, 8주 내내 집단 모임을 빠졌다고 생각하지 않도록 그때마다 집단 모임에 '불참 사유'에 대해 생각해 본다고 했다. 그에게뿐 아니라 집단원들에게도 그의 휴가에 대해 계획하고 타협한 이 과정은 그가 연속적인 출석을 한 것처럼 매우 유익했다.

- 리더의 휴가

리더가 휴가를 받으면 집단원들의 기분이 많이 요동치게 된다. 단 한 번의 세션만 빠지더라도 집단이 미리 알게 하는 것이 중요하다. 리더가 장기간 떠나게 된다면 집단원들에게 감정을 표현하게 하는 기회를 주는 일뿐 아니라 리더가 집단에서 가지고 있었던 역할을 보고 그의 부재 동안 누가 그것을 맡을지도 살피기 위해 더욱 깊이 있는 작업을 해야 한다.

2001년 나는 **액팅아웃**에서의 리더 일과 행정 일에서 3개월의 안식기를 얻었다. 집단은 10월 초에 시작해서 5월 중순까지 계속되었다. 나는 12월에서 2월까지 휴가였다. 새로운 멤버로 구성된 집단에서는 집단의 협동 리더가 첫 집단 모임에서부터 강력한 협동 리더십을 보이며 과정을 이끌었다. 그리고 처음부터 '한 사람의 리더가 휴가를 받을 수도 있다'는 구조를 가지고 설계했다. 계속해서 집단에 참여하고 있던 집단원들에게는 상황이 달랐다. 이들은 적어도 1년에서 8년을 쭉 이어 이미 함께 작업해 오고 있었다. 이 집단 중 하나는 대부분의 멤버들과 계속해서 관계를 맺어온 직원이 협동 리더로 있었지만 대학원 인턴이 '순회 리더'의 역할로 함께 있었다. 이 집단에서의 구조는

'우리의 우선적인 장기 리더가 떠나가네'였다.

우리가 만든 과정은 모든 집단에서 유사하지만 프로그램 참여에 대한 지속적인 관계성 표현으로 집단원들이 나에게 가지는 애착 강도를 고려하여 적용되었다. 여기에서는 좀 더 연령이 높은 집단원으로 구성된 집단과 가장 오래 지속된 집단에 사용된 과정을 설명하려 한다.

집단의 시작 부분에서 안식기에 대한 공지를 한 후 그들의 감정을 표현할 수 있는 기회를 제공하는 과정이 있었다. 어떤 사람은 집단 나눔 시간에 '마리오의 강력한 지도력이 없으면 어떻게 될까?'에 대한 두려움을 표현하기도 했고 호주 여행에 대한 격려와 자기 돌봄의 모델을 보여줌에 대한 감사도 표현했다. 의도하지 않은 즉흥극(사이코드라마 접근이라기보다는 드라마 치료에 더 가까운)에서는 더 강한 감정 표현이 나왔고 안전한 장면 속에서 표현되어졌다. 나는 '포기하는 부모' 역을 했고 돌보지 않는다고 꾸중을 듣고 혼났다. 역할을 통해서 나는 다시 돌아올 것이고 '내 아이들은' 잠시 동안은 자기 자신과 서로를 돌봐줄 만큼 '충분히 자랐다'는 확신과 감정을 전달할 수 있었다.

'마리오의 강력한 지도력' 없이 집단이 어떻게 기능하는지에 대한 특별한 관심을 나누기 위해서 우리는 내가 하고 있는 리더의 역할과 나의 부재 시에 어떻게 이런 역할 기능을 나눌지에 집중하기로 결정했다. 집단원들에게 포스트잇을 나눠 주자 그들은 내가 집단과 그들을 위해 수행한다고 생각하는 모든 역할에 대해 쓰기 시작했다: '충분히 좋은 아버지', '강박적인 주최자', '돌봐주는 도전자' 등이다. 사람들은 자신이 쓴 역할을 큰 소리로 말했고 내가 입고 있는 옷 위에 붙였다. 다음 단계는 내가 각 역할을 말하면서 집단 내에서 리더들과 집단원들 중 누가 나의 부재 시에 그 역할의 기능을 책임져 줄 수 있는지 물었다. 어떤 역할은 두 사람이 필요했고 어떤 것은 단 한 사람이면

되었다. 어떤 역할은 이미 어떤 사람이 개개인의 다른 방식으로 가지고 있음도 깨달았다. 다른 역할, 예를 들어 '현명한 할아버지' 같은 특별한 역할은 한동안 채워지지 않았다. 그러고 나서 역할 분담을 보드판에 기록하여 집단원들이 집단 회기 내내 그것들을 볼 수 있게 했다.

그리고 나는 내가 찾은 울퉁불퉁하고 비틀린 유목(流木) 조각을 집단에 가져왔다. 그것은 꽤 두껍고 매우 부드러웠다. 사람들은 자신이 말한 그 역할을 나무 위에 적었다. 이것은 '마리오 막대기'가 되었고 말하는 물건(미국 원주민 전통에 사람이 말하는 것을 도와주는 것)으로 사용될 수 있었으며, 내가 없는 동안에라도 집단이 내가 함께 있다고 생각하게 하기 위해 내 자리의 빈 의자에 올려져 있을 것이었다.

그리고 집단원들은 내가 없는 동안 달성하고 싶은 목표를 세웠다. 이메일의 '마법' 덕분에 나는 부재 시에도 집단원들에게 정기적으로 메시지를 보낼 수 있었다. 그리고 집단의 과정을 지지하기 위해 리더에게 수퍼비전도 제공했다.

나의 부재 시에도 모두가 살아남았고 모두가 번성했음을 말할 수 있어서 참으로 기뻤다. 내가 돌아오자마자 역할을 다시 요구하는 과정을 하면서 나는 환영받았다. 어떤 역할에 대해서는 다른 사람들이 충분히 발달시켜서 돌려받을 필요가 없는 것들이 있었고 적어도 내가 전에 그들에게 맡긴 것과 똑같은 정도가 아니라는 것도 깨달았다.

■ 예상치 못한 떠남

집단을 하다 보면 리더나 집단원이 예기치 않게 떠나야 하는 때도 있다. 어떤 경우에는 집단에 이유를 말하고 떠나기 전에 적어도 한 번 더 마지막 참여를 하기도 한다. 다른 경우에는 어떤 식으로도 집단에 의도를 말하지 않고 그냥 오는 것을 멈춰버리기도 한다. 이렇게 떠나는 멤버가 있을 때 집단이 적절한 종결을 가지도록 지원하는 것은 명확한 종결 기술을 개발해야 하는 또 하나의 상황이 된다.

집단에 미리 공지가 되고 떠나는 멤버나 리더가 마지막 모임에 오는 저녁이 되면 집단원들이 그 떠남에 대해 어떤 식으로든 감정을 표현하게 하는 것은 매우 중요하다. 분노나 실망을 표현하는 감정이 있다면 리더는 떠나는 사람을 비난하지 않고 그의 마음을 바꾸려고 세션의 초점을 그 사람에게 두지 않으면서 감정을 표현하기를 돕는 방법을 생각할 필요가 있다. '나' 표현법과 여러 의사소통 기술을 사용하는 것이 중요하다. 자기의 감정을 온전히 표현하면서도 떠나는 멤버나 리더를 지지하는 것도 중요하다. 떠나려는 결심이 이미 바꿀 수 없는 상황이 되면 떠나는 사람은 표현하기에는 엄청난 슬픔과 좌절, 분노가 있을 수 있다. 물론 떠나는 사람이 리더라면 감정을 나눔으로 어떻게 더 집단을 지지하고 다른 리더와 함께 하는 종결을 위해 그들의 필요를 충족시킬지에 초점을 두어야 한다.

떠나는 멤버에게는 미래의 삶에 있을 수 있는 스트레스 상황에 도움이 되도록 집단에 있는 동안 개발한 기술들을 연습해 볼 수 있는 미래 투사 사이코드라마 비네트를 제공할 수 있다. 아니면 집단원들이 그 사람이 떠나고 난 후의 집단의 모습을 집단 조각으로 표현해 볼 수도 있다.

집단이 특별한 한 가지 과제나 이슈에 초점을 둔다 해도 종결은 여전히 그 시간 동안 집단의 과제나 이슈가 된다. '해야 할 작업'이 있어서 종결 과정을 짧게 만들어 버리는 것은 인생 경험의 소우주인 집단 경험의 진정한 가치를 놓치게 한다.

작별 인사도 하지 않고 멤버가 떠나 버리는 사건이나 이미 결정된 떠남을 집단에 알리지 않는 경우라 하더라도 집단은 여전히 종결의 문제를 다루어야만 한다. 집단 치료사로 일하던 초기 시절에 교통사고를 당해서 며칠 동안 잘 회복하고 있다가 갑자기 사망한 집단원이 있었다. 이것은 극단적인 예시지만 어떤 식으로든지 예상치 못하게 떠난 사람이 있을 경우에는 종결이 필요하다. 종결하지 못하고 떠난 다른 경우에도 마찬가지지만 그 사람이 죽고 난 후에 집단원들이 그에게 작별인사를 할 수 있도록 그 사람을 상징하는 빈 의자를 사용했다. 그 사람이 죽은 경우에는 '너에게 하고 싶었던' 모든 것을 표현할 수 있는 기회를 주었을 뿐 아니라 슬픔과 분노까지도 표현하게 했다. 일부 집단원들이 떠난 사람과 연락을 할 수 있는 그런 떠남에 대해서는 남아 있는 집단원들이 감정을 표현하는 데 초점을 두는 것이 중요하며, 부재 시에 세션을 내려놓지 않게 해야 한다.

집단 종결하기

진심으로 종결 문제는 처음 집단 세션에서부터 시작하며, 현명하고 사려 깊은 리더는 마지막 세션 즈음이 되기까지 기다리기보다는 진행하는 동안에 종결의 과정을 지지할 수 있는 기회를 잘 인지한다.

집단이 마지막 세션을 향해 가고 작업들이 과정 가운데 적절히 이루어지면 집단원들은 종결 문제에 관한 작업에 보다 적극적으로 참여하게 된다: 오프닝 서클에서 집단원들에게 "당신은 주로 어떻게 엔딩을 다룹니까?"라는 질문으로 준비하게 할 수 있다. 일단 물어보면 그들은 엔딩에 대한 자신의 일반적인 반응을 찾아보고 뭔가 다른 것을 하고 싶어 하는지 살피게 된다. 일반적으로 집단의 시작부에 하는 미래 투사 활동 중에 이 질문을 던지면 주로 평상시 하던 답을 하게 된다. 물론 대답이 달라질 수도 있다. 미래 투사 세션 시간에 한 것을 기록할 수 있다면 그것을 '실제 생활'의 전이나 후의 대답과 비교해 보는 것도 흥미로울 수 있다.

■ 타임라인 활동

집단원들이 개인적으로든 집단으로든 시작부터 마지막 세션까지 얼마만큼 왔는지를 생각해 보는 것은 중요하다. 타임라인은 액션 공간에 세워 놓을 수 있고 개개인이나 전체 집단이 그것을 따라 움직이며 그 시간 동안 자기가 만났던 이슈와 분투, 승리 등을 떠올려 보게 한다. 라인은 바닥에 테이프로 표시하여 만들 수 있고, 의미 있는 사건들을 표시하기 위해 다양한 간격을 두고 간이역을 사용할 수도 있다. 특별히 개개인이 자신의 과정을 되돌아볼 때에는 색 스카프를 사용하여 분명한 시간 순서에는 맞지 않더라도 자신이 만난 여러 도전 과제를 표현할 수도 있다. 타임라인은 대화로도 가능하고 독백이나 혼잣말로도 탐색할 수 있다. 아니면 집단원들이나 그룹이 길을 따라서 다양한 지점을 묘사하는 조각들을 만들면서 말없이 이 활동을 수행하는 것도 가능하다.

집단과 집단원들은 과정 중에 만난 도전 과제에 대한 승리를 기억하면서 현재의 과제인 엔딩에 대해서도 성공할 수 있게 계속해서 격려를 이끌어 낼 것이다. 타임라인은 미래 속으로도 투사되어 집단이 끝난 후 일주일 뒤나 한 달 뒤의 장소가 되기도 한다. 집단원들은 끝마친 작업을 어떻게 자기의 일상생활로 가져올지를 투영할 수도 있고 졸업이나 이사, 새로운 직장을 시작, 대학이나 결혼 등을 시작하는 것도 투사해 볼 수 있다.

■ 피드백하기

집단원들이 자신의 목표를 얼마나 잘 성취했는지 살펴보게 하고 리더와 집단원들에게 피드백을 받는 활동은 이즈음에서 매우 적절하다. 하나의 가능한 구조는 *뜨거운 자리(hot seat)*를 사용하는 것이다. 액션 공간에 의자를 하나 두고 준비가 되면 집단원이 자기성찰과 피드백을 위해 거기에 앉는다. 먼저 집단원이 자신의 목표를 달성함에 있어 자신이 한 일을 어떻게 느끼는지, 예기치 않은 도전을 어떻게 다루었는지, 그리고 어느 정도 성공했는지 돌아본다. 그리고 원한다면 집단원들에게 피드백을 요청하며 자신이 원하는 피드백의 종류뿐 아니라 그 피드백이 '솔직하고', '직접적이기를' 원하는 마음을 전달한다. 집단원이 긍정적인 피드백만을 요청할 수도 있고 그의 요구는 존중받을 것이다. 이렇게 하는 경우는 거의 없지만 솔직함의 정도에 따라 피드백 자체만을 들을 수도 있고 건설적인 피드백을 듣는 능력에 대한 축하가 되기도 한다.

리더는 피드백을 제공하는 자리에 있기도 하고, 또한 자신도 집단으로부터 피드백을 받을 수 있다. 집단원들이 자신의 감정을 충분히 표현할 수 있도록 리더가 맨 마지막으로 피드백을 하는 것이 일반적으로 현명한 방침이며, 리더는 혹시 놓쳤을 수 있는 중요점을 찾아서 집단원에게 긍정적이고 건설적인 내용을 제공하게 된다.

■ 역할 되찾기

집단에 참여하면서 집단원들과 리더들은 서로를 위해 여러 가지 많은 역할을 맡게 된다. 리더는 '충분히 좋은 부모'나 '사랑 많은 이모, 삼촌' 역을 맡을 수도 있다. 다른 멤버들은 '사랑스러운 형제'나 '절친한 친구나 믿을만한 사람'이 되기도 한다. 집단원들의 삶 속에 그런 사람들이 없거나 필요하기 때문에, 혹은 그들의 현재 지지 시스템 밖에서 그들을 찾아야 하기 때문에 그런 역할들이 투사되고 받아들여진다. 어떤 경우에서든지 집단원들은 자기 자신을 위해 가져야만 하는 역할을 요구할 권리가 있고 집단 밖에서 건강한 관계를 형성하기 위해 찾아야 하는 '쇼핑 리스트'를 만들 수 있다. 다른 사람들과의 관계가 계속될 것은 당연하다. 그렇다면 집단원들은 의식적으로 이 관계를 지속하면서 집단 밖에서의 '사랑스러운 형제'나 '믿을 수 있는 친구'가 되는 것과 집단 안에서의 차이를 생각해 보도록 격려받아야 한다.

내가 안식기를 갔을 때 사용했다고 앞서 설명한 것과 비슷한 활동이 역할을 바꿔서 할 수 있는 변형 중 하나이다. 그것은 역할을 보다 명확하게 해 주면서 집단원들이 스스로 어떤 역할을 할 것인지, 다른 사람이 맡도록 요구할 것은 어떤 것인지, 그리고 더 이상 할 필요가 없는 것은 어떤 것인지를 평가하도록 도와준다.

2003년에 내가 **액팅아웃**을 떠나서 수년간 함께 해 왔던 많은 참여자와의 관계에 종결을 가져왔을 때 역할 되찾기 과정은 무척 중요했다. 그 과정은 프로그램을 하는 전 시간(9월에서 5월에 이르기까지)에 걸쳐 일어났다. 프로그램을 하는 초반에 집단원들이 자신이 보는 대로 집단 조각을 하고 있었을 때 한 사람이 집단에 내 등을 돌리게 하고 문 쪽으로 나를 세웠다. 이것은 집단 활동 내내 나의 떠남이 그 집단 과정의 일부가 될 것임을 생각나게 해 주는 행동이었다.

그 해가 끝났을 때 이 멤버들에게 주말 '휴식'이 있었고 각자는 자신이 선택한 사이코드라마를 할 수 있는 몇 시간이 주어졌다. 많은 사람이 1년 동안 그들을 위해 내가 맡았던 역할을 되찾는 의식에 참여하도록 나를 드라마에 초대했다. 아이러니하게도 나는 그 당시에 심한 후두염으로 고통받고 있어서 절대로 목을 쓰지 말라(절대 말도 하지 말기!)는 처방을 받은 상태였다. 나의 반응은 제스처로만 가능했고 심지어 글로 쓰기까지 했다. 어쨌든 여러 가지로 나의 침묵은 집단원에게 집중하도록 도움이 되었다. 그들을 위해 수년 동안 내가 맡은 역할에는 '신중하게 말하는 사람'이 있었는데 그는 그 순간에 일어나고 있는 일을 표현할 말을 찾는 사람이었다. 드라마를 통해서 집단원들은 그 역할을 요구했다. 잠시 후에 있었던 작별행사 중에 역할을 바꾸는 상징적 의식이 있었다. 그 작업을 함께 했던 집단원들이 나의 '목소리'가 되어 내가 그들과 나누고 싶었던 감정과 생각을 표현해 주었다.

■ 애도하기의 중요성

집단원들이 집단에서 맡았던 역할과 능력을 되찾는 것과 그 과정에서 그들이 해낸 승리와 분투에 대해 축하함을 지지하는 것도 중요하지만 애도하는 것 또한 중요하다. 종결은 삶의 일부이면서 새로운 시작이기도 하기에 때로는 슬프다. 우리는 폭넓은 감정의 표현을 격려하면서 집단원들에게 온전히 기능하는 성인 역할을 요구하는 것을 지지한다.

어떤 사람들은 리더가 집단원과 함께 집단의 종결에서 우는 것이 적절한가에 대해 논의한다. 내 생각으로는 리더의 눈물이 집단원들의 눈물을 '독식하는' 것이 아닌 한 눈물이 진실하고 강요된 것이 아니라면 그 눈물은 적절하고 건강하다. 수년 동안 나와 집단원들은 눈물을 닦느라 몇 박스의 티슈를 썼지만 집단원들이 나를 '돌봐주어야' 한다고 느낄 만큼까지는 아니었다. 적절한 경계가 있다면 집단원들은 슬픔을 나누는 데 더 자유롭게 느끼며, 청소년뿐 아니라 성인도 상실의 감정을 눈물로 표현할 수 있다는 것을 알게 된다.

이런 현실은 모델을 보여 주는 것이 중요하다: 슬픔은 강렬하고 불안정하며 때로는 아프지만 위험하거나 한계가 없지 않고 공포의 원인도 아니다. 사실, 많은 연구자와 우리의 개인적 경험에서 밝혀진 것에 의하면 다른 문제적 상황에 오염되지 않은 순수한 슬픔은 실제로 정결하게 하고 다소 위로가 되며 자연스럽다. 분명한 한계 안에서 집단원들과 리더가 집단에서의 종결이나 상실에 대해 자연스럽게 올라오는 것이 무엇이든지 나눈다면 이것이 집단원들에게 미래의 슬픔을 건강한 방식으로 다룰 수 있게 길을 닦아준다.

● 요약

집단 발달의 단계마다 집단원들은 발달 과제뿐 아니라 성인으로의 삶의 기술을 강화하거나 확장할 수 있는 기회를 만나게 된다. 종결의 과정은 첫 모임부터 시작하며, 건강한 종결을 위한 기초는 미래 투사와 *목표설정 활동(goal-setting activities)* 시간에 놓인다. 집단 회기 내내 건강한 엔딩을 액션으로 연습할 기회는 많으며, 집단원들은 휴일뿐 아니라 리더와 회원들의 휴가와 떠남을 준비하고 다루게 된다.

집단이 마무리되는 시점에 이르면 집단원들은 자신의 성취와 분투를 되짚어 볼 뿐 아니라 온전히 슬퍼하기도 하며 피드백을 받고 역할을 되찾고 재평가하는 것이 중요하다. 이렇게 하는 단계마다 액션 기법은 청소년 집단에 풍성한 경험을 누릴 수 있게 한다.

집단의 특정한 구성원에 따라 액션 기법을 어떻게 결합할지, 그리고 다양한 배경과 전통을 가진 리더가 다양하고 실제적인 상황에서 이 책에서 제공하는 아이디어를 어떻게 적용할지 등은 여전히 살펴보아야 할 여러 가지 중요한 주제로 남아 있다. 3부에서는 이러한 것들을 탐색할 것이다.

PART 03

나누기: 액션 기법의 여러 가지 적용과 실행을 위한 숙고

이 책의 1부에서는 액션 기법의 철학적 · 이론적인 기초와 청소년 집단을 대상으로 한 활용을 전반적으로 살펴보았다. 개인과 집단의 발달 단계와 관계성을 살펴보았으며, 구체적인 청소년기의 발달 과제도 검토했다. 또한, 좋은 리더십의 중요성과 집단이 작업할 수 있는 '안전한 공간'을 만들기 위한 명확한 집단 규준도 탐색했다.

2부에서는 집단 발달의 단계마다 특별한 과제를 만나기 위해 액션 기법을 활용하는 것에 대한 제안뿐 아니라 각 단계에서 언급될 청소년기의 발달 과제에 대해 정보와 액션 기법을 제시했다. 부록에서 이와 관련된 정보를 보충하였다.

3부에서는 1부와 2부에 주어진 자료들을 '특정한 사람들'에게 다양한 상황에서 적용할 수 있는 방법들을 탐색할 것이다. 또한, 집단 리더가 액션 기법의 실습 현장에 자신의 철학적이고 이론적인 신념을 통합시키는 것의 중요성에 대해서도 성찰할 것이다. 그리고 집단 리더가 사춘기 집단원들의 행동의 불안정성에 반응하기 위해 생각해야 하는 항목들도 제공한다. 청소년기를 위한 액션 집단을 개발하고 실행하는 것에 대한 실질적 고려사항도 살펴볼 것이다.

C · H · A · P · T · E · R 09

사람과 상황에 따라 액션 기법 적용하기

액션 기법은 청소년 집단에는 모든 발달 단계에 걸쳐 적용할 수 있다. 모든 것이 가능한 최상의 세계에서 청소년과 작업하는 상담사와 치료사는 액션의 힘과 그 참여자에 대한 적응성을 최대한 이용하여 집단 모임 계획을 설계하고 실행할 수 있을 것이다. 불행하게도 기관의 예산과 정책, 또는 관리 의료제도의 현실뿐 아니라 정치적 예측불허로 종종 이상만큼 정착되지 않을 수도 있다. 반드시 타협안이 만들어져야 하고 '이상적' 계획에 대한 수정도 있어야 한다.

청소년이 성인과 다른 여러 측면을 이해하는 것도 필수적이지만 액션 기법을 활용할 때 어떤 청소년 집단은 특별한 도전이나 생각거리가 있을 수 있다는 것을 이해하는 것도 필수적이다. 핵심 철학이나 이론은 똑같지만 어떤 기법을 실행하는 데에는 수정도 불가피하다. 지역에 따라 더 잘 사용하기 위해서는 문화적이거나 지역적인 상황에 따라 그 세계나 문화 집단에 잘 맞는 접근법으로 적용해야 할 것이다.

나는 먼저 특별한 유형의 젊은 세대를 위한 생각을 제시하고자 한다. 그다음에는 여러 가지 상황을 탐색할 것이다. 본 장은 절대 그들과의 작업이나 그런 상황에서 작업하기 위한 훈련 매뉴얼을 주고자 의도한 것이 아니며, 오히려 그런 상황일 때 액션 기법을 사용함에 있어 염두에 두어야 할 것들을 살펴보려는 것이다. 그리고 특정한 구성원에게 맞는 구체적인 액션 기법을 사용하는 것에 대한 아이디어도 포함했다. 나의 경험과 지식에 의거하여 사람들과 상황을 선택했기 때문에 여기에 있는 선택이 절대로 모든 가능성을 포함하는 것은 아니다. 이 책에서 계속 보여 준 것처럼 중요한 요점은 임상적 상황에서의 치료적인 적용에 있다.

특정한 구성원과 작업하기

청소년이 집단에서 공통 특성에 따라 하위그룹으로 나누어질 때 이 하위그룹을 나는 '특별한 개체군'이라 부른다. 치료적이거나 교육적인 환경에서 청소년은 학습욕구, 행동문제, 또는 정신병력 등 구별되는 특정한 특징에 따라 집단으로 묶인다. 다른 상황에서는 '특별한 욕구'가 있는 청소년이어도 보통 사람들 안에 있는 프로그램으로 '주류에 순응'된다. 리더는 집단의 균형이나 구성이 어떠하든지, 동성이든 이성이든지 청소년 집단과 작업하는 것에 장단점이 있다는 것을 인지하면서, 모든 집단원의 필요를 알아차리고 각 집단에 접근해야 한다. 범위에 있어 완전히 포괄적이지 않더라도 여러 특별한 구성원과 청소년을 위한 프로그램을 설계하고 실행하며, 액션 기법을 통합할 때 참작해야 할 고려사항을 아래에서 살펴볼 것이다.

■ 주의력 결핍장애(ADD)와 주의력 결핍 과잉행동 장애(ADHD)가 있는 청소년

'주의력 결핍장애'라는 말을 처음 들었을 때 나의 즉각적인 반응은 "그거, 흥미롭지 않아요? 집중할 충분한 시간이 없어서 장애가 되는 아이들에 대한 진단 기준이 있다는 거군요."였다. 그러고 나서 곧 나의 실수를 알아차렸지만 초기의 잘못된 이해가 의미 있게 나를 사로잡았다. 수년 동안 ADD나 ADHD라는 딱지가 붙은 아이들과 작업을 한 후에 나는 이 아이들이 만나게 되는 문제는 '공식적'으로 정의된 진단 기준으로 이해되는 것보다는 집중력의 상호 의존에 더 많은 관계가 있음을 알아차리게 되었다.

나는 이 병명을 가진 수많은 청소년과 작업을 해 왔다. 그들 중의 많은 아이가 학기 중에는 교사가 '다룰 수 있을 정도로' 행동하기 위해 약을 먹고 있었다. 이 아이들이 진정으로 집단의 일원이 되고자 한다는 이해가 있었기 때문에 우리는 처방된 약이 있었지만, 방과 후에는 약을 먹지 않고도 작업에 온전히 참여할 수 있게 하는 전략을 거의 언제나 실행할 수 있었다.

우리의 전략이 성공적이었다고 믿는 한 가지 이유는 액션 접근법이 이 아이들에게 이상적이라는 것이다. 액션 접근법은 집단원들에게 오랜 시간 동안 '가만히 앉아 있기'를 요구하지 않기 때문이다. 집단은 계속해서 일어나서 움직이고 세션이 진행됨에 따라 액션도 달라진다.

소란스럽지 않게 최소한으로 움직인다면 앉아서 말하는 시간 동안에도 일어나서 움직일 수 있다는 집단 규준을 세운 것도 유익한 전략이었다. 집단원들은 진단명을 가지고 있다는 것을 말할 필요도 없이 '비방해적 움직임'을 위한 다양한 기법을 연습하기도 한다. 누구라도 움직이고 싶으면 때때로 일어나서 움직일 수 있다.

더욱이 '자기 힘 다루기'라는 것은 집단원들이 방해될 만한 소음을 내지 않고 꼼지락거리고 싶은 욕구를 충족시킬 만한 손과 상관있는 물건을 찾도록 격려하는 것을 의미한다. 점토 만지작거리기, 낙서하기, 부드러운 고무공 쥐어짜기 등이 이 목적에 잘 맞는 것이다. 이러다가 종종 나중에 집단 활동과 관계있는 재미있는 공예품이 만들어지기도 한다. 특별한 욕구를 탐색하고 성공적인 집단 참여의 기회를 최대화할 참신하고 실현 가능한 해결책을 찾는 일에 집단원들을 모집할 수도 있다.

보유하는 법(보유의 광범위한 용어 설명은 2부를 참고하라)을 배우는 것도 청소년에게는 중요하며, 명확한 규준과 한계는 반드시 설정되고 준수되어야 한다. 대단한 성공 기회를 얻도록 집단원들을 가르치거나 지원해 주기 위해 사전에 조정된 방식으로 리더가 그들 옆에 앉을 수도 있다. 극단적인 경우에는 *제정신 아님 토큰(out of control tokens)*을 사용하기도 했다. 집단원들이 규준에서 너무 멀리 벗어나 있거나 너무 방해되면 토큰을 받게 되고 잠잠해지도록 요구된다. 한 세션에서 토큰을 세 개 받게 되면 *타임 아웃(time out)*이 된다. 표현치료 집단에서 '행동' 접근을 사용한다는 것이 조금 이상할 수 있지만 내 경험상 그것은 효과가 있었다. 몇 세션이 지나지 않아 이 기법이 필요한 집단원들은 수용할 만한 규준 안에 남아 있기 위해 자신의 행동을 제어하는 방법을 배우게 되었다. 수년 동안 이어져 왔던 표현 예술 집단에 남아 있을 수 있었던 ADD나 ADHD를 가진 십대도 이 경험으로 많은 유익을 얻었다.

내가 기억하는 또 한 가지 경우는 체험학습을 갔을 때 내 옆에 있던 장기 집단원 중 한 명과 함께 걸을 때였다. 맨 처음에 그는 전형적인 ADHD 청소년이었다. 그런데 그는 극도로 과잉행동을 하는 새로운 집단원을 바라보더니 나에게 "선생님, 제가 저랬을 때를 기억하시죠?"라고 말했다.

조건 자체가 드라마의 주제가 될 수 있으며, 그 안에서 집단원들은 ADD를 하나의 구체적인 인물로 만나게 되어 그와 함께 이야기하면서 점차 통제를 장애에서 그 집단원으로 옮기는 새로운 계약이나 직업설명을 만들어 낼 수 있다. ADD/ADHD 집단원들이 무질서한 생각과 행동을 하기에 앞서 이러한 문제를 '사회적으로 용납할 수 있는' 방식으로 처리하는 전략을 가능하게 하는 '방아쇠'를 찾아보게 될 수도 있다.

학교 상황에서 ADD나 ADHD라고 이미 진단된 많은 경우는 오히려 '전혀 호감 가지 않는 교실에 대한 합리적인 반응'이라고 이름 붙이는 것이 정확하다는 게 내 생각이다. 일부 학교는 단지 다양하고 효과적인 교육과정을 충분히 채택하지 않은 것이고 학생들의 다양한 학습 스타일과 선호를 인식하거나 처리하지도 않은 것이다. 이러한 필요에 대한 책임감이 교육기관과 '전문' 교사진에게 있다는 것을 인식하기는 커녕 교사는 학생이 배우지 못한다고 비난한다. 자기가 하고 있는 일 – 예를 들어, 새로운 스케이트보드를 타는 법을 배우거나, 예술 작업을 하거나, 좋아하는 음악을 듣거나, 드라마에 참여하는 등 – 에 완전히 몰입하고 있는 청소년과 작업을 하거나 그들을 지켜보면 무엇이 그들에게 ADD라는 딱지를 붙이는지 알 수가 없다. 그러므로 이 학생들이 할 수 없는 일은 없다; 즉, 적당한 환경이 주어지면 그들은 완전히 집중해서 참여할 수 있다.

■ 자살충동을 겪는 청소년

청소년이 자살을 생각한다는 것은 특별한 것이 아니다. 다행스럽게도 모든 생각이 다 행동으로 이어지지는 않는다. 청소년에게는 이런 '어두운' 생각을 자기만 하고 있는 것이 아니라는 것을 아는 것이 중요하다. 자살이나 자살충동은 집단 모임에서 공개적으로도 토론되어야 한다. 청소년(아니면 어느 연령층이라도 그 문제에 대해서는)을 다루는 상담가나 치료사라면 자살위험에 있는 내담자를 도울 수 있는 적절하고도 안전한 방법에 대해 훈련받고 수퍼비전을 받아야 한다.

그리고 자신이나 타인에게 해를 끼칠 수 있는 의도를 가진 집단원을 위임 보고하는 것을 리더에게 요구하는 법 조항이 있음을 아는 것도 중요하다. 리더는 반드시 회기 시작 모임에서 보고할 조항에 대해 집단원들에게 고지해야 하며, 이러한 주제는 집단원들 사이에 비밀유지 조항으로 맺어지는 다른 정보와는 구별해야 한다. 그리고 보고할 사건이 일어나면 리더는 사건과 보고사항에 대해 그 집단원과 개인적으로 이야기해야 하고 전체적으로 집단과도 나누어야 한다.

자살예방 전략을 독자에게 알려 주려는 것은 내 의도가 아니다. 오히려 집단 세션 중에 이런 일이 일어나거나 일어나려 한다면 이를 다루기 위한 액션 전략을 제시하려 한다.

- 자살에 대한 집단원들의 반응

집단원들의 가족이나 아는 사람이 자살을 했을 때 종종 그 자살이 집단에서 이슈가 된다. 자살충동은 종종 십대의 극도로 힘든 그들의 삶에 대한 반응이거나 사건, 사고로 인한 또래 죽음의 여파로 생겨난다. 집단원들 자신이 자살에 대해 생각을 했다는 것을 나누면 자살은 확실히 집단 이슈가 된다.

친구나 가족 중에 자살한 사람이 있는 경우, 생존자들에게 생겨날 수 있는 감정을 표현할 수 있는 장소를 제공하는 것이 중요하다. 한 사람의 죽음은 그 죽은 사람의 사회적 영향 안에 있든지 아니든지 종종 다른 사람에게 자살사고를 일으키게 된다. 이런 생각이 떠오르면 그들은 정직하고 공개적으로 그 생각을 다루어야 한다.

만일 한 사람이라도 이런 생각을 실행할 만한 위험에 처해 있다면 확실히 안전평가를 시행해야 한다. 그러나 이러한 대화가 사려 깊은 태도로 이루어진다면 일반적인 두려움이나 오해와는 반대로 자살에 대해 말하는 것이 자살행동을 더 많이 일으키지는 않는다.

집단은 자살에 대한 반응을 작업할 때 사이코드라마로 할 수도 있고 소시오드라마 방법을 사용할 수도 있다; 이러한 결정은 종종 집단이 현재 속해 있는 집단 발달의 단계와 액션 메소드의 경험 정도에 달려 있다. 집단에서 자살 주제를 다룰 수 있는 액션 메소드 몇 가지를 소개한다.

사이코드라마로 작업하기:

위에서 언급한 것처럼 갑자기 떠난 사람 같은 부재 하거나 죽은 사람을 대신해서 빈 의자가 사용될 수 있다. 주인공을 교대하는 사이코드라마 기법은 자원하는 모든 사람에게 각 사람이 의자에 있는 '그 사람'에게 자신의 감정을 말할 수 있는 기회를 준다. 분노나 격노의 감정을 표현하는 것도 괜찮다는 것을 명백히 집단원들에게 알게 하는 것이 현명하다. 왜냐하면, 이런 감정이 일반적으로 존재하지만 드러내서는 안 된다는 인식이 내적으로 있어 마음을 막히게 하거나 감정 표현하는 것을 꺼리게 한다.

나는 보통 집단원들에게 고인 입장과 역할 교대는 시키지 *않는다*. 그렇게 하면 감정 정화 경험을 제공하기보다는 죄책감을 일으키거나 그 집단원에게 자살충동이 생겨날 수 있기 때문이다. 오히려 리더나 전혀 상관이 없는 집단원이 역할을 맡아서 생존자에게 그것이 그의 잘못이 아니었음을 확인해 주는 것이 좋다.

소시오드라마로 작업하기:

최근의 자살과의 관계가 주변적이지만 여전히 그 주제를 말해야 하는 필요가 있는 경우라면 소시오드라마 접근이 적절하다. 등장인물은 '자살하고 싶어 하는 십대'와 '보살피는 친구'면 된다. 집단은 누군가에게 자살충동을 일으키는 삶의 상황들을 목록으로 만드는 작업을 함께 하게 될 것이다. 집단원들이 '자살하고 싶어 하는 십대' 역할을 맡게 될 때 그들은 자신의 실제 생활 이슈에는 부합하지 않는 상황을 맡아야 한다. '보살피는 친구' 역할을 할 때에도 그들은 이런 위험에 처해 있는 친구를 돕기 위해 여러 가지 전략을 연습해 보고 평가할 수 있다. 리더는 이런 상황에서 친구의 지지가 얼마나 중요한지를 강조하는 것도 중요할 뿐 아니라, 그 친구가 다른 사람에게 아무 말도 하지 말아 달라고 부탁을 했든지 안 했든지 상관없이, 자살하고 싶어 하는 친구가 있다면 어른의 도움을 받아야 한다는 사실을 강조하는 것도 중요하다. 집단에서의 비밀유지에 예외가 있는 것처럼 친구 사이라 할지라도 지켜져서는 안 되는 비밀이 있다.

사람이 자기 자신을 해치기로 결심했다면 아무리 좋은 의도를 가졌을지라도 어느 누구도 그것을 진실로 막을 수 없다는 것을 말하는 것도 의미가 있다. 만일 자살이 실제로 일어난다면 그 '자살하고 싶어 하는 십대'의 죽음은 절대 그 '보살피는 친구'의 잘못이 아니라는 것을 분명하게 말하는 것이 중요하다.

- 집단 안에 있는 자살하고 싶은 멤버

집단원 중에 자살충동을 드러내는 사람이 있는 경우에는 그 문제가 집단 '안에' 있고 한 사람의 '속에' 있다 할지라도 소시오드라마나 사이코드라마로 접근할 것이다.

소시오드라마 접근:

정신 내적 소시오드라마는 자살사고를 가진 집단원을 지지하는 데 사용할 수 있다. 이 드라마에서 있을 역할은 '집단원'이다: '생명을 강하게 붙들고 싶은 자아'; '죽음에 대해 생각하는 자아'. 리더는 참여하고자 하는 각 사람이 그 순간에 자신이 어디에 있는지 말하면서 이 '자아' 의자에 교대하도록 해야 한다. 이 문제를 소시오드라마로 접근하면 자살하고 싶다고 느끼는 사람이 단 한 명일지라도 리더는 차마 말하지 못 하는 생각을 드러낼 수 있게 허용해 주고, 죽고 싶어 하는 사람에게 관찰자아의 역할을 좀 더 훈련한 후에 관찰하는 견지에서 그 문제를 볼 수 있는 기회를 제공한다.

드라마를 하는 동안에 리더는 자기를 해치지 않는다는 계약을 하거나 서로를 위해서 보고하기를 결정하기 위해 '살' 역할 뿐 아니라 '죽을 생각을 하는' 역할을 하는 멤버를 위한 예비 안전평가를 수행할 수도 있다.

사이코드라마 접근:

다음은 자살하고 싶은 멤버가 있는 집단에서 꽤 실행하고 있는 사이코드라마 중재의 예이다. 그 집단원을 완다라 하자. 그녀는 등록하는 시기에 '집단 시간'을 요청했다. 그녀는 집단에서 그 전날 기분이 너무 가라앉아서 심각하게 자살을 생각했다고 이야기를 나누었다. 수많은 요인이 있었다: 남자친구, 학교, 그리고 집안 스트레스. 그녀는 한 손에는 수면제 한 병과 물 한 잔을 들고 거기 앉아 있었다고 보고했다. 그녀는 약을 먹지 않은 단 하나의 이유는 집단을 화나게 하고 싶지 않다는 것이었다고 말했다.

나는 완다와 집단, 그리고 협동 리더와 짧은 대화 시간을 가졌다. 그러고 나서 그다음에 드라마를 세팅했다. 집단은 협동 리더와 함께 원으로 앉아 있었다. 완다와 나는 집단 바깥쪽 무대 위에 앉았다. 드라마는 협동 리더가 집단에 완다가 자살을 했다는 소식을 전하는 것으로 시작했다. 완다와 나는 '영적 세계'에 앉아서 집단원 각각의 반응을 관찰했다. 집단은 드라마에 완전히 집중하고 있었고 어느 누구도 웃거나 장난치지 않았다. 감정의 표현은 매우 진지했다. 때때로 완다가 집단원 중 특별한 사람에게 말을 걸려고 했지만 당연히 그들은 그녀의 말을 들을 수 없었다.

드라마가 끝날 때까지 (흔히 사람들이 하는 말로) '집 안에 눈물 마를' 순간이 없었다. 뒤이어진 나눔 시간은 풍성했고 집단원들은 모두 자신의 어두운 감정뿐 아니라 완다를 돕고 싶은 진지한 소망을 말하는 기회를 얻었다. 완다는 집단에서 자신이 받을 수 있는 돌봄의 정도에 매우 놀랐다. 그녀도 잉여 현실에서 자신의 선택 이후에 얻게 된 지혜를 말할 수 있는 기회를 얻었다. 그녀는 '자신을 해치지 않는' 계약에 동의했으며, 매일 저녁 다른 집단원에게 전화한다고 약속했다.

이 세션은 완다 자신과 집단에서 그녀의 작업에 전환점이 되었다. 그녀는 고등학교의 운영회 위원이었는데 종종 새로운 위원에게 집단이 어떻게 '그녀의 생명을 구했는지'를 말하곤 했다.

자살 생각은 청소년에게는 일반적이며 모든 생각이 행동으로 이어지지는 않는다는 것을 리더가 알고 있다 할지라도 그들의 표현은 심각하게 받아들여져야 한다. 청소년 자살을 다루는 지방 기관은 리더들에게 자원을 제공하며, 이 문제에 대해 사려 깊고 적절하게 작업하도록 지원할 것이다.

자살 주제를 다루고 자살하고 싶어 하는 청소년과 작업하는 것이 집단 리더에게 특별한 훈련을 필요로 하는 부분인 것처럼 제대로 형성된 양심이 부족하거나 반사회적 성격을 드러내는 청소년(성인)과 작업하는 것도 집중적이고 특별한 훈련이 필요하다. 다음 파트에서는 광범위한 훈련과는 거리가 멀지만 그런 청소년을 포함한 집단을 가진 리더에게 도움이 되는 활동과 아이디어를 제공할 것이다.

■ 비사교적이거나 반사회적 성향의 청소년

앞에서 언급했듯이 집단에 효과적인 작업을 하기 위해 각 사람에게 존재하는 선행조건이 있다. 최소한 청소년 참여자는 관심을 주고받을 수 있어야(듣고 반응할 수 있어야) 하고 집단 규준에 동의하고 준수하는 등 기초적인 사회적 기술을 가지고 있어야 한다. 이러한 기본적인 능력이 부족해서 '비사교적'이거나 '반사회적'이라고 여겨지는 많은 청소년은 대집단 작업에 좋은 참여자들은 아니다. 그들 중 많은 사람이 가장 기본적인 공감의 능력이 부족하여 자신의 행동에 대한 후회를 느끼거나 내보일 수 없기 때문이다. 게다가 액션 기법의 확장성은 보유를 배울 필요가 있는 사람에게 역효과를 가져올 수도 있다.

그러나 액션 기법은 친사회적 행동을 훈련하는 역할에 초점을 두고 개인적으로나 매우 작은 소그룹으로 작업할 수 있다. 그들은 역할 교대를 통해 공감 능력을 개발할 수 있게 된다. 역할극을 통해서 할 수 있는 반응의 종류를 확장할 수 있고 잃어버린 적절한 사회적 관계를 개발하기 시작한다. 집단으로 할 때는 정신 내적 강점과 매우 향상된 공감 능력이 모든 사람에게 갖춰지기까지는 사이코드라마로 하는 것보다는 소시오드라마로 작업하는 것이 더 선호되는 방식이다.

리더라면 이런 사람들과 작업한 적이 있는 경험과 지식뿐 아니라 방법론에서의 기술과 경험도 필수적이다. 롭슨(2002)은 청소년 성폭력 가해자들과의 사이코드라마를 사용한 작업에 대해 쓴 자신의 책에서 그런 유형의 사람들과의 작업에 대해 좋은 충고를 제안한다.

다른 집단원들의 안전과 유익을 위해서 집단 규준을 지속적이고도 단단하게 강화하는 것도 중요하다. 집단 회기 동안에 반사교적인 사람이 많은 관심을 끌 때, 리더가 그 한 사람이 성공적인 경험을 하도록 돕는 데 최선의 초점을 두면 다른 집단원들과의 관계가 깨진다. 때로는 집단에서 한 사람을 빼내어 그 사람과 집단 모두에게 유익하도록 개인 작업을 하도록 정리하는 것이 더욱 적절하다. 그 사람을 빼내는 것을 비난하거나 그러한 관리를 '실패'라고 규정하지 않는 것이 누군가의 작업을 위한 적당한 방법이 되는 것이다.

■ 아동기 트라우마의 어린 희생자

7장 끝부분에서 언급한 것처럼 청소년 내담자에게 어린 시절 트라우마의 구체적인 문제를 액션으로 작업하는 것은 어렵고도 경솔할 수 있다. 이런 범주에 있는 청소년과 작업할 때 고려해야 할 가장 중요한 것은 그들의 삶 속에서 트라우마 때문에 막혀 온전히 개발되지 못한 건강한 역할과 능력을 찾아내고 강화시키는 데 초점을 두는 것이다. 2부에서 설명했듯이 액션 기법은 충족되지 못한 어린 시절의 발달과제뿐 아니라 청소년기의 도전 과제에 접근하는 데에도 매우 유용하다. 그러나 이러한 청소년에게 집단 경험은 매우 치료적인 경험이 될 수도 있다. 액션 기법은 자신의 힘과 능력을 되찾아서 자기 자신과 다른 사람의 강점을 연결하도록 도울 수 있다.

나는 근친 성폭행의 희생자였던 소녀와 작업을 했었다. 그녀는 내성적이었고 목소리는 너무도 작았다. 학대 관계를 다룬 소시오드라마에서 그녀는 '자신의 목소리를 찾았고' 존중받기를 요구할 만큼 권리도 주장하게 되었다. 우리가 그녀의 삶의 문제를 직접적으로 다루지 않았음에도 불구하고 이것은 그녀의 치료와 회복, 치유에 전환점이 되었다.

어떤 방법은 성공적일 수 있지만 성인에게도 트라우마 기억을 직접 다루는 것은 특별한 훈련과 경험을 요한다. 일단 집단원들이 액션으로 들어가면 그들을 보호해 주었던 일반적인 방어기제들은 전통적인 '이야기' 치료시간에 해제된다. 그래서 그들은 극도로 연약해지고 이 시간 전후에 여러 가지 역효과를 만날 수 있는 위험에 처하기도 한다.

그리고 개인적 트라우마의 요소들(배경, 역할, 사건이나 관련 기억들)을 액션으로 옮기는 것은 재트라우마를 입힐 위험이 크다. 많은 생존자로 이루어진 집단이나 현재 학대나 트라우마의 경험에 노출되어 있는 사람들이 있는 집단에서 역할극을 하거나 그런 드라마를 보는 것은 그것만으로도 집단원들에게 재트라우마를 입힐 수 있다.

이 분야의 작업에 관심이 있는 독자라면 트라우마 생존자를 위해 사이코드라마를 사용하는 상세한 개관을 위해 켈러만과 허긴스(2000)과 허긴스(2002)를 추천한다.

■ 다른 능력이 있는 청소년

'보통의' 청소년 집단에 '다른 능력이 있는'* 청소년이 있으면 이점이 있다. 그 이점은 장애가 있든지 없든지 모든 집단원에게 확장된다. 집단 참여에 필요한 단 하나의 조건은 이미 언급했다: 참여 가능한 사람은 관심을 주고받을 수 있어야 하고 기본적인 사회적 기술을 소유해야 한다.

언젠가 '법적으로' 맹인이었고 다소 발달지체와 언어장애가 있는 사람들로 이루어진 집단을 작업한 적이 있었다. 이들은 놀랄 만큼 집단에 헌신적이었고 '군중의 일부'가 되는 집단 배경에서 엄청나게 유익을 얻었다. 시간이 걸리기는 했다. 어떤 집단원은 생각을 작동하는데 때로는 느리기도 했고 과보호적이거나 거만하기도 했다. 그러나 모든 사람이 이 멤버들과 함께함으로써 유익을 얻었다.

리더의 지지와 때때로의 코칭으로 '다른 능력이 있는' 멤버들은 다른 집단원들의 역할 하기에 진심을 다해 참여하였고 어느 청소년이라도 칭찬할 만큼 집중력을 보였다. 일단 적응이 되니 이들 중 어느 누

* 역자 주: 원문의 "differently abled"를 직역한 것으로 'handicapped(장애인)', 또는 'disabled(불구자)'의 완곡한 표현이다. 1980년대 초반, 미국 민주당 전국위원회(US National Committee)가 차별이나 편견을 시정하기 위해 만든 표현이며, 저자의 의도를 존중하여 '다른 능력이 있는'으로 번역하였다.

구도 집단 활동에 참여하는 능력에 있어서 관찰할 만한 한계는 보이지 않았다. 리더가 모든 집단원이 어떤 시설이 필요한지 구별하여 지원하는 것과 어떤 반응이 장애가 있는 사람에게 힘이 되는지 혹은 제한을 두는지를 알게 해서 자제시키는 것도 중요하다.

더욱이 '다른 능력이 있는' 집단원들이 '시각 장애인'이라는 것이 어떤 것인지에 대해 또는 다르다는 이유로 놀림을 당하는 것에 대해 이야기 나눌 때, 다른 집단원들이 이들 이야기와 자신의 이야기 사이를 연결하기 시작했다. 모든 사람이 이런 저런 경우에 괴롭힘을 당하거나 다르다고 느꼈던 경험이 있었기 때문이다. 세세한 차이들은 핵심 주제에 비하면 중요하지 않았다. '부유한 사립학교' 교실에서 '고스 패션'을 하는 것은 '두 눈의 시력이 멀쩡한' 학급에서 '시각 장애인'이 되는 것과 별로 다르게 느껴지지 않았다. 그래서 '다른 능력이 있는' 집단원들이 비장애인처럼(좋든지 나쁘든지) 대해졌을 뿐 아니라 평생 처음으로 모든 차별이 사라지고 '또래'가 되는 경험을 할 수 있었다.

■ 약물남용 청소년

액션 기법은 약물남용 문제에 걸려 있는 청소년과의 작업에도 매우 효과적이고 중요하다. 그들은 자신의 문제성과 남용의 정도를 탐색해 볼 수 있으며 건전한 행동을 연습할 수도 있다.

- 문제 탐색하기

청소년과 약물에 대한 관계를 탐색해 보는 효과적인 전략은 가치 판단을 한쪽으로 밀어두고 관계에만 집중하는 것이다. 남용의 성질에 대해 명확하게 아는 한 가지 방법은 약물과의 관계가 다른 사람들뿐 아니라 그 사람의 삶에 있는 다른 일들과의 관계에 어떻게 영향을 주는지를 알아보는 것이다. 물질을 사용하는 집단원이 자기가 사용하는 물질을 의인화하여 '메리 와나'나 '잭 다니얼스' 또는 '닉 오틴'과 같은 역할을 입히는 사이코드라마 비네트를 만들어 보게 한다. 장면의 핵심은 주인공이 관계를 '깨는' 부분에 있다. 약물과 역할 교대를 할 때에 참여자는 학대 관계의 역동과 비슷하게 이 물질이 자기에 대해 가지고 있는 힘을 충분히 이해하게 된다.

집단에 약물사용/남용하는 청소년이 많이 있다면 각 사람이 자신의 약물을 선택하여 역할을 맡아서 토크쇼에 나오는 게스트처럼 할 수 있다; 나머지 사람들은 방청객이 되는 것이다. 잘 되면 이런 종류의 사이코-소시오드라마는 매우 재미가 있고 많은 통찰력을 준다. 약물 역할을 하는 집단원이 자신의 역할을 잘 맡으면 토크쇼의 '호스트'는 그들에게 이 프로그램을 시작하기 전에 각자에게 제공된 커피 속에 진실을 토로하게 하는 약을 넣었다는 것과 이 순간 이후의 모든 질문에는 진실만을 말하게 된다고 알려 준다. '방청객'을 '중독에서 치유된' 사람들로 설정하고 '게스트'에게 묻고 문제를 제기하도록 유도하는 것은 이 드라마의 차원을 넓히고 힘을 줄 뿐 아니라 전 집단을 최대한으로 참여하게 하는 것이다.

이런 유형의 활동에서는 모든 집단원이 완전히 역할을 털어내는 것이 중요하기 때문에 드라마가 끝나면 다시 자기 자신의 역할로 돌아가도록 허용하는 시간을 갖는다(역할 털기 활동에 대해서는 부록 D를 참고하라). 또한, 집단원들은 약물과의 미래의 관계성에 대해서도 마지막 진술을 할 기회를 반드시 가져야 한다. 모든 집단원이 관계를 끝낼 준비가 되어 있는 것은 아니지만 그래도 달라진 관계에 대한 협상으로 이 문제에 대한 다음 단계를 시작할 수 있을 것이다.

- 역할 훈련을 통해 회복 지지하기

약물남용 청소년은 '사용자'나 '중독자'의 역할을 많이 연습하게 된다. 회복 작업에 마음이 많이 움직였다 해도 그들은 절제를 촉진하는 역할을 연습할 필요가 있다. 나는 입원해 있는 청소년을 위한 약물남용 치유 프로그램에서 사이코드라마 작업을 한 적이 있었다. 특히, 그 환자들은 곧 퇴원을 앞두고 있는 사람들이었기에 그 과정에서 가장 중요한 부분은 회복을 지지하는 행동을 연습하는 것이었다.

이런 특성의 장면을 만들 때 청소년을 이미 사로잡고 있는 영향력을 줄이기 위해서는 극에 필요한 '사용자 친구'나 '유혹자' 역할을 하기 위해 스태프나 팀 멤버를 이용하는 것이 훨씬 더 좋다. 종종 옛 친구를 방문하여 약물 줄이기에 대한 장면을 협상할 때 회복 중인 사람은 여전히 약물을 사용하고 있는 친구들을 멀리해야 한다는 것을 깨닫게 되며, 그러므로 역할 훈련은 전화로나 마트에서 만난 친구의 초대를 거절하는 것에 대한 것이 된다.

8장에서 언급한 마술 가게 기법의 변형인 *절제 가게(Sobriety Shop)* (Rustin & Olsson, 1993)는 "환자의 중독적 상황에 기여했던 개인적 특성을 그 사람이 취하지 않은 상태를 유지하는 데 도움이 되는 바람직한 특성으로 교환하는"(p.12) 기회를 제공해 준다. 예를 들면, 부정직은 정직으로, 불안정은 자존감으로 교환될 수 있다. 전통적인 마술 가게와는 다르게 이곳에서 교환되는 물건은 다른 구매자들이 원하는 가치일 필요가 없고 그저 참여자의 회복에 도움이 되지 않는 것이면 된다. 불성실 같은 특성은 중독자의 역할을 유지하는 데 매우 도움이 될 수도 있다.

■ 식이장애가 있는 청소년

식이장애가 있는 청소년이 자신의 장애(거식증이나 폭식증)와 소통하기 위한 기회를 만드는 것은 매우 교훈적이다. 그러나 강점을 개발해야 하는 상처받기 쉬운 청소년과 처음으로 작업하는 것과 경험이 적은 참여자와 소시오드라마로 시작하는 것은 똑같은 위험성이 있다. 집단원들이 사이코드라마로 작업할 준비가 되면 어떤 활동은 매우 잘 된다는 것을 알 수 있다. 식이장애가 있었던 십대와 사이코드라마로 작업한 예를 소개하려 한다.

장애와 역할 교대를 하면 청소년은 장애가 자신의 삶에서 하는 역할과 그것의 기능에 대해 이해하기 시작한다. 이것이 점점 더 명확해지면 집단원들은 이러한 기능이 드러나는 여러 가지 방식을 탐색하기 시작한다. 처음부터 판단을 없애는 것이 중요하다. 사실은 그 전술이 해롭긴 해도 이 장애는 대체로 아군이다. 이 장애는 거식증이나 폭식증을 가지고 있는(혹은 가지고 있다고 믿는) 사람의 유일한 동지이다.

거식증이 극심한 경우를 작업해 보면 참여자는 전통적인 방식으로 액션에 참여하는 것은 물론이고 오랜 시간 서 있을 수 있는 충분한 에너지도 없다. 청소년 정신병동에서 환자 및 직원들과 함께한 워크숍에서 환자의 정신과 의사를 환자의 더블로 연기하게 했던 경우를 경험한 적이 있다. 그 장면은 그녀가 자신의 삶 – 집과 학교, 공동체 – 에서 맡았던 다양하고 압도적인 책임감들에 대한 것이었다. 그녀가 한 가지씩 말할 때마다 집단원들이 커다란 쿠션을 가져와서 그녀의 더블에게 수행하도록 주었다. 잠시 후, 그 정신과 의사는 그다음 쿠션에 허리가 부러질 것 같은 지푸라기 '낙타'처럼 보였다.

그 소녀는 눈에 눈물이 가득 차서 "그녀는 혼자서 이 짐들을 질 수 없어요. 그녀는 도움이 필요해요."라고 말했다. 디렉터는 "누가 그녀를 도울 수 있나요?"라고 물었다. 주인공이 자신이 내려놓아야 하는 책임감과 자신이 감당할 필요가 있는 책임감을 결정한 후에 그녀는 가능한 여러 도우미를 말했고 다른 환자들과 스태프들은 그녀가 말한 도우미 역할이 되어 쿠션을 가져갔다.

몇 달 후 이 집단과 다시 작업하러 갔을 때 이 소녀는 몸무게가 늘어 있었고 더 이상 식이조절 프로그램을 받지 않았으며, 퇴원일도 가까워져 있었다. 그녀는 액션 기법을 통해 자신의 핵심 문제를 발견하게 되었고 자기 삶의 환경을 절제하면서도 지지를 요청할 수 있는 마음의 힘을 얻게 되었다. 그리고 그 정신과 의사는 자신의 환자의 더블을 경험함으로써 이 소녀의 관점을 통해 자신의 치료 초점을 행동을 통제하는 것에서 더욱 치료적인 관계를 형성하는 것으로 조정하게 되었다.

■ 다른 문화적 배경을 가진 청소년

다른 문화적 배경을 가진 청소년과 함께 하는 것은 관심 있는 모두에게 풍성한 경험을 제공한다. 액션 메소드는 언어에 의존하지 않는 커뮤니케이션을 가능하게 하는 데 매우 놀랍도록 효과적이다. 이렇게 집단이 섞이면 많은 경우에 '지배적인' 문화와 '비지배적인' 문화가 섞일 것이다. 이것이 다층적으로 깊이 생각해 볼 이유이다.

- 문화적 규준을 존중하기

집단이 발달하면서 규준을 정하게 될 때, 지배적인 문화의 집단원들에게는 명확하지 않으나 신임 집단원들이 지역 집단에서와 똑같은 방법으로 액션에 참여하는 것을 어렵게 만드는 문화적인 규준이 있는지 확인하는 데 주의를 기울여야 한다. 아이 콘택트나 접촉, 사람과의 거리, 관심의 한가운데로 들어가기, 그리고 연장자와의 상호관계에 대한 지침 같은 규준은 모두 적절함이 있는 요소이어야 한다. 게다가 새로운 문화의 집단원들은 규준들 사이의 차이를 구별하는 것이 가능하지도 않고 적절하지도 않을 것이다. 리더의 입장에서는 이러한 세부사항을 민감하게 다룰 수 있도록 약간의 과제가 필요하다.

아무도 주인공의 자리에 들어가는 데 관심이 없어 보였던 호주에서의 경험이 기억난다. 실제로는 준비가 되어 자신의 문화에 맞게 집단의 중심에 가까이 서 있었던 아시아계 멤버가 있었다. 그녀는 저만큼 떨어져서 스트레칭을 하고 있었다. 나의 서구적 시각에서는 아무도 액션할 준비가 되어 있는 사람이 없었다. 다행스럽게도 협동 리더가 문화적 차이를 알아차리고 나에게 상황을 이해하고 적절하게 반응하도록 도와주었다.

- '서구화'되려는 욕구 알아차리기

지구상에서 서양 문명은 지배적인 문화이다. 미국이나 영국의 TV 프로그램처럼 할리우드 영화는 지구 어디에서나 볼 수 있다. 서양 음악도 다양하게 들린다. 많은 나라에서는 이민자들이 들어올 때, 특히 그들이 난민이라면 그들을 주류문화에 협력하도록 압력을 가하며 '우리처럼 행동하기'를 가르치려 한다. 사실 많은 이민자에게 이런 일이 있어 왔고, 또한 그들에게 서양 문화는 바람직해 보였다. '부모' 세대가 서구의 기준에 끌리지 않더라도 그들의 자녀는 급우들과 어울리기 위해 따르거나 따를 수밖에 없었다.

'신입 멤버'가 자신의 길을 배우도록 돕는 가치 기준이 집단에 있다면 이 사람들을 지지해 왔던 개인적이고 문화적인 많은 강점이 이 전환기에 너무 쉽게 상실될 수도 있다. 사려 깊은 리더라면 다른 문화에서 새로운 멤버가 집단의 일부가 되기 위해 왔을 때 그것이 더욱 풍성한 기회가 된다는 것을 집단원들이 인식하도록 도울 것이다. 신입 멤버는 새로운 문화 속에서 자신을 도울 수 있는 새로운 기술을 습득하는 데 도움을 받으면서 자신의 문화유산을 집단원들이 보고 인지하고 공유하도록 기회를 제공한다.

남아프리카에서 일하는 동안 이 새로운 민주공화국이 11개의 '공식' 언어가 있다는 것에 나는 호기심이 생겼고 매우 놀라웠다. 처음에는 어떻게 이러한 결정이 만들어졌는지 궁금했다; 확실히 그것은 모든 것을 매우 복잡하게 만들었다. 내가 이끌었던 사이코드라마에서 주인공은 11개 중에서 9가지의 언어를 말할 수 있었는데 식민지배 기간에 자기 부족의 언어를 말살하려던 사람에 대한 분노를 탐색 중이었고 그것은 나에게도 분명하게 보였다. 각 언어는 각각의 독특한 문화를 대변했다. 새 나라를 만들기 위해서 언어를 말살한다는 것은 그 문화와 그 안에 있는 풍요로움을 해체하는 것이었다. 서양인인 나는 이를 통해 민주주의에 대해 상당히 많은 것을 배우게 되었다.

- 종교관습 이슈 존중하기

집단원 중에서 일부나 모든 사람이 리더가 익숙하지 않은 특별한 종교적 집단이나 분파에 속해 있을 가능성이 있다. 종교적 휴일이나 관습의 이슈는 집단을 계획하고 실행하는 데 고려해야 할 부분이다. 지역의 종교 지도자와 대화를 하면 집단을 이끄는 데 필요한 배경지식을 얻을 수 있다.

집단이 특정 종교에 속한 집단원만을 위해 만들어진다면 같은 종교에 속하지 않은 리더는 그 후원자의 기대를 분명히 알아야 한다. 예를 들어, 리더가 동의할 수 없는 성 역할에 대한 이슈가 있을 수 있다. 또한, 후원자가 집단원들이 만나거나 자유롭게 탐색하기를 원하지 않는 주제도 있을 수 있다. 리더와 후원자, 집단원들이 동의하는 명확한 계약이 필수적이다.

만일 집단이 다양한 종교적, 영적 배경으로 섞여 있고 거기서 집단원들의 초개인적 탐색을 지지하고 격려해야 한다면 이러한 정보는 반드시 집단을 시작하기 전에 명확하게 알려야 한다.

문화적 문제를 민감성을 가지고 언급하고 나면 액션 접근은 다양한 문화적 배경을 가진 사람들에게 자기의 유산에 대한 정보와 생각을 교환할 수 있는 풍부한 가능성의 장을 제공할 것이다. 옛날이야기나 동화 같은 은유를 가지고 작업을 하면 참여하고 있는 모든 문화의 이야기를 공유하면서 유사성과 차이성을 알 수 있는 기회도 얻게 된다. 문화적으로 다양한 집단은 청소년에게 단일한 문화 집단에서보다 덜 편협한 세계관을 형성해 가면서 발달 욕구를 말할 수 있는 풍성한 환경을 제공한다.

■ 주류가 아닌 청소년

많은 청소년이 현재의 문화 규준에 어울리지 않는다. 이것은 주로 게이나 레즈비언, 트랜스젠더, 성전환자, 그리고 '여전히 질문하고 있는' 청소년(이들은 아직도 자신의 성 정체성에 대해 고민하고 있다)의 경우이지만, 또한 인종이나 옷 입는 스타일, 종교에 따른 '소수자'의 경우이기도 하다. 이러한 청소년이 자신의 두려움과 좌절을 소리 내어 말하고 자신의 개인적이고 인격적인 존중을 요구하는 데 액션 메소드가 중요한 기능을 하며 도움이 된다.

나는 '유형'에 따라 청소년을 분리하고 그들을 떼어 놓는 것보다는 함께 두고 작업을 하는 것이 더 좋다고 생각한다. '다른 능력이 있는'

청소년과 다른 문화적 배경을 가진 청소년에 대해 논의한 것처럼 이질적인 집단으로 작업하는 것은 오래된 장벽을 넘어서 '비주류' 청소년에게 보다 주류인 또래들과의 연결감을 경험할 수 있는 기회를 제공해 준다. 그것은 모두에게 확장적인 경험이 된다. 나는 청소년이 게이나 양성적인 사람과 친근하고 신뢰감을 느끼는 관계를 형성하는 집단 회기를 경험하게 되면서 성 소수자 혐오적 생각을 접게 되는 수많은 경우를 기억한다.

모든 집단원이 '타자'를 더욱 완전하게 이해할 수 있게 해 주는 한 가지 소시오드라마 접근은 잉여 현실 안에 '비주류' 상황이 일반적이고 규준이 되는 장면을 설정하는 것이다: 예를 들면, 90퍼센트의 사람이 하나의 특별한 배경을 갖는 공동체이다. 이런 사회적 역할은 수용이나 거부에 대한 현재의 문화적 규준이 아닌 소속/소외 문제에 있는 관심을 장면의 지배적 추진력이 되게 한다.

청소년기 동안에는 소속되고 연결된 느낌에 대한 욕구가 일반적으로 주요한 동력이 된다. '어울리지' 못하는 청소년에게 소외감은 개인을 약화시킬 수 있고 자기 자신이나 공동체에 '고 위험' 수위의 행동을 하게 한다. 모든 관점을 표현하고 수용할 수 있는 집단은 힘을 얻게 되고 빛이 나며 생명을 살릴 수도 있다.

■ 무대 경험이 있는 청소년

액션 집단에 무대 경험이 있는 청소년이 있으면 장단점이 있다. 사람들은 경험이 있는 집단원들은 액션을 시작하는 데 조금도 주저함이 없어서 집단에 자발성을 불러일으켜 줄 거라고 기대한다. 이러한 기대는 사실일 수도 있고, 경험이 있는 사람이 없는 사람과 짝을 이루어 액션 탐색을 하도록 격려하고 지지해 주는 이점이 되기도 한다.

그리고 진정한 무대 훈련(많은 극에 참여한 것과 반대로)을 하지 않았다면 진짜 감정을 만나려는 작업보다는 '과장 연기를 하거나' 감정을 '꾸미려고' 애쓸 가능성도 있다. 그들은 액션할 준비가 빨리 되어 다른 사람들이 참여할 여지를 거의 주지 않을 수도 있다.

폭넓은 무대 경험이 있는 집단이라면 집단 발달의 초기에 경험 스펙트럼을 만드는 것이 도움이 된다. 집단원들을 '전혀 경험 없음'에서 '많은 경험 있음'까지의 연장선상에 위치하도록 정돈하고 나서 리더가 양극단에 있는 사람들을 인터뷰하여 현재 서 있는 자리에서의 느낌을 말하게 하면 양극단에서의 희망과 두려움이 엇갈릴 것이다. 양극단에 있는 사람들의 역할 교대의 경험을 제공하게 되면 이 스펙트럼을 통해 깊은 통찰을 얻게 된다.

또한, 리더는 무대 경험에 대해 집단을 '거의 없음', '보통', 그리고 '매우 많음'의 소집단으로 나누어 각 소집단이 스스로 집단에 기여할 수 있는 점, 집단에 온전히 열심히 참여하기 위해 넘어야 할 과제, 그리고 다른 사람들에게서 얻어야 할 것 등을 브레인스토밍하고 전체 집단과 나누는 시간을 갖게 할 수도 있다.

공개적으로 이슈를 다룰 뿐 아니라 각 사람이 집단에 도움이 되는 방식으로 자신의 경험을 나눌 수 있는 전략(예: 댄스 경험이 있는 집단원이라면 신체적 웜-업을 담당할 수 있다.)을 발견하면 소외가 아닌 통합된 모습으로 '경험 있는 배우들'의 '재능'을 사용하여 작업할 수 있게 된다.

특별한 청소년을 집단으로 만드는 필요성에 대한 인식도 집단 리더에게는 중요하다. 자기 자신의 도전과 조건을 실험해 볼 수 있는 특별한 집단 세팅도 가능하다.

● 특별한 배경과 조건 속에서 작업하기

액션 집단은 개인정보를 지켜야 한다: 집단원들이 안전하게 탐색할 수 있는 공간이어야 한다. 집단 내에서 생성되는 소리가 주변 환경에서 작업하고 있는 다른 집단을 방해하지 않을 만큼의 공간적 여유를 가지는 것이 중요하다. 그리고 적어도 조금이라도 움직일 수 있는 공간이 있어야 한다. 무엇보다 어떤 환경이라도 만들 수 있어야 한다. 그러나 집단을 실행하는 환경의 성격뿐 아니라 업무적 상황이 작업의 진행에 큰 영향을 미칠 수 있고 선택 활동이나 목표를 재조정하게 하기도 한다. 이러한 조건적 상황을 살펴보는 것은 임상적 고려사항과 업무적 필요에 더 초점을 두며 액션 기법에 대한 것은 그리 많지 않다.

■ 단독 리더 집단

내 의견을 묻는다면 청소년을 위한 액션 집단을 운영하는 데에는 인턴이나 훈련생을 쓰더라도 적어도 언제나 두 명의 리더가 있어야 한다고 말하겠지만 인적자원부서의 현실에서는 이것이 불가능할 수도 있다. 단독 리더라면 명심해 두어야 할 많은 사항이 있다.

- 능력, 자신감, 신뢰 형성하기

단독 리더는 너무 깊게 문제 속으로 들어가기 전에 액션 기법을 사용함에 있어 집단원들의 능력뿐 아니라 리더와 서로 간 자신감과 신뢰를 기르는 데 특별한 관심을 두어야 한다. 기법에 대한 든든한 기반이 세워지기도 전에 액션은 집단이나 리더의 능력이 감당할 수 없을 만큼 너무 빨리 집단원들을 깊은 경험으로 이끌어 갈 수 있다. 초기에 언급한 것처럼 경계 문제가 있는 집단원들과는 점차적으로 다루는 기술을 개발하면서 명확하게 작업하는 것이 적절하게 집중하고 자기 노출하는 데 도움이 된다. 안전 이슈와 명확한 규준을 지키는 것이 자신감과 신뢰를 형성하는 데 도움이 된다.

단독 리더가 이러한 특성을 개발하는 데 오랜 시간을 들일 필요는 없지만 집중해야 하거나 흔들리는 시기에는 리더 팀의 도움을 받지 못한다. 그러므로 리더가 혼자 작업할 때는 깊은 개인적 문제로 너무 빨리 들어가면서 생기는 불안이나 분열을 보유하고 보완하는 것이 더욱 어렵다.

- 집단 내에서 리더십 개발하기

좋은 집단의 실제와 필요성을 제외하고라도 경험 있는 집단이나 보다 성숙한 집단원들이 있으면 단독 리더는 시간준수나 출석, 또는 메모(세션 중에 올라오는 이슈 기록) 같은 보조적인 리더의 역할을 하도록 집단원들에게 요청할 수 있다. 이런 역할은 교대를 할 수 있고 집단원들에게 역할의 기준을 설명하기 위해 시간을 사용해도 된다. 어떤 집단에서라도 집단이 스스로 책임감을 더 받아들일수록 집단원들은 경험에서 더 많은 것을 얻을 수 있다. 단독 리더의 경우에는 리더 역할을 공유하는 집단원들이 팀 리더의 유익을 제공해 주면서도 집단원들을 지지함으로 자신감과 대인 간 기술을 향상시키게 된다.

- '부정적' 역할 구체화하기

드라마에서 '부정적인' 역할을 맡아줄 성인 리더가 없을 때, 그리고 때로 성인이 있더라도 그런 역할에는 주로 무생물을 사용하는 것이 더 좋다. 대부분의 경우에 단독 집단 리더는 사이코드라마에서 어느 역할도 맡아서는 안 되며, 특별히 '책임'이 많은 역할은 안 된다. 일반적으로 리더는 부정적 에너지가 많은 역할이 있기도 하고 그런 집단원들에게 매우 강한 감정이 나가는 역할도 있다고 집단에 설명해야 한다. 그런 경우에 집단은 그 '역할'을 위해 의자나 무생물을 사용하는 것이 더 유익하다. 수년 동안 나는 마네킹에 한쪽에는 여자 옷을, 다른 한쪽에는 남자 옷을 입혀서 드라마에서 여러 역할을 맡기면서 매우 잘 사용했다.

그러나 특정 집단원이 그 역할을 맡는 것이 치료적으로 더 유익한 경우도 있을 수 있다. 위축되고 수줍은 집단원이 그 예일 수 있고 '왕따'를 당하거나 '괴롭힘을 당하는' 사람에게 공격적이거나 강한 역할을 훈련하게 하는 경우가 그러하다.

어느 경우든 리더의 일은 드라마를 하는 동안에 모든 집단원이 안전하고 안심하는 것이다. 그리고 집단원이 '부정적인' 역할을 하게 되면 작업 후에 그가 그 부정적인 역할을 잘 밀쳐내고 집단원들이 그 사람에게 그 부정적인 역할을 붙이지 않도록 적절하게 역할 털기를 제공하는 데 주의를 기울여야 한다(탈역할 활동을 위해서는 부록 D를 참고하라).

- 집단 세션에서 움직이는 초점 유지하기

액션을 작업하는 동안 리더는 소시오드라마에서는 액션에, 사이코드라마에서는 주인공에게 강한 집중을 만들기 쉽다. 단독 리더라면 집단원들이 얼마나 액션에 반응하는지를 살피기 위해 때때로 그의 초점을 집단 안에서 움직이는 것이 중요하다. 공간의 다른 쪽에서 일어나는 일을 말하기 위해서는 액션을 중단할 필요도 있다. 성인 협동 리더가 있을 때조차 디렉터는 다중 초점을 유지해야 한다. 그러나 디렉터가 주인공에게 집중하고 있다면 경험 있는 집단원이나 협동 리더가 관심을 집단 이슈로 가져오도록 도울 수 있다. 단독 리더는 자신의 관점을 좁히기도 하고 넓히기도 하면서 사용해야 한다.

- 액션 중지를 위한 명확한 규준 개발하기

규준을 만들 때 단독 리더는 집단원이 자신의 작업이나 다른 사람의 작업에 '압도되었을' 상황을 관리하는 것에 대한 규준 설정을 위해 나눔 시간에 특별한 관심을 기울여야 한다. 집단원들이 자신의 감정에 깊이 빠져버린다면, 특히 다른 사람의 작업 동안에 그러하다면 액션을 중지해 주기를 요청하는 것이 낫다는 것을 알아야 한다. 그리고 집단원들은 자신이 주인공을 하고 있는 드라마가 다른 멤버에게 너무 심한 영향을 주어도 그것이 주인공의 잘못이거나 비난받을 일이 아니라는 것과 드라마를 중지하는 것이 그들이 잘못하고 있다는 뜻이 아니라는 것을 듣고 알게 된다.

세션이 진행되는 중에 집단원이 떠나고 리더에게 협동 리더가 없다면 그 떠나는 사람이나 집단, 둘 중의 한쪽이 홀로 남게 된다. 어느 경우도 바람직하지는 않다.

액션이 중지되고 한 사람이 지원이 필요하게 되는 때에는 집단이 함께 있을 때여야 한다. 그 중단이 너무 방해된다고 느껴지면 다른 멤버들과 짝을 이루어 그 순간에 느끼는 감정을 나누도록 요청할 수 있고 그동안 리더는 그 압도된 멤버를 보다 사적으로 도와줄 수 있다. 그러고 나서 모든 집단원을 함께 모아서 집단의 과정에 대한 감정을 안전하게 나눌 수 있다. 만일 액션에서 중단을 필요로 했던 집단원이 주인공이 아니었다면 주인공을 한 멤버가 자신의 느낌을 집단에 나눌 수 있도록 배려를 해야 한다.

여러 면에서 집단의 *과정* 자체가 기본적인 결과물이며 집단원들에게 과정 중 어려웠던 시간을 돌아보는 것도 액션 작업을 하는 것만큼 도움이 된다는 것을 보도록 지지해 줘야 한다. 그리고 가능한 때가 되어 모든 집단원이 사건을 재방문하는 것이 괜찮게 느껴진다고 확인을 하고 나면, 중단이 일어난 바로 앞 액션으로 돌아가서 살펴볼 수 있다. 그렇지 않다면 언젠가 적절한 때에 그것을 재방문하겠다고 약속을 하고 정리를 할 수 있다. 마지막 선택이 모든 사람을 만족시킬 수는 없지만 그 불편감이나 불만족이 '다음 유익의 원천'이 될 것이다.

치료적 환경의 현실에서는 단독 리더가 청소년을 작업하는 것이 가장 적절한 방법이 아니라는 사실에도 불구하고 단독 리더의 필요성이 드러나기도 한다. 개인이 하든 짝이나 팀을 이루든 혹은 집단 리더로 작업하든 거기에는 다양한 훈련과 경험과 기술, 그리고 '다중 역할자들'이 필요하다. 혼자서 하면 리더는 모든 역할을 담당해야 한다는 막대한 부담감을 느끼게 된다. 단독 리더에게는 정규적이고 적절한 임상 수퍼비전이 꼭 필요하며, 모든 리더도 수퍼비전을 온전히 활용해야 한다.

■ 변동이 있는 사람들과 작업하기

세션마다 사람들이 자꾸 바뀌는 집단과 작업을 하면 회기마다 추가로 독특한 과제들이 생기고 성취목표에도 제한을 받는다. 그렇다고 중요한 작업을 할 수 없다는 뜻은 아니다. 대신 액션 메소드를 활용하면 같은 시간 안에 더 많은 것을 성취할 수 있게 된다. 그러나 목표와 과정이 현실적이어야 하고 인지 수준이 높아야 한다.

새로 온 멤버에게 장기 집단원들이 '멘토'로 도와주기 때문에 집단을 훈련하고 기능하는 부분으로는 그들을 지원해야 한다. '오래된 사람들'은 항상 이 일을 담당해 온 리더를 대신하여 '신입자들'에게 집단의 규준과 과정을 알려줄 수 있다. 새로운 멤버를 환영하고 화합시키는 임무를 담당하는 사절단과 같은 역할은 관계적 다리를 놓아줄 뿐 아니라 이런 과정을 많이 겪고 돌아온 멤버들에게는 과정에 흥미를 느끼게 한다. 다른 사람을 도울 수 있고 집단에 의미 있는 일을 하고 있다는 인식은 이러한 '도우미들'에게 최고의 치료적 경험이 될 수 있으며, 집단에서 자기 자신의 발전을 평가하고 테스트하는 기회를 얻는 것이기도 하다.

집단의 초점을 명확하고 비교적 단순하게 유지하는 것도 중요하다: 한 세션에 한 가지. 예를 들어, 아주 드물게 변동이 있어서 90일 만에 새로운 사람이 들어오는 입원 상태의 집단이 아니라면, 이번 세션의 이슈나 활동을 다음 세션으로 이어서 하는 일은 어렵다. 어떤 집단원은 정신과 의사와의 면담으로 늦게 올 수도 있고 가족 모임에 참석하기 위해 일찍 나가야 하기도 한다. 그래서 그날 아침의 '전체 모임'이나 현재 집단원들의 마음에 스트레스가 되는 사건 등에 초점을 맞추게 된다. 한 세션을 강점 찾기를 하거나 건강한 행동 선택을 위한 역할 훈련으로 사용할 수도 있다. 활동이 이어지는 것이라 할지라도 매회기마다 분리하여 단독 작업으로 구조화할 수 있다.

■ 입원과 '수감' 시설

입원시설이 '수감' 시설이거나 감금 현장이라면 더욱 그만의 어려움이 있다. 단독 리더이거나 변동이 있는 멤버의 문제는 제한된 환경 조건과 더불어 영향을 미친다.

입원과 수감 시설은 종종 포인트제로 특권을 쌓아 가는 행동주의 모델을 사용한다. 이러한 체계는 주로 행동을 관리하고 보유하는 데 초점을 둔다. 집단원들이 보다 폭넓고 표현적인 활동에 참여하도록 유도하려면 세션의 끝에 마음을 가다듬고 행동양식에 다시 초점을 맞추는 시간이 필요하며, 집단을 떠나게 되는 집단원과 '확장' 효과를 다뤄야만 하는 직원이 참여자들과 문제가 생기지 않게 하는 것이 필요하다(마음을 가다듬는 활동은 부록 D를 참고하라).

집단 세션이 끝난 후 집단원들의 행동에 의해 충격을 많이 받을 수 있기 때문에 이러한 환경에서는 직원과 의사소통을 하는 것이 도움이 된다. 집단 리더는 사용하는 방법과 그것의 잠재 효과에 대해 연수교육을 통해서 직원에게 알려 주어야 한다. 집단 세션의 초점이 될 수 있는 구체적인 기법에 대해서는 직원에게 의견을 물을 수도 있다. 이러한 기관들이 '치료 공동체' 모델을 많이 운영하기 때문에 집단의 목표가 공동체와 더 많이 관련이 있으면 있을수록 집단은 성공적으로 작업할 수 있게 되고 개인의 욕구를 더 잘 표현하게 된다.

■ 학교 내 집단

학교에서 집단을 운영하게 되면 집단 리더는 완전히 신경을 써야 한다. 그들은 학교 운영 방침과 절차뿐 아니라 작업할 규준을 세우는 일까지 정통해야 한다. 만일 리더가 학교 상담사라면 앞서 말한 고려사항에 친숙할 것이고 필요에 맞춰서 적절하고 효과적인 '액션' 집단을 찾게 될 것이다.

- 교육적/기능형성 집단

집단이 교육, 예를 들어 분노조절기술 가르치기, 갈등 해소 또는 에이즈 예방 등에 초점을 둔다면 리더는 액션 작업을 하는 것이 참여자들의 감정과 사생활에 직접 연결이 된다는 것을 인지해야 한다. 학생들은 집단 리더나 학교 상담사의 영역을 넘어 외부상담을 의뢰해야 하는 개인적 일을 부적절하게 노출하거나 꺼낼 수도 있다. 이럴 때는 집단에서 더 노출하는 것을 멈추고 개인 약속을 잡는 것이 적절하다. 그리고 이런 집단에서는 비밀을 유지하는 것이 어려우므로 개인 노출에 대한 규준이 명확해야 한다. 학생들은 이름을 부르지 않고 가명으로 질문하며 '자신이 아는 사람'의 경험에 대해서 말할 수 있게 한다.

그러므로 이런 집단에서는 문제를 탐색하고 더 배우고자 하는 동기를 유발하며 건강한 사회적 관계를 위한 기술을 연마하기 위해 액션을 사용하는 데 초점을 두어야 한다. 이런 문제를 작업할 수 있는 역할극을 사용하는 좋은 커리큘럼이 마켓에 많이 있다. 이슈를 액션으로 작업하는 추가 조언은 『액팅 아웃: 워크북(*ACTING OUT: The Workbook*)』(Cossa et al., 1996)에 나와 있다.

- 지지그룹

학교 상담사는 일반적인 문제를 다루는 학생 집단을 운영하기를 소망할 것이다: 이혼했거나 이혼 중인 부모; ADHD 해결하기; 또는 게이나 레즈비언 문제 등. 액션 접근은 학생이 감정과 좌절을 표현하는 데 도움이 될 뿐 아니라 삶의 문제를 건설적으로 다루는 기술을 개발하는 데에도 도움이 된다.

그러나 상담이나 지지그룹은 엄밀히 말해서 '치료 집단'이 아니라 할지라도 법적 나이가 되지 않은 청소년이 참여하려면 부모의 동의가 필요하다. 이것은 부모에게 '드러낼' 준비가 되지 않은 비주류 청소년에게는 관건이 된다. 학교 정책을 확인한 후에 학교 상담사는 잠정적인 학생에게 부모나 보호자의 동의를 받기 전에 참여에 대한 의사를 결정하도록 알려 주어야 한다.

5장에서 설명한 것처럼 부모를 포함하는 일이 잘 되면 안내하는 회기에 질문을 받고 동의서에 서명을 받는다. 이 세션에서는 부모나 보호자가 집단 작업을 지지하기 위해 집에서 십대에게 어떻게 하는 것이 좋은지에 대한 생각도 제공할 수 있다. 그리고 이때에 공통의 문제를 견디고 있는 자녀가 있는 부모는 지지 네트워크를 만들 수 있는 기회를 얻기도 한다.

학교 상담은 상담사가 책임질 수 있는 수많은 학생의 다양한 문제 영역을 안내해 주면서 상담사가 할 수 있는 것과 할 수 없는 것 사이에 갈등되는 부분도 안내한다. 숙고하면서 계획하여 실행한 액션 집단은 상담사의 시간을 최대로 이용하는 데 도움이 되며, 참여자에게는 중요한 유익을 제공할 수 있다.

반면에 학교에서 작업하는 지방단체 소속의 사람들은 다루는 내용면에 있어서 다소 여유가 있지만 집단을 시작하기 전에 미리 학교와 명확한 합의를 하도록 주의를 기울여야 한다. 이러한 '외부 지도자들'은 참여에 대한 부모의 동의가 필요한지 아닌지에 대해서도 고려해야 한다.

■ 비임상적 상황

이 책의 기초적 초점이 임상적 상황에서 액션 기법을 사용하는 것에 있다 할지라도 이 책에 나타나 있는 많은 제안은 교회나 지역사회 기관, 여름 캠프나 다른 유사한 프로그램에 의해 지원되는 방과 후 프로그램을 하고 있는 사람이 활용할 수도 있다. 소시오드라마와 역할 훈련이 특히 효과적인 교육적 도구이며, 참여자들의 '실제적 문제'를 자극할 수 있다. 이런 환경에서 집단 리더는 그 프로그램의 한계와 경계에 대해 신중해야 하며, 지역사회에서 있는 적절한 의뢰처를 알고 있어야 한다. 프로그램의 목적인 교육적이나 사회적인 기술 향상이라는 목표를 넘어서는 개인적인 문제가 집단에서 일어나면 적절한 위임이 필요하다.

요약

청소년과의 작업에 따른 어려움과 보람이 성인과의 작업과 다른 것처럼 다른 유형의 사람들이나 환경에서 작업하는 것도 다른 구조를 요하며, 필요나 규준에 대한 다른 인식이 필요하다. 집단 리더는 특별한 상황을 고려해야 할 책임과 작업을 도울 수 있는 액션 접근법을 찾을 책임이 있다. 문제가 있을 때에는 그들과의 경험이 있는 전문가와의 대화가 도움이 되며, 집단 리더는 그것을 통해 새로운 영역으로의 진보를 적절하게 준비하게 된다.

불행히도 '청소년을 위한 이상적인 프로그램'과 인적 관리 작업의 실제 사이에는 심각한 차이가 있다. 이 책에서 언급된 어떤 유형의 사람과 업무를 진행해 본 적이 있는 경험 있는 관리자는 성공한 이야기만큼이나 길고 긴 절망적 이야기를 가지고 있다. 그러나 이상에 초점을 두고 그것을 따르는 방법을 찾지 않는다면 현실의 한가운데서 리더가 탈진할 가능성도 늘어나게 된다.

이 책의 마지막 장에서는 이 모든 것을 아우를 수 있는 생각을 나누고자 한다: 1부의 이론과 철학, 2부의 실제적 제안, 그리고 특별한 구성원들과 환경의 필요성, 변하는 욕구를 가진 청소년과 작업할 때 고려할 점 등이다.

C·H·A·P·T·E·R 10

청소년 액션 집단을 개발하고 실행하기 위한 실제적 사항

1991년 폴 홈즈와 마샤 카프가 출판한 『사이코드라마: 영감과 기법(*Psychodrama: Inspiration and Technique*)』이라는 책에는 사이코드라마로 작업하는 것에 대한 수많은 저자의 다양한 범위와 풍부한 양의 아이디어가 제시되어 있다. 그러나 나에게 그 책의 진짜 천재성은 제목에 있었다. 그것은 이론과 실제, 이성적 사고와 자발성, 예술과 과학의 마술적 혼합을 담고 있었고, 그래서 사이코드라마와 여러 표현 치료를 강력한 치유 도구로 만들었다.

이 마지막 장에서는 철학과 이론과 실제, 영감과 기법을 의식적으로 통합하는 것의 중요성을 다시 보고자 한다. 그 후에 청소년 집단이라는 독특한 현실과 프로그램이 사용되는 지역사회의 현실에서 프로그램을 정착시킬 수 있는 제반 사항을 살펴볼 것이다.

이 책은 레시피 책이라기보다는 도구박스로 만들어졌다. 도구는 하려는 작업에 맞을 때에 선택된다. 판에 나사를 박을 때 망치를 사용할 수도 있지만 스크루드라이버가 더 적당한 것이 사실이다. 여기에서는 적당한 도구를 선택하기 위해 당신이 고려해야 할 방법들을 제안하려 한다.

● 이론과 철학을 실제적으로 통합하기의 중요성

표현 치료에 대한 나의 시작은 행위 예술, 특히 연극에서 청소년과 함께했던 작업의 치료적 성격을 발견한 그 '실제'의 끝에 있었다. 그때 나는 하고 있던 일과 상담철학에서의 기반에 좋은 직감이 있었지만, 책임감과 효과를 위해서 내 작업이 보다 건전한 이론에 기반을 둬야 한다는 것을 알고 있었다. 또한, 명확하게 표현된 철학의 실제를 가져야 할 중요성도 알게 되었다.

사회측정법, 사이코드라마, 소시오드라마의 기법에 대한 실제의 기반은 J. L. 모레노의 철학이 담당한다. 이론적 토대뿐 아니라 철학적 신념은 훈련기간에 개발했고 그에 따라 우리의 표현 치료와 액션 기법의 실제를 형성했다. 어느 연령대와 작업하든 집단 치료사에게는 이론적 구조와 철학적 신념에 대한 의식적인 성찰이 본질적인 시작점이라고 생각한다.

■ 이론적 & 철학적 기반 이해하기

가장 '객관적인' 과학 분야의 하나인 양자물리학의 최신 연구는 작용이 없는 것은 측정할 수 없다는 것과 우리가 정말로 결정할 수 있는 것은 '가능성'뿐이라는 생각을 제시한다. '이론'이란 그런 가능성에 대한 하나의 설명이다: 즉, 정보를 이해하여 결론을 내리고 작업적 전략을 만들 수 있는 형태로 정리하려는 가설인 것이다. 이론들은 유지되거나 더 많은 사람이 동의할 수 있게 수정되어 마침내 가치를 갖는다.

모레노가 『창조성의 성가(*Canon of Creativity*)』(Moreno, 1993, pp. 17-18)에서 가정했듯이 문화적 보존은 우리가 창조 과정에 참여하는 자발성을 최선으로 사용하도록 준비시켜서 새로운 이론과 사고가 생겨나게 하며 새로운 보존이 옛것을 대체하게 한다.

정의하자면 '철학'은 신념의 시스템이다. 그것은 우리의 생각을 정리하여 자신감 있고 기분 좋은 방식으로 행동을 유발하는 방법을 제공한다.

이론이 아무리 실용적이거나 철학이 아무리 이타적이라 할지라도 그것은 그 순간에 있어 '가장 좋은 추측'인 것이다. 그것은 우리가 어떻게 작동하는지 알려 준다. 철학이나 이론이 변화와 발전에 개방성을 유지할 때 우리를 잘 지지해 준다. 그러나 경직되거나 유연하지 않으면 작업을 방해하게 된다.

- 그것은 우리가 보는 것에 영향을 준다

몇 년 전에 성적 학대 워크숍에서 진행자가 "당신이 가진 것이 망치뿐이라면 모든 것이 못으로 보일 것이다."라고 말을 했다. 이것은 경직된 이론과 철학의 저주가 될 수 있다. 그것들은 좋든지 나쁘든지 우리가 믿는 것이 옳다고 설명해 주는 틀에 우리가 보는 모든 것을 맞추도록 유혹한다.

내가 겪은 훈련경험 중에서 가장 놀라웠던 경험은 호주 멜버른에서 열린 콘퍼런스에서 집단 사이코테라피스트인 롭 고든(2001)이 실시한 워크숍에 참석했을 때였다. 워크숍이 진행됨에 따라 롭과 나는 강한 유대감이 생겼다. 이 때문이었는지 그는 때때로 나에게 "당신이라면 어떻게 표현하겠어요?"라고 말하곤 했다. 그때마다 나는 보다 *분석적* 용어로 그가 설명한 개념에 대해 사이코드라마적 언어를 사용해서 내 생각을 표현했었다. 다행스럽게 다른 참여자들은 이 '이중적 언어 표현'으로 더 풍요로운 경험을 가지게 되었다.

집단 치료사인 우리가 이론적이고 철학적인 배경을 보다 명확하게 표현하면 할수록 우리는 더욱 자주 다음같이 된다: 집단 내에서 일어나는 일들을 보는 방법에 이론적 · 철학적 토대가 영향을 미치는 방식을 탐색하게 된다; 다른 각도에서 일을 바라볼 수 있게 된다; 경직된 생각을 내려놓고 대신 창조적 눈으로 작업하게 된다. 창조적 명확성은 집단과 작업하는 방식에 대해 보다 의식적인 선택을 하게 하고 성실하고 자신 있게 작업에 접근할 수 있게 한다.

- 그것은 우리가 하는 것에 영향을 준다

집단 속에서 작업하는 방식은 우리의 믿음이 *옳다는* 것만큼 우리의 믿음이 *진실*이라는 것을 반영한다(적어도 그 순간에 진실이라고 이해하는 만큼은). 수년 동안의 집단에서 내가 경험한 가장 창조적이고 치료적인 순간은 내가 가장 자신 있다고 생각한 기법을 사용할 때가 아니었다. 오히려 그것은 함께 작업하고 있던 청소년에 대한 나의 이해와 신념이 바로 그 순간에 와 닿았을 때였고 탐색하고 있던 문제에 대해 새로운 방법을 함께 만들어 내고 있을 때였다. 그러나 내 방법과는 다소 다르게 작업하는 다른 전문가들도 동일하게 효과적인 작업을 해낼 수 있다는 것도 깨닫게 되었다.

상황이 다르고 사람이 다르면 다른 접근 방법이 더 적당할 수도 있다; 다른 유형의 참가자들에게도 각각 다른 것이 더 유익하다. 우리의 존재와 우리가 믿는 것은 우리가 하는 방식의 작은 일부일 뿐이다. 이러한 관계를 솔직하게 이해할수록 우리는 경직된 상태로 남는 것이 아니라 발전하는 과정에 있게 된다.

그리고 우리는 진공상태에서 작업하는 것이 아니다. 우리의 이론적이고 철학적인 토대는 훈련 영역을 넘어서서 자라고 경험에 따라 성장한다. 그리고 우리의 신념은 우리의 것 이외에 다른 철학적이고 이론적인 생각과 합력하는 시스템에서 작동하고 있다. 아래에서는 다양한 체계적 영향에 의해 어떻게 우리의 신념이 형성되고 변하는지, 그러한 영향과 우리의 변화하는 신념이 어떻게 우리의 전문적 선택에 영향을 주는지 살펴보고자 한다.

■ 지역사회 규준 내에서 작업하기

어떤 프로그램이든지 기간을 보장받기 위해서는 우리가 작업하고 있는 시스템의 현실을 고려해야 한다. 가장 혁신적이고 효과적인 프로그램이라면 더욱 그러하다. 지역사회에는 어떻게 청소년을 잘 도울 수 있을지, 그리고 그 프로그램에 무엇을 포함시킬지, 또는 해서는 안 되는지 등에 대한 폭넓은 생각과 신념들이 존재한다. 사려 깊은 집단 리더라면 명확한 우선순위를 가지고 그들의 '전장'을 지혜롭게 선택하며 타협하는 방법도 알고 있다.

동의 결정을 이끌어 내는 원칙 – 모든 사람이 가능한 한 자신이 원하는 것을 많이 얻고 어느 누구도 자신에게 필수적인 것을 포기하지 않는 해결책을 만들기 위해 함께 작업하는 것 – 은 때로는 거부당하거나 지지받지 못한다고 느낄 수 있는 체제 내에서 청소년 담당자가 타협하는 방법을 배우도록 도움이 될 수 있다.

지역사회에서 작업할 때 효과적인 타협을 하는 핵심은 본질에 우선순위를 두는 것이다: 그 순간에 포기하고 싶지 않은 것과 다음에 다시 할 기회가 있다면 (어렵더라도) 포기할 수 있는 것을 아는 것. 이렇게 하면 거짓말을 하거나 핑계 대지 않고도 작업하는 것이 가능하다. 청소년 담당자가 지역사회와 존중하는 태도로 대화하면 모두가 동의할 수 있는 지점을 찾을 수 있다. 그러면 이를 프로그램 개발의 토대로 사용할 수 있게 된다. 이상적인 프로그램을 만들 수는 없을지라도 실행 가능한 프로그램을 만들 수 있다.

집단 리더가 자신의 이론적이고 철학적인 원칙을 의식적으로 숙고하고 이 이해를 토대로 프로그램 구조를 만들며 지역사회와 정직하고 분명한 관계를 발전시킨다면, 청소년의 변화하는 욕구를 감당할 수 있는 방식으로 프로그램을 개발하고 실행하며 키울 수 있다. 더욱이 요동치는 집단원들의 욕구뿐 아니라 일상의 이슈와 문제에 적절하게 반응하는 융통성 있는 프로그램으로 운영될 수 있다.

집단 구성원의 실제적 필요에 맞는 전략 찾기

이 책의 2부에서 집단 내에 있는 다양한 개인과 집단의 발달 단계에 따른 욕구를 표현하는 데 사용할 수 있는 액션 전략을 소개했다. 내가 언급했던 '그 집단'은 가상이다. 실제 상황이나 '실제' 집단에서 액션 전략은 사용하기 전에 평가되어야 한다. 리더는 이 특별한 집단이나 이 특수한 개인에게 지금 그 순간에 실제로 일어나고 있는 일이 무엇인지 생각해야 한다. 책 등을 통해 활자화된 말이나 제시된 생각은 본질적으로 순차적이다. 불행하게도 집단이나 개인은 순차적으로 발달하지 않는다. 욕구는 세션마다 다르고 심지어 한 세션 내에서도 다를 수 있다. 이러한 변화에 반응하는 것이 리더에게는 현실이다.

■ 일직선이 아닌 개인과 집단의 발달

개인과 집단의 발달은 실제로는 엇갈려 진행된다: 모든 것이 잘 되어도 앞으로 몇 발 나갔다가 다시 뒤로 물러서지만 전체적으로는 앞쪽으로 나아가게 된다. 단계가 겹치기도 하고 (개인뿐 아니라) 집단도 스트레스를 받거나 갈등과 두려움이 있으면 이전 단계로 후퇴하기도 한다. 리더는 이러한 불안정이 발생하면 알아차려야 할 뿐 아니라 그것을 과정의 일부로 받아들여서 사방으로 퍼지는 집단의 역동을 탐색하는 데 익숙하며 헌신적이어야 한다.

- 진보와 후퇴

때때로 나는 집단의 여러 발달 단계를 거치며 규칙적으로 진보하는 집단과 작업한 적이 있다. 물론 한 단계에서 다음 단계로 이동하는 동안 '중간적인' 순간이 있기도 하지만 대체로 한 방향으로 이동했다. 이러한 집단은 표준이라기보다는 예외에 해당한다. 사실 이러한 집단 발달은 수년간 함께 작업해 오는 지속적인 참여자들로 구성된 상대적으로 안정된 집단에서 일어난다.

집단이 이전 단계로 후퇴하는 수많은 요인이 있다. 여기에서는 두 가지로 나누고자 한다: 변동이 있는 집단원과 집단 내의 스트레스.

변동이 있는 집단원:

집단원들이 떠나거나 새로운 멤버가 들어올 때 집단은 이전 발달 단계로 후퇴할 수 있고 대체로 그러하다. 안전감을 형성하는 요인이 흔들리고 집단 응집력을 재형성할 필요가 있게 된다. 나는 작업 단계로 진행했다가 처음 3개월 동안 다양한 이유로 많은 사람이 떠난 한 집단을 기억한다. 그 집단은 과도기 단계로 다시 후퇴해버렸는데 그 이동과 그 원인을 스스로 깨닫고 있었다. 집단과 리더는 휴일이 지나면 희망 대기자 중에서 새로운 멤버를 받아들이기로 함께 결정했다.

그 결정은 집단의 전반적인 회복을 위해 잘한 것이었다. 그러나 이미 진행 중인 집단원들이 있고 새로운 멤버가 있었기 때문에 혼합된 웜-업이 필요했다. 새로운 멤버들은 즐겁게 들어왔고 집단을 시작하는 행동에 확실하게 참여했다. 진행 중인 집단원들은 작업 단계에서 다소 후퇴했지만 과도기 행동으로 직행하지는 않았다. 진행 중인 집단원들이 일단 안정되자 그들은 작업 모드로 다시 이동했으며, 새로운 멤버들은 과도기 행동으로 옮겨갔다. 그 몇 주간은 시소게임 같았지만 진행 중인 집단원들은 새로운 멤버들을 지지할 수 있게 되었고 리더는 이 모든 사람을 지원했다. 점차 모든 멤버가 연합하여 작업 집단이 되었다.

집단 내 스트레스:

집단이 스트레스 상황을 경험하면 불안이 증가하고 자발성은 줄어든다. 스트레스는 집단원들 사이의 갈등에서 생길 수도 있고 집단 밖에서 생겨났지만 집단으로 유입된 이슈 때문이기도 하다. 혹은 반대로 신뢰의 새로운 단계에 도달하는 것이나 더 깊은 문제가 드러나는 것과 관련이 있기도 하다. 또한, 격한 상황이나 리더와 집단원 간의 갈등 상황에 리더가 서툴게 대응하여 스트레스가 생기기도 한다. 어떤 특별한 이유이든지 집단원의 스트레스에 대한 반응으로 생겨난 행동은 뭔가가 적절하지 않다는 신호이며 공개적으로 정직하게 표현할 필요가 있다.

리더는 집단 내에서의 스트레스에 대한 자기 자신의 반응을 협동리더와의 팀 미팅이나 수퍼비전을 통해 집단 *밖에서* 다루는 것이 중요하다. 루디야드 키플링의 말을 인용하면: 집단원들이 제정신이 아닐 때 당신이 정신을 지킬 수 있다면, 당신은 스트레스가 되는 사건과 그에 대한 반응을 검토하고 건설적인 방법으로 그것을 다룰 수 있는 안전한 공간을 만들 수 있게 될 것이다.

발생하는 다양한 변동 상황을 집단 과정의 본질적인 일부로 인식하고 작업할 수 있는 집단 리더는 간간히 존재하는 '후퇴'에도 불구하고 대체적인 '진보'를 이루게 될 것이다. 그러나 리더는 보다 주요한 변동 이외에도 세션마다 혹은 한 세션 내에서조차 일어나는 소소한 변동을 인지할 수 있어야 한다. 리더는 먼저 각 세션이나 활동이 *수축적인* 공간으로 움직이는지 *폭발적인* 공간으로 움직이는지 평가해야 하며, *확장*이 필요한지 아니면 *보유*가 필요한지 결정해야 한다.

- 확장과 보유

나는 지금 여기에서 표현하는 기본 개념과 그것을 표현하는 용어를 르네 에뮤나(1990)의 논고에서 처음으로 접하게 되었다.

청소년은 개인적으로든 집단으로든 변화하는 신체적 특성과 환경적 요인으로 자연스럽게 감정의 변동을 경험한다. 때때로 집단원들은 매우 위축되고 고립되어 액션을 시작하기 어렵다. 또 다른 때는 집단 에너지가 폭발적이고 '완전히 산만해서' 집중하기 어렵다.

어떤 액션 기법은 포괄적이고 다른 것은 보유적이다. 어떤 것은 사용되는 방식에 따라 양쪽으로도 가능하다. 리더는 주어진 회기에서 어떤 활동을 사용할지 결정할 때 집단의 에너지와 웜-업의 정도 모두를 생각해야 한다. 위축된 상태에서 집단원을 끌어내기 위해 확장적 활동을 선택할 수도 있고 집단이 폭발적이라면 보유하는 활동을 선택할 수도 있다. 역설적으로 오히려 그 상태를 더 과장해서 집단이 이런 저런 상태를 통과하도록 돕는 방법을 선택할 수도 있다: 훨씬 더 위축되게 해서 완전히 제한된 느낌이 들게 하거나 집단원들이 폭발하여 안전한 방법으로 '울분을 터트리게' 하는 것이다. 선택은 리더가 그 회기를 위해 가지는 목적이나 그날의 참을성에 따라 다양하지만 그 선택은 의식적으로 해야 한다. 다음은 활동의 실례이며 집단의 에너지를 확장하거나 보유하기 위해 사용하는 방법에 대한 것이다.

그래픽 예술:

그리기나 콜라주, 조각 같은 그래픽 예술은 본질적으로 보유적이다. 이 활동들은 종이나 점토 덩어리에 과도한 에너지를 집중할 수 있는 경계가 편안한 그릇과 같은 것이다. 십대 초반이나 그 이전의 학생들로 이루어진 집단의 리더를 감독한 적이 있다. 그들이 학교에서 산

만한 에너지를 가지고 집단에 오면 구조가 없는 예술 활동이 매우 유익했다. 이 작업을 통해 그들은 그 날의 에너지를 바꾸어 작업에 집중할 수 있게 되었다.

이러한 보유성 때문에 그래픽 예술은 집단의 에너지가 매우 낮을 때 그 순간의 그들을 존중하는 방법으로도 사용될 수도 있다. 예술 투사 작업을 활용하면 집단원들에게 신체 활동이나 감정 노출을 많이 요구하지 않고도 에너지를 발해서 문제를 탐색하게 할 수 있다.

동작:

동작 활동도 확장이나 보유에 모두 쓰일 수 있다. 신체적 웜-업 활동은 집단의 에너지 레벨을 알아볼 수 있고 점차 어느 쪽으로든지 움직일 수 있다. 예를 들면, 매우 낮은 단계로 시작하지만 점차 강렬하게 움직일 수도 있다.

집단이 감정에 막혀버리거나 위축되면 집단원들을 훨씬 더 위축되게 해서 불편한 지점에 걸릴 때까지 그 '막힘'을 과장하도록 동작 활동을 만들 수 있다. 그런 다음 몸의 가장 경직된 부분을 풀기 시작하면서 보다 확장된 상태가 되기까지 천천히 저절로 이완한다. 이와 유사하게 보다 집중하는 활동으로 집단원들을 이끌기 전에 과도한 에너지를 사르는 방법으로 매우 역동적인 동작(안전한 경계 안에서)을 하게 할 수 있다.

도전 게임:

5장에서 설명한 단체 저글 같은 도전 게임은 에너지를 발하게 하거나 집단의 에너지를 확인해서 집중하게 하는 데 사용할 수 있다. 예를 들면, 집단이 얼마나 많은 물건을 떨어뜨리지 않고 전달하는지, 혹은 세 가지 물건의 전달을 얼마나 빨리 완벽하게 완수하는지 등 여러 가지 방식으로 도전이 구성되기 때문에 리더는 동작이 필요한 순간에 이 활동을 할 수 있다.

지적 사고까지 필요한 고도의 신체적 기술을 필요로 하는 게임은 에너지가 높은 집단에 유익하다. 먼저 생각하고 그 계획을 따라 행동이 나오는 게임은 에너지가 낮은 집단에 적합하다.

다중 활동:

집단의 에너지가 흩어질 뿐 아니라 각자 다양할 때도 있다. 다른 사람은 무기력에 빠져 있는 반면 '몹시 흥분해 있는' 사람도 있다. 한꺼번에 여러 가지 활동 중에서 선택하여 '자기 것을 하다가' 만나게 하면, 조금 지난 뒤 다행스럽게 한 곳에서 만나지기도 한다. 집단 리더가 한 명인 집단이라 하더라도 작업 영역을 소규모로 나누어 설정하면 리더는 에너지가 높아 보유가 필요한 사람에게 집중할 수 있다. 6장에서 보여 준 의도하지 않고도 소꿉장난으로 이어진 활동의 예가 다중 활동을 활용한 생생한 실례가 된다.

극적인 웜-업:

간단한 극적 웜-업 활동 중, 특히 앉아서 할 수 있는 것들은 무기력한 집단의 에너지를 키우는 데 잘 맞는다. 매 장면이 부모와 자녀가 무언가로 싸우는 것에 대해서라는 지시를 주고 시작하는 부모/자녀 장면(5장) 같은 활동은 일반적으로 대부분의 집단원이 참여하며 빠르게 에너지를 낼 수 있다.

연극하기:

연극 활동은 거의 언제나 확장적이다. 소시오드라마나 사이코드라마, 혹은 에너지가 높은 집단과 드라마 치료 활동을 하게 되면 느린 동작의 몇 장면을 만들어 보는 것이 건설적인 수준에 이르는 에너지를 보유하는 데 도움이 된다. 각 사람에게 알파벳의 글자 순서대로 시작하는 문장을 만들도록 요구하는 것 같은 사고력이 필요한 연극 활동도 활용할 수 있다.

에너지가 낮은 수준에서 집단을 시작하면 먼저 극적인 웜-업을 이용하는 것이 심화 작업에 필요한 에너지를 만드는 데 도움이 된다.

이런 예들은 확장이나 보유의 목적에 따라 어떤 것에 의해서도 치우치지 않고 활동을 의식적으로 적용할 수 있다는 인식을 제공한다. 경험이 없는 리더는 이런 관점으로 활동을 선택하지 않으면 새로운 활동을 할 때 쉽게 인지하지 못하기도 한다. 리더는 규준 설정의 일부로서 보유를 위한 표시를 "액션 정지."라고 말하거나 불을 깜박이는 등 집단과 함께 만들고 연습하는 작업을 할 수 있다. 이렇게 하면 폭발적이고 (시끄러운) 활동들은 집단 활동의 필수적인 순간에 중단되고 느려질 수 있으며, 통제를 위해 힘쓰지 않고 일상의 과정처럼 일순간에 조용해질 수 있다.

청소년 집단과 작업하면서 에너지나 감정, 집중력의 변덕은 당연한 부분이다. 그들의 속도에 맞춰 빨리 변속할 수 없는 리더는 청소년과의 액션 작업에 적당하지 않다. 에너지 넘치는 집단과 작업한다는 것은 집단의 에너지와 싸우면서 집단원들에게 행동을 바꾸라고 요구하는 것이 아니라 다시 초점을 맞추는 것이다. 여기에서 논의되고 있는 모든 요소는 리더가 반드시 배워야 할 무게 중심을 잡는 방법이다.

때로는 이해해야 하는 너무 많은 정보와 다루어야 할 수많은 요소가 집단 리더에게 부담스럽게 보일 수도 있다. 과정 중에 부담스러울 만큼 압도되는 느낌을 만나면 만날수록, 그리고 이러한 감정들이 경험을 통해 어떻게 변하는지를 관찰할수록 리더는 청소년기의 연속적인 발달 과업을 더 잘 이해하게 된다. 청소년은 성인세계와 타협하는 복잡성에 압도당하는 시기를 거치면서 발달하고, 경험해 나가면서 성공적으로 협상할 수 있는 필요한 인식과 기술을 개발하게 된다.

● 요약

청소년을 위한 효과적인 집단 리더가 되기 위한 여정은 고귀하면서도 복잡하다. 그리고 그런 연령대를 선택한 것부터 그것을 다루는 방법에 이르기까지 매우 개인적이다. 리더는 자신의 이론적이고 철학적인 배경에 대해 잘 이해하고 있어야 하며, 그러한 토대가 집단에서 일어나는 일을 보는 방식과 반응하는 방식에 어떠한 영향을 미치는지를 인식해야 한다. 액션 기법을 성공적으로 적용하려면 이론과 실제에 대한 통합적 이해가 필요하다.

또한, 집단 리더는 다양한 욕구와 기대, 규준이 언제나 상보적이지는 않은 집단에서 작업한다는 사실을 인지해야만 한다. 집단 리더는 자신이 돕고 있는 청소년에게 진실로 헌신하면서도 프로그램이 생존하는 것에 우선순위를 두고 타협하는 법을 배워야 한다.

집단 리더는 저글러처럼 동시에 많은 것을 움직이게 하며, 집단의 변화하는 욕구에 반응하기를 배워야 한다. 집단과 개인의 발달은 순차적으로 되지 않기 때문에 리더는 청소년 집단의 통합적 면으로서의 확장과 수축, 진보와 후퇴를 인식하면서 편안하게 작업을 해야 할 필요가 있다.

마지막으로 집단 리더는 청소년기는 한순간에 완전히 성숙함에 이르러 떠나는 것이 아니라는 것을 알아야 한다. 청소년기는 청소년들이 서로 관계를 맺으면서 동시에 때로 갈등하기도 하며, 발달하는 경험의 연장선이다. 광야의 인도자처럼 효과적인 집단 리더는 청소년이 위험한 영역과 타협하고, 숨이 멈출 만큼 멋진 광경을 누리며, 미래를 창조하기 위해 준비된 '새로운 땅'에 이르도록 도울 수 있다.

부록

부록 A

참여자와 가족을 위한 견본 정보지

_____는_____세의 청소년을 위한 프로그램을 제공합니다. 이것은 _____부터 운영되며 _____까지 입니다. _____집단은 집단원들의 긍정적인 변화와 성장을 지지하기 위해 표현 예술 집단 치료를 이용합니다.

집단은 _____요일 _____시에서 _____까지입니다. _____에는 회기가 없습니다. 그러나 이 시기에 가능한 사람들을 위해 특별 활동을 계획할 수도 있습니다. 회기는 학교의 휴일 동안에 있을 수도 있고 없을 수도 있습니다.

프로그램에서는 집단원들이 자신이 누구인지를 더 잘 이해하고 도움을 구하며 긍정적 자기 이미지를 개발하고 선택을 탐색하기 위해 표현 예술 집단 치료를 활용합니다. 연극 활동도 표현하고 나누는 방법으로 사용됩니다.

치료에 대한 몇 가지 단상

사이코테라피는 그리스어의 어원을 보면 '영혼을 치료함'을 의미합니다. 우리 모두에게는 사는 날 동안 상처와 갈등이 있습니다. 집단 과정은 우리가 혼자가 아니라는 것과 도움을 받으면 우리의 삶이 달라질 수 있음을 알게 해 줍니다. 집단 치료 경험이 있는 사람들에게

* 부록 A는 모네드낙 가족 센터의 허락을 받아 여기에 수정본을 제공했다. 그들은 이 서식의 적합성에 아무런 책임이 없음을 밝힌다.

진실은 때때로 보이지 않는 감정도 흔들릴 수 있다는 것입니다. 때로는 이것 때문에 불안함이나 우울을 느끼게 됩니다. 우리는 이러한 반응이 정상적이라는 것을 알며, 집단 속에서 이런 감정을 다룰 수 있는 방안을 제공합니다.

_____는 집단으로 작업할 것입니다. 리더는 각 사람에게 질문하고 지원해 줄 수 있지만 개인상담을 하지는 않습니다. 참여자가 개인상담이 필요한 경우에는 리더가 학교나 지역사회의 적당한 상담사에게 의뢰할 수 있습니다. 이 과정은 부모의 동의와 협조가 필요합니다. 비밀유지와 역할 혼동의 문제가 있을 수 있으므로 참여자가 집단 리더에게 개인적으로 상담받는 것은 주요 관심사가 아닙니다.

만일 학생이 집단의 다른 사람과 어려움이 있다면 집단을 통해서 그 문제를 해결하도록 권할 것입니다. 리더는 이 과정을 시작하는 것에 어려움이 있는 사람을 돕지만, 이 어려움을 제거하려고 집단에서 따로 떨어져서 학생들과 작업하지는 않습니다. 집단원들 사이에 제기된 이슈는 리더가 '비밀에 부쳐' 처리할 수 없습니다.

가족과의 연락

부모의 지지는 참여자들의 프로그램에 대한 성공에 중요합니다. 그러나 이것이 가족상담 프로그램이 아니라는 것은 분명히 하겠습니다. 이 프로그램은 참여자들을 돕기 위해 마련된 것입니다.

프로그램을 하다 보면 집이나 다른 곳에서 태도가 변하기 시작할 가능성이 있습니다. 때로는 태도의 긍정적인 변화가 다른 특별한 방식에 익숙했던 가정에 어울려 보이지 않을 수 있습니다. 부모나 보호자가 아이에 대해 집단 리더에게 바라는 관심이 있다면 그런 이야기는 참여자와 공유될 것입니다. 집단 리더가 부모를 만날 필요가 있다면 그 집단원이 동석해야 합니다. 가족이 겪고 있는 어려움 때문에 작업하는 데 도움이 필요하다고 가족이 느끼는 경우에는 적당한 지역 기관에 의뢰할 것입니다.

비밀유지

프로그램의 일부로 공유되는 모든 개인적 · 가정적 정보는 참여자/부모님이 서명하신 용지에 설명된 것처럼 몇 가지 예외를 제외하면 엄격하게 비밀유지 될 것입니다. 프로그램 리더는 신체적 학대, 성적 학대, 또는 방임이 의심될 경우에 법적으로 보고해야 합니다. 참여자가 자살하고 싶은 마음이 있어 보이거나 다른 사람을 해칠 의도를 보이면 리더는 반드시 보고해야 합니다. 이러한 예외 경우에도 집단 안에서 말하여지거나 행해진 것이면 집단 안에서만 유지됩니다.

________집단 리더는 참여자의 요구가 있을 경우를 제외하면 학교 관계자나 다른 상담사, 경찰관 등과 먼저 연락하지 않습니다. 집단원에 대해 외부인이나 기관에서 연락을 받으면 그 집단원에게 반드시 알릴 것입니다.

부모나 학교로부터의 정보

부모님이나 교사가 우리 프로그램에 참여할 청소년에 대해 주시는 의견을 소중히 여기겠습니다. 우리는 참여자가 자신의 행동이 다른 사람에게 미치는 영향을 이해하고 다른 사람들이 보는 방식에도 영향을 미친다는 것을 이해하는 것이 중요하다고 생각합니다. 그래서 학생이 자신의 가족이나 공동체, 또는 프로그램 내에서 과정을 평가할 때 집단 리더나 집단원들에게 피드백을 받는 것도 중요합니다. 우리는 학생들에게 이런 피드백을 구하도록 격려합니다. ______직원은 연말에 학부모 설문조사 이외에는 집단원에 대한 이런 피드백을 요구하지 않습니다.

등록 및 선발 과정

등록 과정은 프로그램을 더 잘 이해하고 질의응답을 갖기 위해 잠재적 참여자 및 부모님/보호자가 정보안내 세션에 참여하는 것으로 시작됩니다. 학생이 관심이 있고 부모님이 동의하시면 잠재적 멤버는 서약서를 쓰기 전에 과정에 대해 더 많이 알기 위해 입문 집단 회기에 참여할 수 있습니다. 18세 미만의 학생은 이 프로그램에 참여하기 위해 부모님의 동의가 필수적입니다. 입문 회기 후에도 프로그램에 관심이 있고 시간과 노력을 들이겠다는 서약서를 쓸 의사가 있는 학생은 선발될 자격이 있습니다.

프로그램에 참여할 수 있는 학생 수는 제한되어 있습니다. 학생의 성별과 연령, 삶의 경험을 고려하여 집단을 만들 것입니다. 우리의 프로그램은 참여하는 사람들에게 유익이 되도록 만들어졌습니다. 지원하는 모든 사람을 수용할 수 없으므로 선발되지 않은 학생은 내년에 다시 지원하기를 권해드립니다. 연중에 열리는 공개 행사를 위해 대기자 명단을 유지하겠습니다.

프로그램 참여

일단 프로그램을 시작하면 리더는 다음과 같은 경우에 프로그램을 그만두도록 요구할 권한이 있습니다: 규준을 지키지 않는 경우; 규칙적으로 출석을 하지 않는 경우; 집단과 심각한 불화를 일으키는 경우. 그러나 어느 누구도 리더와의 사전 의논 없이 떠남을 요구받지 않습니다. 집단원이 프로그램에서 탈퇴할 것을 생각한다면 그것에 대해 집단과 리더에게 의논해야 합니다.

계획된 회기에 정기적으로 참여하기 위해 교통수단을 결정하는 것은 참여자의 책임입니다. 직원은 모임이나 활동 후에 차량을 마련해 주지 않습니다.

프로그램 규준과 가이드라인

_____를 위해 세운 규준과 가이드라인이 첨부되어 있습니다.

비용

(참고: 비용에 대한 정책과 절차는 여기에 있어야 한다.)

기록 보관

참여자에 대한 프로그램의 효과를 통계적으로 보고하는 것이 기관의 정책입니다. 다양한 접근 방법을 사용하며, 그것으로 직원과 참여자들이 목표를 개발하고 과정을 차트에 기록합니다. 모든 집단원의 파일은 극비로 보관됩니다. _____의 직원과 참여자만이 이 정보를 열람할 권한이 있습니다. 기금 출처에 보고하는 것은 오직 연령, 성별, 위치 등 숫자와 인구통계 정보로만 합니다.

부록 B

등록 및 부모동의서 양식 샘플

지원/등록 양식

이름: ______________________ 연령: ________________

생일: ______________________ 전화: ________________

주소: ______________________ 도시: ________________

____

지역: ______ 우편번호: ______ 이메일: ________________

학교: ______________________ 학년: ________________

학교연락처 또는 보호자: ______________________________

부모/보호자 정보

어머니: ________________ 아버지: ________________

주소: ____

____

전화 (집): ____________________

(어머니): ________________

(아버지): ________________

** 부록 B는 모네드낙 가족 센터의 허락을 받아 여기에 수정본을 제공했다. 그들은 이 서식의 적합성에 아무런 책임이 없음을 밝힌다.

프로그램을 접한 경로: ______________________________

참여하고 싶은 이유: ______________________________

비상시 부모님과 연락이 안 될 경우 연락할 지인

이름: ____________________ 전화: ______________

가족 주치의: ______________ 전화: ______________

주소: ______________________________________

____

복용 중인 약이 있습니까?

____

____

신체적 어려움이 있습니까?

____

____

집에 동거인이 있습니까?

이름: __________ 나이: __________ 관계: __________

아래의 정보는 오직 통계적 목적으로만 사용됩니다.

물론 비밀이 유지됩니다.

특수교육을 받은 적이 있습니까? ____________________

학년을 쉰 경우는 있습니까? __________ 언제: __________

청소년 법정에 서 본 적이 있습니까? ________________

현재 상담 중이다.

청소년: ____________ 부모: ____________

상담 경험이 있다.

청소년: ____________ 부모: ____________

참여자를 더 잘 돕기 위해 직원이 알아야 하는 정보가 있습니까?

____

____

참여자 서약서

받는 이: ________________ 생년월일: _____________________

나 ________는 참여자와 부모를 위한 안내서에 설명된 대로 나의 자녀가 __________ 프로그램에 참여하는 것을 허락합니다.

모든 개인적 및 가족의 정보가 엄격히 비밀유지 될 것을 알고 있습니다. 또한, 신체적 · 성적 학대나 방임, 그리고 자살을 저지를 의도나 타인을 해할 의도가 의심되는 경우에 법적으로 보고해야 의무가 직원에게 있음도 알고 있습니다.

나는 학교에서나 집에서의 행동의 결과 때문에 내 자녀가 프로그램에 참여하지 못하게 하는 경우가 없을 것을 약속합니다.

이 서약서는 프로그램이 끝나는 ________에, 혹은 무슨 일 때문이든 내 자녀의 참여가 끝나는 시기에 효력이 만료됩니다.

참여자 서명: _____________ 부모/보호자 서명: _____________

날짜: _______________________

부록 C

집단 규준 샘플

비밀유지

- 집단에서 말하여지는 모든 것은 집단 내에서만 존재한다. 이것은 집단원들과 집단 리더에게 동일하게 적용된다.
- 집단 리더는 신체적 · 성적 학대나 자신과 타인을 해할 심각한 의도가 의심될 때 보고할 법적 의무가 있다. 보고할 상황이 생기면 집단 리더는 어떻게 진행할지 그 집단원과 작업할 것이다.
- 집단 리더는 요구가 있을 경우를 제외하면 집단원에 대해 부모나 교사, 혹은 어떤 외부인과도 먼저 연락을 하지 않는다. 만약 해야 한다면 그 집단원이 함께 동석해야 한다.
- 집단 리더가 집단원에 관하여 외부인이나 기관에서 연락을 받는다면 그 내용을 집단원에게 사적으로 알리며, 그 집단원은 그 정보를 집단에서 나누도록 격려받는다.
- 다른 집단원에 대한 정보를 또 다른 집단원이 리더에게 전한다면 이는 비밀로 유지될 수 없다.

존중

- 집단은 감정과 생각, 느낌을 표현할 수 있는 안전한 장소이다. 집단원들은 놀림 받을 두려움 없이 자기 자신일 수 있는 서로의

*** 부록 C는 모네드낙 가족 센터의 허락을 받아 여기에 수정본을 제공했다. 그들은 이 서식의 적합성에 아무런 책임이 없음을 밝힌다.

권리를 존중한다.

- 언제 어떤 형태로든 언어 학대나 신체적 학대, 혹은 타인에 대한 폭력 위협은 금지이다.
- 집단원들에게 의식적으로 친절하게 서로에게 신체 접촉을 하도록 권장한다.
- 과도한 모욕적 표현은 행동으로도, 언어로도 허락되지 않는다.
- 집단원들은 알코올이나 다른 약에 취해서 집단에 참여할 수 없다. 18세 미만의 사람이 이러한 것들을 구매하거나 소지하는 일, 그리고 담배를 흡연하는 것은 법으로 금지되어 있다. 집단 활동 중에는 모든 집단원이 담배를 흡연하지 않도록 한다.
- 집단원들은 상호작용하는 서로의 공간을 존중하며 프로그램이 진행되고 있는 건물의 규범도 지켜야 한다.

참여

- 각 사람은 모든 집단 활동에 참여하도록 권장한다. 그러나 선택은 참여자의 몫이다.
- 집단원들은 자신의 선택에 따라 자신이 필요한 만큼 적당히 개인적 문제를 공개하도록 지지된다.
- 프로그램의 성공과 집단원에 대한 그 유익은 각자가 시간을 맞춰 정기적으로 온전히 참여함에 달려 있다.
- 집단원의 지각이나 결석은 리더와 집단원들에 의한 평가로 이어진다.
- 아프거나 비상시에는 회기에 참여하지 못할 것을 인지한 즉시 집단 리더에게 알려야 한다. 필요시 다른 집단원들에게 전달되기도 한다.

집단원들 간의 관계

- 집단 활동 중에는 물론이고 집단의 밖에서도 집단원들이 '로맨틱한' 관계에 빠지는 것은 강하게 금지된다.
- 집단은 '연애하는' 행동을 하기에는 부적절한 장소이다.
- 집단 밖에서 다른 집단원들과 우정을 맺고 싶은 사람들은 언제나 비밀유지 규준을 마음에 새겨야 한다.
- 짝을 만드는 관계는 모든 집단원과 온전하고 균등하게 함께 하는 능력에 제한이 된다는 것을 기억해야 한다.

종결

- 리더는 다음의 경우에 집단원에게 한시적으로나 영원히 집단을 떠나도록 요구할 권한이 있다: 규준을 준수하지 않거나; 규칙적인 출석을 하지 않거나; 집단에 심각한 물의를 빚는 경우.
- 아무에게도 리더나 집단원들과 논의할 기회를 제공하지 않고 집단을 떠나도록 요구할 수 없다.
- 어느 때든지 집단원이 프로그램에서 탈퇴를 생각하고 있다면 이것에 대해 리더와 집단에 나누고 작별을 고하도록 요청한다.

부록 D

오프닝 & 클로징 서클, 웜-업, 진정하기 그리고 역할 털기에 대한 여러 대안

오프닝 & 클로징 서클

오프닝과 클로징 서클은 집단 회기가 시작하고 끝남을 표시하는 한 가지 방법이다. 오프닝 서클은 집단원들이 명확하게 집단에 집중하고 자기 자신에 대한 것을 나누거나 회기에 맞는 이슈나 주제를 준비하도록 도와준다. 클로징 서클은 집단원에게 전체로서 끝내게 하여 회기를 돌아보게 하거나 회기 사이사이의 시간에 대한 목표를 세우거나 아니면 그 회기가 특별히 강렬한 것이었다면 보다 충실하게 그 현재에 서게 한다. 아래에 제안된 것들은 집단의 발달에서 사용되는 위치에 따라 묶어서 사용하면 된다.

집단 인터뷰와 첫 세션

오프닝 서클

집단 발달의 이 단계에 있는 오프닝 서클은 언제나 집단원들이 그 날의 질문이나 액션을 끝내기 전에 자신의 이름을 말하는 것으로 시작해야 한다.

1. 일어나서 당신의 이름을 말하고 당신의 오늘 기분을 몸짓으로 표현해 보세요. 모든 사람이 당신의 이름과 몸짓을 그대로 따라서 할 것입니다.
2. 당신의 이름을 말하고 당신이 이 집단에 참여하는 한 가지 이유

를 말해 주세요.
3. 당신의 이름을 말하고 당신이 좋아하는 활동 하나를 말해 주세요.
4. 당신의 이름을 말하고 나누고 싶은 개인적 사실 한 가지를 말해 주세요.
5. 당신의 이름을 말하고 다음 문장을 완성해 주세요. "나는 오늘 왔다. 왜냐하면 ______________________ 때문이다."
6. 당신의 이름을 말하고 다음 문장을 완성해 주세요. "나에게 오늘 __________ 일이 일어나면 좋겠다."
7. 당신의 이름을 말하고 가장 좋아하는 TV 쇼나 연예인을 말해 주세요.
8. 당신의 이름을 말하고 가장 좋아하는 아이스크림을 말해 주세요.
9. 당신의 이름을 말하고 가장 좋아했던 / 싫어했던 과목을 말해 주세요.
10. 당신의 이름을 말하고 아침에 맨 처음 일어날 때의 당신 모습을 마임으로 보여 주세요.

클로징 서클

1. 이 집단 모임에서의 경험을 한 마디나 문장으로 표현해 보세요.
2. 지금 당신의 기분을 한 마디나 문장으로 표현해 보세요.
3. 당신의 지금 기분을 소리나 동작, 몸짓으로 보여 주세요.
4. 오늘의 모임에서 당신이 좋아한 한 가지는 무엇인가요?
5. 문장을 만들어 주세요. "오늘 집단의 교훈은 __________이다."
6. 이 집단에 다시 오고 싶다면 한 가지 이유를 말해 주세요.
7. 오늘 한 활동 중에서 당신에게 어려웠던 것은 무엇인가요?
8. 이 집단을 영화라고 한다면 당신이 붙일 제목은?

9. 지금 이 순간 이 집단의 일원이라는 것이 어떻게 느껴지는지 한 문장으로 하면?
10. 이 집단에 참여하여 당신이 얻고 싶은 한 가지는 무엇인가요?

집단 과정 초기 세션일 경우

오프닝 서클

이 단계에서 하는 집단 발달의 오프닝 서클은 모든 사람의 이름을 알기 위한 목적으로 자신의 이름을 말하는 것으로 시작하며, 특히 집단이 시작한 후에 새로운 멤버가 들어왔다면 더욱 그러하다.

1. 당신이 집에서 가져온 물건을 보여 주고 당신에게 그것이 중요한 이유를 설명해 주세요. 가져오는 것을 잊었다면 가져오고 싶었던 것에 대해 말해 주세요.
2. 당신을 표현해 준다고 생각하는 물건은 무엇인가요?
3. 새로운 환경에 처하면 당신이 할 것 같은 행동은 무엇인가요?
4. 당신이 100퍼센트 집중할 수 있는 일은 무엇인가요?
5. 당신 자신과 동일시되는 책이나 영화, TV 속 인물은 누구일까요?
6. 이 집단의 일원인 동안 당신이 이루고 싶은 목적 하나를 말해 주세요.
7. 집단원들을 안전하고 편안하게 느끼게 할 수 있다고 생각하는 물건을 말한다면?
8. 집단이 당신에 대해 모르고 있다고 생각하는 것 중에서 나누고 싶은 한 가지를 말해 주세요.
9. 당신이 여기로 계속 오게 하는 이 집단에 대해 한 가지를 말한다면?
10. 가장 중요하다고 생각하는 집단 규준과 그 이유를 말해 주세요.

클로징 서클

1. 다음 모임 전에 당신이 기다리고 있는 것 한 가지를 말해 주세요.
2. 지금 당신의 느낌을 소리로 표현한다면?
3. 집단 회기 중에서 당신이 집중했거나 할 수 없었던 때를 말하고 그 이유와 그때 어땠는지 말해 주세요.
4. 집단의 도움을 받아 당신이 이루고 싶거나 바꾸고 싶은 당신 자신의 모습을 말해 주세요.
5. 집단을 시작할 때에 비해서 끝나는 지금 이 시점에 다르게 느끼는 것은 무엇인가요?
6. 오늘의 모임 중에서 다음 주까지 유용할 것 같은 한 가지를 가져간다면 무엇일까요?
7. 오늘의 모임이 음악이라면 어떤 종류의 것일까요?
8. 당신이 오늘 발견한 다른 집단원의 긍정적인 면 하나를 말해 보세요.
9. 오늘 모임을 세 단어로 표현해 보세요.
10. 1~10까지의 눈금저울이 있다면 오늘 집단에서의 당신의 집중도는?

집단 과정의 중간에 있는 회기

오프닝 서클

1. 어떤 이유이든지 당신에게 중요한 이슈나 주제를 말해 주세요.
2. 지금 당신의 기분을 한 단어나 문장, 혹은 표정이나 소리로 나타낸다면?
3. 지난 회기에 대해 당신을 표현할 수 있는 한 가지는 무엇인가요?
4. 문장을 완성해 주세요. "나 자신에 대해 바꾸고 싶은 것은 _____

__________입니다.”

5. 세상의 모습에 대해 당신이 극을 쓴다면 제목은 무엇일까요?
6. 당신의 인생에 대해 당신이 극을 쓴다면 제목은 무엇일까요?
7. 당신의 오른쪽에 앉아 있는 사람에게 재미있는 질문을 하나 해 보세요.
8. 당신만의 오프닝 서클 질문을 만들고 답을 해 보세요.
9. 1년 전과 지금의 당신이 다른 한 가지는 무엇인가요?
10. 집단이나 삶에서 당신이 하고 있는 세 가지 ‘역할’을 말해 주세요.

클로징 서클

1. 다음 주에 대한 개인적 목표 한 가지를 말해 주세요.
2. 당신이 도움을 구할 수 없는 한 사람을 말해 주세요.
3. 오늘 집단에 얼마나 잘 참여했는지 당신 자신에게 성적표를 준다면 ‘가정통신문’ 자리에 뭐라고 쓰여 있을까요?
4. 집단원들이 서로 얼마나 잘 작업했는지 당신이 전체 집단에 점수를 준다면 몇 점일까요?
5. 오늘 당신이 집단원으로서 책임감을 느낀 것이 있다면 무엇일까요?
6. 이 후의 회기에 당신이 집단에서 집중하고 싶은 자신을 위한 목표를 말해 주세요.
7. 당신의 삶에서 극복한 장애물이 무엇인지, 그리고 그 경험에서 배운 것을 말해 주세요.
8. 집단에 참여하는 동안 깨달은 당신 자신의 모습을 말해 주세요.
9. 오늘이 마지막 회기라면 이루지 못해서 후회할 한 가지가 무엇일까요?

10. 다음 주까지 당신이 자신에게 친절할 수 있는 한 가지 방법은 무엇일까요?

집단 과정의 후기 세션

오프닝 서클

1. 문장을 완성해 주세요. "지금까지 집단에서 나는 ___________ 였다."
2. 문장을 완성해 주세요. "이 집단이 끝나기 전에 나는 _________ 하고 싶다."
3. 당신의 느낌과 필요를 말하는 것을 방해하는 것은 무엇인가요?
4. 집단원들은 아직 모르지만 당신이 나눌 준비가 되어있는 것을 인형을 사용해서 말해 주세요.
5. 이 집단이 끝날 때까지 당신의 목표를 달성하는 데 집단이 어떻게 도울 수 있을까요?
6. 왜 당신은 아직도 이 집단에 있는 걸까요?
7. 오늘 집단에서 당신이 온전히 참여해야 하는 이유를 말해 주세요.
8. 지금부터 10년 후에 이루어지길 원하는 것은 무엇인가요?
9. 문장을 완성해 주세요. "정시에 집단을 시작하고 끝내는 것에 대해 내가 좋아하는 것은 __________ 이다."
10. 집단에서 당신에게 정말 작업이 잘 되는 것/안 되는 것은 무엇인가요?

클로징 서클

1. 집단 중에 이미 당신이 달성한 목표를 말해 주세요.
2. 당신의 삶에서 집단이 당신을 지지해 주는 방식을 말해 주세요.
3. 당신 오른쪽에 앉은 사람에게 당신이 고마워하는 한 가지를 말

해 주세요.

4. 처음 시작할 때보다 집단이 달라진 것이 있다면?
5. 오늘의 집단 모임에서 당신이 가져갈 수 있는 것이 있다면?
6. 다른 사람들에게 당신 자신을 돌봐야 한다고 충고 한마디 해 준다면?
7. 당신의 모습 중 집단을 시작할 때와 달라진 한 가지를 말한다면?
8. 문장을 완성해 주세요. "내가 이 집단의 리더라면 나는 ________ ________ 할 것이다."
9. 지금까지 중에서 집단에 대해 가장 좋은 기억은 무엇인가요?
10. 당신이 지금까지 집단에서 참여한 방식은 어떠했나요?

종결의 시기가 다가올 때

오프닝 서클

1. 집단의 마지막 회기에서 당신은 무엇을 원하나요?
2. 이 집단에서 당신이 말하지 못한 것은 무엇인가요?
3. 이 집단에서 당신이 하지 못한 것은 무엇인가요?
4. 이 모임의 시작부터 집단은 어떻게 당신을 지지했습니까?
5. 당신이 이 집단에 참여한 모습을 은유로 표현해 보세요.
6. 이 집단이 당신에게 어떤 의미인지 그림으로 표현한다면 무슨 색을 쓰겠습니까?
7. 이 집단에 대한 영화를 만든다면 제목은 무엇이 좋을까요?
8. 이 집단이 끝나면 당신은 여기에서 무엇을 가장 그리워할까요?
9. 이 집단에 대해 전혀 그립지 않을 것은 무엇일까요?
10. 당신은 주로 상실과 종결을 어떻게 다루나요?

클로징 서클

1. 이 집단에서의 경험을 한 단어나 문장으로 표현해 주세요.
2. 이 집단이 다시 모이게 된다면 어떻게 달라야 할까요?
3. 이제 이 집단에 오지 않는다면 당신의 삶에서 무엇이 달라질까요?
4. 다른 일반적인 종결과 달리 이 집단을 종결한다면 당신은 어떻게 하고 싶나요?
5. 마지막 집단에서 당신이 하고 싶은 것이 하나 있다면 무엇을 할까요?
6. 문장을 완성해 주세요. "내가 기억되고 싶은 모습은 __________ 이다."
7. 집단이 종결되고 나면 당신은 스트레스를 어떻게 해결할 수 있을까요?
8. 이 집단에서 당신은 무엇을 가져가고 싶은가요?
9. 당신이 이 집단을 떠날 때 무엇을 두고 가고 싶은가요?
10. 문장을 완성해 주세요. "이 마지막 모임이 영화라면 나의 퇴장 대사는 ______________일 것이다."

웜-업

웜-업은 대화를 촉진하고 집단원들이 서로를 알게 하며, 자연스럽게 액션으로 들어가서 문제나 주제를 탐색하게 하여 말을 액션으로 옮기게 한다. 이를 통해 집단에 에너지가 생기며, 그것을 보유할 수도 있게 된다. 신체 접촉이나 활동이 있는 웜-업이라면 존중과 안전에 대한 규준을 한 번 더 나눌 필요가 있다. 다음에 제안된 것들은 집단의 발달에서 사용되는 위치에 따라 묶어서 사용하면 된다.

집단 인터뷰/ 초기 세션

1. **누가 동작을 시작했을까?** 집단원들이 원으로 선다. '시작할 사람'이 선택될 동안 한 사람에게 방을 나가 있으라고 요청한다. 시작하는 사람이 모든 집단원이 그대로 따라 할 간단한 동작을 시작한다. 밖으로 나간 사람을 다시 들어와서 원의 한가운데로 간다. 활동이 진행되면 시작한 사람이 동작을 바꾸고 집단원들도 바꾸어 따라 한다. 원의 가운데 있는 사람은 누가 처음 시작한 사람인지 찾아야 한다.

2. **집단 구조물 쌓기** 집단 리더가 방의 한가운데에 물건들을 잔뜩 가져다 놓는다. 집단 과제는 그 물건 중에서 골라 가장 높이 우뚝 서 있는 구조물을 만드는 것이다. 시간은 한정되어 있다. 일단 완성되면 물건의 높이를 측정한다. 집단원들은 더 높은 구조물을 만드는 것이 무엇일지 의논하고 다시 또 다른 구조물을 쌓는다. 활동을 마치면 리더는 그 작업을 하는 동안 각 사람이 한 역할에 대해 이야기를 나눈다.

3. **가면 전달하기** 집단원들이 원으로 앉는다. 한 사람이 얼굴을 찡그리고 옆 사람에게 그 얼굴을 똑같이 만들도록 보여 준다. 똑같은 얼굴 모습이 원을 따라서 계속 만들어져 전달될 수도 있고 각 사람이 표정을 받으나 전달할 때에는 다른 얼굴로 만들어 전달할 수도 있다.

4. **집단으로 10까지 세기** 집단원들이 원으로 앉는다. 그리고 다음의 지시사항을 말한다: "내가 "go."라고 말하면 집단은 1에서 10까지 순서대로 세기 시작합니다. 누구라도 시작하고 싶으면 그렇게 해도 됩니다. 그다음 숫자를 말하고 싶은 사람은 그렇게 해도 됩니다. 누구도 두 개의 숫자를 연속해서 말하면 안 됩니다. 당신은 원을 따라서 그냥 순서를 받으면 안 됩니다. 의논해서도 안 됩니다. 두 사람이 동

시에 숫자를 말하면 나는 "go."라고 다시 말할 것이고 모든 것이 다시 시작됩니다. GO!"

5. **말꼬리 즉흥극** 두 사람이 즉흥극을 시작한다. 어떤 것도 괜찮다. 어느 순간 다른 집단원이 배우들이 방금 했던 말 중에서 단어나 짧은 문장을 소리 내어 말한다. 액션이 정지된다. 소리 내어 단어를 말한 사람이 그 말을 한 배우와 자리를 바꾼다. 새로 들어간 사람은 처음 극을 시작할 때는 그 '말꼬리'를 사용하여 완전히 새로운 장면을 시작해야 한다.

6. "~ **했을 때에 대해 나에게 말해 줘.**" 이것은 한 번에 한 사람이 할 수도 있고 짝을 지어서 할 수도 있는데 그때는 "~ 할 때에 대해 네 짝에게 말해 줘."가 된다. 리더나 파트너가 전혀 일어날 것 같지 않거나 웃기는 말로 문장을 끝내면 그 사람이 그 상황에 대한 짧은 이야기를 만든다. 예를 들면, 이러하다: "~ 외계에서 온 피자가 당신 여동생을 납치했던 때에 대해서 나에게 말해 줘; 네가 대통령/수상이랑 브런치를 함께 먹었는데 네가 그의 신발에 토했던 때에 대해 말해 줘; 네 눈썹이 얼굴에서 튀어 나가 개를 잡아먹었던 때에 대해 말해 줘."

7. **침묵 듣기** 집단원들에게 편하게 느껴지면 눈을 감고 조용히 앉으라고 말하고 그 순간에 그 공간에서 얼마나 많은 소리를 알아차릴 수 있는지 들으라고 한다. 1분쯤 후에 자신이 들은 것을 나눈다.

8. **줄지어 이야기 말하기** 한 사람에게 이야기를 지어서 말해 주길 요청한다. 리더가 종을 칠 때마다(손뼉을 치거나 어떤 단어를 말해도 된다) 원형으로 앉은 그다음 사람이 바로 전 사람이 끝난 곳부터 이야기를 계속한다. 말하다가 중간에 끝나더라도 거기서부터 이어간다.

9. **등장인물과 역할 교대하기** 각 사람이 빈 의자 앞에 교대로 서서 의자에 있는 집단에 말을 한다. 그는 역사 속의 유명한 사람이거나 책이나 연극, 또는 영화의 등장인물이어야 한다. 그 집단원이 등장인물에게 질문을 한 후 의자에 앉아 그 등장인물이 되어 질문에 답을 한다.

10. **"내가 너에게 말했으면 하는 것은 ~"** 각 사람이 빈 의자 앞에 교대로 서서 의자에 있는 집단에 말을 하지 않는다. 그는 자신의 인생에서 말하고 싶은 무언가가 있었으나 하지 않았던 사람이어야 한다. 각 사람이 하지 못한 말을 할 기회를 얻게 될 때 그는 의자에 앉아 반응을 할 수도 있고 하지 않을 수도 있다.

집단 과정의 초기 세션

1. **긴장과 이완** 이것은 신체 활동이다. 리더가 신체 각 부위의 이름을 말하면서 집단원들에게 교대로 그 부분의 근육을 긴장시켰다가 이완시키도록 안내한다. 이를 통해 온몸의 긴장과 이완을 단련하게 된다. 이렇게 함으로써 집단원들은 몸풀기를 하여 다른 동작을 하는 데 몸이 잘 준비되게 한다.

2. **묶인/자유 동작** 집단원들에게 체인에 묶여 있거나 꿀 속을 걸어다니거나 세찬 바람과 싸우는 것 같이 꽉 묶이거나 갇힌 느낌으로 돌아다니게 한다. 그러고 나서 다시 물에 떠다니거나 날아다니거나 햇살이 비치는 따뜻한 날에 즐겁게 다니는 것처럼 자유롭게 움직이게 한다. 상태를 바꾸어 가며 사람들을 돌아다니게 한 후 인생에서 그렇게 구속함이나 자유를 느꼈던 때에 대해서 나누게 한다.

3. **세 가지 변화** 집단원들이 파트너를 마주 보고 서서 파트너가 입고 있는 모든 세세한 사항을 살펴본다. 그리고 파트너들이 서로 떨어

져서 외모에서 눈에 보이는 세 가지 변화－예를 들어, 손목시계가 있는 손을 바꾸든지, 단추를 채우거나 풀든지 등－를 만든다. 다시 파트너끼리 마주 보고 서서 변화를 찾아볼 수 있는지 확인한다.

4. **리듬 서클** 집단원들이 원으로 앉는다. 다양한 타악기(드럼이나 딸랑이 등)를 사용하여, 아니면 손발을 이용하여 한 사람이 리듬 있는 소리를 낸다. 다른 멤버들도 한 사람씩 리듬을 더하여 모든 사람이 다 참여할 때까지 하고 나면 다시 한 사람씩 멈추기 시작해서 처음 시작한 사람만 남기까지 한다. 여러 번 시도해 보면서 사이사이에 무엇이 '더 재미있는' 리듬을 만들거나 '더 잘 맞추는' 리듬을 만드는지 나눈다. 이 리듬 서클이 어떻게 집단 작업에 대한 은유가 될 수 있는지 생각해 볼 수 있다.

5. **빙글빙글 접촉** 집단원들에게 어떤 종류의 접촉도 하지 말고 방에 있는 다른 사람을 쳐다보지도 않으면서 '빙글빙글 돌아다니라고' 지시한다. 잠시 후에 이제는 다른 사람을 인식하기는 하지만 여전히 접촉은 하지 않도록 지시한다. 아이 콘택트부터 시작해서 점차적으로 접촉을 확대하면서 말로 인사하고 짝을 만든 후에 또 짝과 짝이 만나기를 확산하여 전체 집단이 신체적으로 접촉할 때까지 계속한다.

6. **스트레칭 밴드** 늘어나는 천을 이어 늘어나는 고무 밴드처럼 만든 '스트레칭 밴드'를 이용하여 집단의 모든 사람이 그 밴드 안에 들어가 서로 균형을 잡을 수 있는지 보고, 한 사람의 움직임이 어떻게 집단 전체에 영향을 주는지 알게 한다. 일단 '스트레칭 밴드' 활동을 시작하면 집단은 자동적으로 그것을 사용하는 방법들을 배우게 된다. 낙하산 활동도 비슷하다.

7. **이슈/단어 즉흥극** 집단이 다 같이 '실생활'에서 가능한 문제들의 목록을 만든다. 예를 들면, 약물남용, 십대 임신, 이혼 등이며, 그것들을 칠판이나 화이트보드에 한 줄로 기록한다. 그 옆 칸에는 관계없는 단어나 문장을 만든다. 이상할수록 더 좋다. 고무 치킨, 삼베 속옷처럼. 집단원 중 한 쌍이 아무 주제나 가지고 극을 시작한다. 어느 정도 하다가 둘 중 한 사람이 자기들이 하고 있는 장면을 망가뜨리지 않으면서 목록에 있는 한 단어나 문장을 가지고 작업할 방법을 찾아야 한다. 과제가 달성되면 집단에 있는 한 사람이 "얼음!"을 외치고 원래 하고 있던 둘 중의 한 사람 역할을 가져가서 목록에 있는 다른 주제를 가지고 새로운 장면을 시작한다. 그리고 반드시 새로운 단어를 사용해야 한다.

8. **스쿨버스** 집단원들이 스쿨버스에 짝으로 앉아 있듯이 자리하고 앉는다. 각 쌍에게는 번호를 매긴다. 모든 사람이 동시에 하고 싶은 아무 주제로 짝과 대화를 시작한다. 리더가 번호를 부르면 모든 다른 쌍은 얼음이 되고 번호가 불린 쌍에게 집중한다. 잠시 후에 리더는 다시 "모든 번호!"라고 말하면 다음 번호를 부를 때까지 모두들 다시 짝과 이야기를 한다.

9. **가족 초상화** 다른 집단원들을 활용하여 각 사람이 위치, 자세, 몸동작을 가지고 가족 간의 관계를 보여 주는 가족 초상화를 만들 기회를 얻게 된다. 만드는 사람은 초상화 안에 있는 사람들에게 단어나 구, 또는 특별한 표현을 다르게 줄 수 있다. 초상화를 만드는 사람은 초상화 안에 서서 그림을 보고 멀리 떨어져서도 초상화를 바라본다. 시간이 허락하면 중요한 가족 구성원의 자리에 서 보기도 한다.

10. **미래로 가는 문** 의자나 가구, 또는 다른 집단원들을 이용해서 집단원들은 교대로 자신의 '미래로 가는 문'을 만들 기회를 가진다. 그 문 앞에 서게 되면 문의 외형을 설명하도록 요청하기도 하고 그 문의 양쪽에 무엇이 있는지, 그 문을 통과하기 위해 무엇을 해야 하는지, 또는 어떻게 그 문에 이르게 되었는지 묻기도 한다. 집단원들이나 리더가 묻고 싶은 것을 물을 수도 있다.

집단과정의 중기에

1. **거울놀이** 집단원들은 짝지어 앉아 상대방을 마주 본다. 한 사람이 움직임을 시작하면 상대방이 따라 하는데, 교대로 리더를 바꾸어 하면서 서로 협력하여 동작을 만드는 지점에 이를 때까지 활동한다. 이것은 소집단으로 할 수도 있고 거울활동의 크기를 전체 집단으로 확장할 수도 있다.

2. **반대 동작하기** 집단원들은 리더나 집단원들 중 한 사람이 제시한 방식으로 수동적인/능동적인, 무거운/가벼운, 기가 죽은/힘이 나는 등과 같이 반대되는 성향을 표현하면서 공간 안을 돌아다닌다. 때때로 행동을 멈추고 '내가 이런 느낌일 때'를 나누기도 한다.

3. **몸 균형 잡기** 집단원들은 짝을 지어 활동하는데 상대를 존중하면서 접촉하고 서로 몸을 기대어 균형을 잡는 다양한 방법을 찾아낸다. 자신감이 생기면 균형을 잡은 한 자세로 그렇지 못한 사람들 사이를 움직여 가고, 그러고 나면 새로운 균형점을 찾는다.

4. **동물 동작** 집단원들에게 다양한 속도와 다양한 움직임으로 돌아다니라고 지시한다. 집단원들이 편안해지면 자신을 한 동물이라고 상상하고 자신의 움직임으로 그 동물의 움직임을 표현해 보라고 지시한

다. 그들의 움직임에 따라 여러 동물이 서로 만날 수 있다. 시간이 지나면 집단원들을 사람으로 돌아오게 하지만 그 동물의 성향을 그대로 가지고 있게 한다.

5. **최악의 날** 집단원들은 다른 구성원들을 이용하여 교대로 지난주에 있었던 자신의 최악의 날이나 최악의 경험을 정지행동으로 만들어 본다. 그 정지행동은 말없이 만들 수도 있고 소리나 단어를 넣을 수도 있다. 집단원들은 그 정지행동을 그 안에서 볼 수도 있고, 밖에서 볼 수도 있다.

6. **내 인생의 콜라주** 집단원들은 잡지에서 미리 잘라 온 그림이나 단어를 이용해 자신의 삶을 표현해 주는 콜라주를 만들 시간을 갖는다. 만든 후에 바닥이나 책상 위에 펼쳐 놓는다. 나눔을 할 때 각 집단원은 자신의 콜라주가 되어 이렇게 말한다: "나는 마이클의 삶입니다. 여기에서 여러분은 용의 이미지가 보이지요? 그것은 ~을 표현한 것입니다."

7. **역할 카드** 집단원들에게 4~5장의 빈 종이 카드를 주고 그 위에 자신이나 다른 사람이 하고 있는 역할을 적어 보게 한다. 이때 '좋은 학생'이나 '잘 따지는 아들' 또는 '화난 친구'같이 형용사를 명사 앞에 붙여야 한다. 리더도 여러 장의 카드를 준비한다. 모든 카드를 바닥에 펼쳐 놓고 집단원들에게 그 카드들 사이를 걸으며 자신의 삶에서 주요한 역할을 하고 있는 카드가 있는지 살펴보게 한다. 리더는 집단원들에게 즐겨하는 역할, 어쩔 수 없이 하는 역할, 혹은 하기 싫은 역할 옆에 서 보라고 하고 그 역할에서 말하기를 요청할 수도 있다.

8. **감정 카드** '역할 카드'와 같은 방식으로 작업 활동을 하고 카드를 바닥에 펼쳐 놓는다. 집단원들을 편하게 돌아다니게 하다가 "얼음."을 외치면 멈춰 서서 그 옆에 있는 감정 카드를 보고 "내가 ~을 느낄 때는 ~ 입니다."라는 문장을 완성하게 한다.

9. **양가감정 구체화하기** 집단원들은 자기들이 양가감정을 느끼는 것을 선택한다. 의자 세 개를 나란히 붙여 놓는다. 자기 차례가 되면 집단원은 양쪽을 구별하면서 가운데 의자에서 시작한다. 예를 들면, 이쪽의 나는 여자친구/남자친구를 정말 가지고 싶어 하지만 저쪽의 나는 그 사람이 나를 너무 형편없이 대한다고 느낀다. 집단에서 그 집단원의 역할을 할 사람을 선택하면 원래 말한 사람이 양쪽의 목소리를 낸다. 선택된 사람이 양쪽 역할을 할 집단원들을 선택하고 원래의 집단원은 가운데 의자로 돌아간다. 이것은 웜-업에서 할 수도 있고 적절한 역할 교대가 있는 완전한 사이코드라마로 확장될 수도 있다.

10. **동력선** 바닥에 마스킹테이프(보호 테이프)로 간격을 두어 해시 마크를 네다섯 개 정도 그려 놓는다. 한쪽 끝에는 '가장 강력한'이라고 표시하고 다른 쪽 끝에는 '가장 힘이 없는'이라고 표시한다. 집단원들은 라인을 걸어 다니면서 '가장 강력'일 때와 '대체로 힘 있는', '조금 힘 있는', '별로 힘없는' 그리고 '가장 힘이 없는' 때 등을 생각한다.

집단 과정의 후기에

1. **수하물 보관** 공항에서 사람들이 자기 짐을 찾는 수하물 창구와는 다르게 이 웜-업에서는 집단원들이 남겨 두고 오길 원하는 짐을 결정한다. 이것은 단막극이나 사이코드라마 비네트처럼 단순한 활동이다. '수하물'은 구체적일 수도 있고 은유적일 수도 있다.

2. **동작 활동으로 관계 맺기** 집단원들에게 멈추라는 신호가 있을 때까지 방을 돌아다니라고 요청한다. 그러다가 멈추어 짝을 지으면 동작과 소리로만 집단원으로서 관계를 탐색한다. 시간이 있다면 언어로 말하기 전에 모든 집단원과 짝을 맺어 본다.

3. **나를 보여 주는 물건** 집단원들에게 방을 둘러보고 자신을 표현할 수 있는 물건을 찾으라고 한다. 모래놀이 피규어에서 찾을 수도 있고 공예품에 있을 수도 있다(충분한 물건이 있는 환경이어야 한다). 그 물건이 되어 말하면서 물건을 선택한 사람이 왜 그것을 선택했는지와 그 물건이 그에게 무엇인지를 집단에 말해 준다.

4. **무인도** 집단원들은 소시오드라마 전체 집단으로나 소그룹으로 무인도에 표류한 사람에 대한 연극을 한다. 그들은 가지고 있는 것 중 살아남는 데 도움이 되는 물건과 능력에 대해 이야기하고 있으며, 무슨 물건이나 능력이 더 필요한지, 또는 찾아야 하는지 이야기한다. 진행 중에 집단 발달 과정상 리더의 역할이 들어갈 수도 있고 집단을 시작할 때와 어떻게 역할이 다른지도 볼 수 있다.

5. **사방놀이** 바닥에 두 개의 교차하는 수직이등분선을 그려 네 개의 정사각형 모양을 만든다. 각 라인에 '전진/후퇴'와 '직접/간접'의 반대말을 표시한다. 집단원들은 사분원에서 사분원으로 움직이면서 그 사분원에 맞는 표현대로 동작을 탐색한다: '직접 전진', '직접 후퇴', 등. 그러고 나서 책이나 영화에서 그 성격을 가진 인물을 생각해 낸다: 슈퍼맨은 '직접 전진하는 사람'이다. 마지막으로는 각자가 자신의 삶에서 그런 식으로 행동했던 때를 생각해 내거나 만들어 낸다; 내 아버지에게 뭔가를 얻어낼 때 나는 '간접적으로 전진하는 사람'이다.

6. **과거, 현재, 미래의 스크랩북** 집단원은 다른 집단원들에게 과거에 자신의 삶이 어떠했는지, 현재는 어떠한지, 그리고 미래에는 어떠면 좋을지에 대해 '사진'을 만들어 주기를 요청한다.

7. **비밀 말하기** 가능하면 쿠션이나 담요를 사용하고 집단원들은 머리를 원 중심 쪽을 향하여 바닥에 모여 서로에게 비밀을 말하는 '파자마 파티'를 한다. 이것은 자신에게 의미 있는 것이지만 아직까지 말하지 않은 것을 나눌 수 있는 기회이다.

8. **투명 친구** 집단원들이 교대로 자기 자신의 '투명 친구'가 되어 리더와 집단을 만나 그에 대해 인터뷰를 한다.

9. **스카프 두 개** 집단원들이 각자 두 개의 스카프를 선택하고 나서 자신의 삶에서 작용하는 힘이 있는 것을 표현하는 것으로 하나, 자신이 바꾸고 싶어 하는 것으로 다른 하나를 선택한다. 그리고 이 두 가지 역할을 통해서 각각의 측면이 그 사람에게 가르치려고 하는 것을 인터뷰한다.

10. **선물과 거울** 집단원들은 원으로 앉아 오른쪽이나 왼쪽에 앉아 있는 사람에게 자기가 그 사람에게 주고 싶은 보이지 않는 선물, 예를 들어 자신의 감정에 대해 더 정직할 수 있는 능력이나 보다 쉽게 자기 자신을 보고 웃을 수 있는 능력 같은 선물에 대해 말해 준다. 그러면 두 번째에는 집단원들이 원으로 돌아가며 자신이 그 친구에게 준 선물이 자신의 삶에서 얼마나 필요한 것인지를 생각해 보게 한다.

종결이 다가오는 회기

1. **가족 관계 발전 조각** 각 사람이 집단원들을 이용하여 두 개의 가족 조각을 만든다: 하나는 이 집단을 처음 시작했을 때의 가족 조각이고 다른 하나는 지금 이 시점이다.

2. **성별 어항** 남자 집단원들이 큰 원으로 앉고 여성 집단원들은 그 안에 작은 원으로 앉아서 이성으로 섞인 집단에서 여성으로 있다는 것이 어떤지 나누고 그 반대로도 한다. 이것은 전체 큰 집단 안에서 여러 소그룹으로도 가능하다.

3. **가면 만들기** 종이 접시에 자른 것 붙이기 등 간단한 가면 만드는 기법을 활용하여 집단원들이 세 개의 자기 가면을 만든다: 처음 집단에 들어왔을 때의 모습과 종결할 때의 모습, 그리고 미래에 희망하는 모습.

4. **우정 조각** 다양한 결합으로 작업하면서 집단원들은 집단 과정을 하면서 그들 사이에 형성된 관계를 조각한다.

5. **동화 또는 요정 이야기** 집단원들은 집단에서의 자신의 경험을 은유적으로 연극하기 위해 동화나 요정 이야기를 만들거나 선택한다.

6. **피드백 포스터** 각 사람이 자기 자신을 보여줄 콜라주를 만들거나 그림을 그린다. 이것을 집단에서 원으로 전달하면서 각 사람이 단어나 이미지를 추가하여 그림의 주인에게 피드백이나 감사를 전한다.

7. **스냅사진이나 장면으로 집단 하이라이트 만들기** 집단원들은 집단에서 함께한 경험의 하이라이트를 재현할 것을 결정하고 만들기 위해 함께 작업한다.

8. **연속 엔딩 즉흥극** 집단원들이 엔딩을 주제로 하는 즉흥극을 시리즈로 만들기에 참여하며, 다양한 방식으로 사람들이 바꿀 수 있다.

9. **"집단을 떠날 때 나는 ~을 가져갈 거예요!"** 두 번째 말하는 사람이 그 앞사람의 말을 반복한 후 자신의 말을 덧붙이는 익숙한 게임을 하는 것처럼, 집단이 원으로 앉아 자기 앞에 말한 사람이 이 집단에서 가져갈 것을 모두 반복하고 나서 그 목록에 자신의 새것을 덧붙인다.

10. **동작으로 돌아보기** 집단원들이 한 곳에 모여 서 있고 리더가 집단 회기의 여러 순간을 큰 소리로 말하면 생각하거나 의논하지 않고 집단원들은 그 순간이나 사건의 감정을 동작과 소리를 사용하여 표현한다.

진정하기와 역할 털기

진정하기와 역할 털기 활동은 집단원들과 집단이 깊숙이 빠졌던 감정과 장소에서부터 나오도록 도와준다. 집단의 과정 중 어느 때든지 이러한 활동이 필요하고 사용되지만 발달 단계마다 불특정하기 때문에 아래의 활동 목록을 세부화하지 않았다.

진정하기

집단이 고에너지의 활동을 하거나 나눔을 할 때마다 집단원들은 집단 공간을 떠나 자신의 삶으로 가기 전에 진정하는 시간이 필요하다. 영향력이 강한 경험을 끝냈거나 진행하고 나눔을 하기 전에 충분한 시간이 있다면 때로 이것은 자연스럽게 일어난다. 저절로 할 만한 시간이 거의 없다면 집단원들에게 보다 중립적인 느낌을 주기 위해 의도적으로 할 수 있다. 주로 주위 환경에 관심을 돌리고 집단원들에게 정신적 · 신체적인 활동을 하게 하거나 미래의 즐겁거나 일상적인 일을 생각해 보도록 인도한다. 실례는 다음과 같다.

1. **터치 블루** 리더가 여러 범주를 말하면 집단원들은 방을 둘러보면서 그 범주에 해당하는 물건을 찾아 만져야 한다. 예를 들면, 이렇다. "이 방에서 파란 것/투명한 것/당신의 신발과 색깔이 같은 것을 만지세요." 집단원들은 신체의 일부를 이용해서 이것들을 만져야 한다.

2. **찾고 찍고** 리더가 방 안에 있는 물건을 보고 묘사한다. 그러면 집단원들이 리더가 설명한 것을 찾아 손가락으로 가리킨다.

3. **"~을 따라서 줄을 서시오."** 집단원들에게 키나 나이 등 여러 가지 범주를 따라서 줄을 서도록 하면 양쪽 극단이 분명하게 선을 이루며 선다.

4. **장님 박수** 집단원들에게 서로를 보지 못하도록 밖을 향하여 서서 원을 만들라고 요청한다. 그리고 마음이 내킬 때마다 박수를 치게 하고 모두가 천천히 같은 리듬으로 박수를 치게 되는지 보게 한다.

5. **짝 이기기** 집단이 짝을 만들어 A와 B를 정한다. 지시어는 이러하다: "A들은 3초 이내에 30에서부터 거꾸로 숫자를 세세요. B들은 알파벳 e로 시작하는 동물과 식물을 하나씩 말하세요."

6. **춤 도전** 집단원들에게 둘이 마주 보고 추는 복잡한 콘트라 댄스나 라인 댄스, 포크 댄스 등을 가르친다.

7. **인간 매듭** 집단원들이 서로 마주 보고 모여 서서 손을 뻗어 다른 두 사람의 손을 잡는다. 그리고 손을 놓거나 다른 사람을 건들지 않으

면서 그 매듭을 풀기를 시도한다. 이것은 한 사람이 매듭 분석가가 되어 시도할 수도 있다(가장 진정하기가 필요한 지원자이어도 되고 바로 전 드라마에서 주인공을 한 사람이어도 좋다). 그는 얽힌 원 밖으로 나가서 그 매듭을 풀기 위해 한 번에 한 사람씩 움직이는 방법을 가르쳐도 된다.

8. **집으로** 집단원들에게 집에 도착하는 길을 세세하게 설명해 주도록 요청한다. 시간을 절약하기 위해 짝을 이루어 할 수도 있다.

9. **"학수고대하고 있어요."** 집단원들에게 다음 주에 있을 일 중 자신이 학수고대하고 있는 것을 이야기해 주길 요청한다.

10. **동물 연결** 집단원들에게 자기 영어 이름의 알파벳으로 시작하는 동물들을 찾아보라고 요청한다.

역할 털기 과정

사이코드라마나 소시오드라마에서 집단원들이 역할을 맡았을 때는 그가 그 역할을 벗어버리는 것뿐 아니라 다른 집단원들이 그를 더 이상 그 역할로 보지 않도록 분명히 하는 것이 언제나 중요하다. 그러므로 역할 털기는 공식적 과정이다. 역할 털기를 위한 예는 다음과 같다.

1. **역할에서 나와서 너의 이름으로 걸어가기** 집단원은 앞으로 한 발 크게 내딛고 말한다. "나는 더 이상 길리언의 동생이 아니다. 나는 마틴이다."

2. **세 가지 다른 점** 역할을 맡았던 그 집단원이나 다른 집단원들이 역할을 한 사람과 그 역할인물 사이의 세 가지 다른 점을 말한다.

3. **형용사 세 개** 역할을 했던 그 집단원이나 다른 집단원들이 역할을 한 바로 그 사람(자기 자신)을 묘사해 주는 형용사 세 개를 말한다.

4. **역할 옷 벗기** 자신이 역할의 옷을 입었다고 상상하고 지퍼를 내리고 그 옷을 벗어서 옷걸이에 걸어 행거에 올려놓는 마임을 한다.

5. **역할 떨쳐 버리기** 역할을 한 집단원이 그 역할이 완전히 자기 몸에서 나갔다고 느껴질 때까지 기지개를 켜고 몸을 흔든다. 원하면 소리를 내도 된다.

6. **역할의 껍질 벗기기** 역할자는 자신이 피부와 같이 역할을 입고 있다고 상상하고 껍질을 벗겨 던져 버리는 마임을 한다.

7. **합창으로 부르기** 집단 전체가 역할자의 전체 이름을 한 목소리로 다 같이 부르면 그가 역할에서 뛰어나와 자기 자신으로 들어간다.

8. **물건 반납** 역할에 사용된 물건이나 스카프가 있다면 역할자는 "나는 고든의 엄마 역할을 이 스카프에 남겨두겠습니다."라고 말하면서 그 스카프를 리더에게 건네준다. 리더는 역할자에게서 받은 스카프를 받아 역할을 털어 내고 그 스카프를 일반 스카프가 되게 한다.

9. **역할 털기의 문** 집단원들이 역할 털기의 문이나 현관을 만들 수 있다. 역할자는 그 문을 '통과하여' 자신의 이름을 부르면서 자기로 돌아온다.

10. **스카프 씻기** 집단원들은 서로의 역할을 '씻어내기 위해' 스카프를 사용할 수도 있고, 세차하는 것 같이 더블라인을 만들어 서면 역할 털기가 필요한 사람이 가운데로 지나가면 양쪽에서 스카프를 흔들며 씻어 준다.

참고문헌

참고 문헌

Blatner, A. (1996) *Acting In: Practical Applications of Psychodramatic Methods in Everyday Life*, 3rd edn. New York: Springer.

Blatner, A. (2000) *Foundations of Psychodrama: History, Theory, and Practice*, 4th edn. New York: Springer.

Clayton, G.M. (1994) *Effective Group Leadership*. Caulfield, Victoria: ICA Press.

Cossa, M. (2002) 'Drago-Drama: Archetypal sociodrama with adolescents.' In A. Bannister and A. Huntington (eds) *Communicating with Children and Adolescents: Action for Change*. London: Jessica Kingsley Publishers, pp.139–152.

Cossa, M. (2003) 'Taming puberty: Utilizing psychodrama, sociodrama, and sociometry with adolescent groups.' In J. Gershoni (ed.) *Psychodrama in the 21st century: Clinical and Educational Applications*. New York: Springer, pp.135–150.

Cossa, M., Ember, S., Glass, L. and Hazelwood, J. (1996) *ACTING OUT: The Workbook – A Guide to the Development and Presentation of Issue-Oriented, Audience-Interactive, Improvisational Theatre*. Muncie, IN: Accelerated Development/Bristol, PA: Taylor & Francis.

Emunah, R. (1990) 'Expression and expansion in adolescence: The significance of creative arts therapy.' *The Arts in Psychotherapy 17*, 101–107.

Erikson, E.H. (1950) *Childhood and Society*. New York: Norton.

Gordon, R. (2001) *What Should Happen in Adolescent Groups: Decoding and Directing the Chaos of Adolescent Group Life*. Melbourne: Fifth Pacific Rim Congress of IAGP.

Holmes, P. and Karp, M. (eds) (1991) *Psychodrama: Inspiration and Technique*. New York: Tavistock/Routledge.

Hudgins, M.K. (2002) *Treating PTSD in Action: The Therapeutic Spiral*. New York: Springer.

Jackins, H. (1966) *The Human Side of Human Beings: The Theory of Re-evaluation Counseling*. Seattle: Rational Island.

Kellermann, P.F. (1990) *Focus on Psychodrama: The Therapeutic Aspects of Psychodrama*. London: Jessica Kingsley Publishers.

Kellermann, P.F. and Hudgins, M.K. (eds) (2000) *Psychodrama with Trauma Survivors: Acting Out your Pain*. London: Jessica Kingsley Publishers.

Kübler-Ross, E. (1971) 'The five stages of dying.' *Encyclopedia Science Supplement*. New York: Grolier, pp.92–97.

Langs, R. (1981) *Psychotherapy: A Basic Text*. New York: Aronson.

Leveton, E. (2001) *AClinician's Guide to Psychodrama*, 3rd edn. New York: Springer, pp.109–120.

Mahler, M.S., Pine, F. and Bergman, A. (1975) *The Psychological Birth of the Human Infant.* London: Hutchinson.

Miller, J.B. (1986) *Toward a New Psychology of Women*. Boston: Beacon Press.

Moreno, J.L. (1941) *The Words of the Father*. Beacon, NY: Beacon House.

Moreno, J.L. (1944) *The Theatre of Spontaneity*. Beacon, NY: Beacon House.

Moreno, J.L. (1959) *Psychodrama, Second Volume* Beacon, NY: Beacon House.

Moreno, J.L. (1964) *Psychodrama, First Volume* 3rd edn. Beacon, NY: Beacon House.

Moreno, J.L. (1993) *Who Shall Survive?* Roanoke, VA: Royal.

Moreno, J.L. (1994) 'Psychodrama moral philosophy and ethics.' In P. Holmes, M. Karp and M. Watson (eds) *Psychodrama since Moreno: Innovations in Theory and Practice.* London: Routledge, pp.97–111.

Moreno, J.L. and Moreno, Z. (1975) *Psychodrama, Third Volume* 6th edn. Beacon, NY: Beacon House.

National Association for Drama Therapy (2005) *www.nadt.org*

Piaget, J. (1963) *Origins of Intelligence in Children*. New York: Norton.

Resnick, M.D., Bearman, P.S., Blum, R.W., Bauman, K.E., Harris, K.M., Jones, J., Tabor, J., Beuhring, T., Sieving, R.E., Shew, M., Ireland, M., Bearinger, L.H. and Udry, J.R. (1997) 'Protecting adolescents from harm: Findings from the National Longitudinal Study on Adolescent Health.' *Journal of the American Medical Association* 278, 823–832.

Robson, M. (2000) 'Psychodrama with adolescent sexual offenders.' In P.F. Kellermann and M.K. Hudgins (eds) *Psychodrama with Trauma Survivors: Acting out your Pain.* London: Jessica Kingsley Publishers, pp.117–155.

Rohnke, K. (1989) *Cowtails and Cobras II: A Guide to Games, Initiatives, Ropes Courses, and Adventure Curriculum*. Debuque: Kendall/Hunt.

Rustin, T. and Olsson, P. (1993) 'Sobriety shop – a variation on magic shop for addiction treatment patients.' *Journal of Group Psychotherapy, Psychodrama and Sociometry 46*, 1, 12–23.

Sternberg, P. and Garcia, A. (1994) *Sociodrama: Who's in your Shoes?* Westport, CT: Praegar.

Therapeutic Spiral International (2005) *www.therapeuticspiral.org*

Tuckman, B.W. and Jensen, M.A.C. (1977) 'Stages of small group development revisited.' *Group and Organizational Studies 2*, 4, 419–427.

Winnicott, D.W. (1958) *Maturational Processes and the Facilitating Environment.* New York: International Universities Press.

Yalom, I.D. (1995) *Theories and Practice of Group Psychotherapy*. New York: Basic Books.

역자 소개

김세준

■ 주요 경력

- 치유상담대학원대학교 교수
- 현대드라마치료연구소 대표
- 사이코드라마 수련감독전문가
- 비블리오드라마·드라마치료 전문가

■ 대표 역서

- 『사이코드라마 집단치료 매뉴얼』(시그마프레스, 2012)
- 『사이코드라마와 잉여현실』(공역, 학지사, 2005)
- 『현대드라마치료의 세계』(공역, 시그마프레스, 2011)

김은희

■ 주요 경력

- 영어교사
- 치유상담 영성수련 리더
- 에니어그램 강사

■ 대표 역서

- 『에니어그램코칭』(공역, THE 9(더나인), 2012)
- 『크리스천 에니어그램』(공역, THE 9(더나인), 2012)
- 『에니어그램 진로경력 코칭』(공역, THE 9(더나인), 2013)

액션 기법으로 청소년과 작업하기

이유 있는 반항

초판 1쇄 인쇄 2017년 1월 9일
초판 1쇄 발행 2017년 1월 13일

지 은 이 | Mario Cossa
옮 긴 이 | 김세준 · 김은희
펴 낸 이 | 김기섭
편 집 인 | 이혜란
펴 낸 곳 | 창지사 www.changjisa.com
08589 서울시 금천구 가산디지털 1로 83 파트너스타워 1차 9층
전화 (02)719-2211~3
팩스 (02)701-9386
등 록 | 1977년 4월 28일 · 제1-421호

ISBN 978-89-426-1114-0 (93370)

값 17,000원

이 도서의 국립중앙도서관 출판예정도서목록(CIP)은 서지정보유통지원시스템 홈페이지(http://seoji.nl.go.kr)와 국가자료공동목록시스템(http://www.nl.go.kr/kolisnet)에서 이용하실 수 있습니다(CIP제어번호: CIP2017000804)